微信营销

数据化精准运营

恒盛杰资讯◎著

文化发展出版社
Cultural Development Press

内容提要

全书共分为 8 章和 1 个附录。第 1 章讲解了微信运营的精髓所在。第 2 章将数据与微信相结合，讲解了如何从数据的思路运营微信平台。第 3 章～第 7 章则分别详细讲解了微信后台“用户增长”“用户属性”“图文群发”功能页面下的数据内容。第 8 章除了补充微信后台其他类型的数据外，还加入了大型案例，使读者可以将前面学到的知识点融会贯通。附录部分针对微信软文写作的精华要点进行补充，为微信软文写作者提供思路和灵感。

本书适合网络创业者、微商、站长、店长以及从事网络营销工作的相关人士阅读。也适合作为网络营销课程参考资料。

图书在版编目（CIP）数据

微信营销——数据化精准运营/恒盛杰资讯著.–北京：文化发展出版社，2016.3
ISBN 978-7-5142-1291-4

Ⅰ.①微… Ⅱ.①恒… Ⅲ.①网络营销 Ⅳ.①F713.36

中国版本图书馆CIP数据核字(2016)第039142号

微信营销——数据化精准运营

恒盛杰资讯　著

责任编辑：张宇华　　特约编辑：张　安
执行编辑：王　丹　　责任校对：郭　平
责任印制：孙晶莹　　责任设计：侯　铮
出版发行：文化发展出版社（北京市翠微路 2 号　邮编：100036）
网　　址：www.printhome.com　　www.keyin.cn
经　　销：各地新华书店
印　　刷：中煤（北京）印务有限公司

开　　本：787mm×1092mm　1/16
字　　数：285千字
印　　张：15
印　　数：1～4000
印　　次：2016年4月第1版　2016年4月第1次印刷
定　　价：49.80元
ISBN：978-7-5142-1291-4

◆ 如发现任何质量问题请与我社发行部联系。发行部电话：010-88275710

前言

PREFACE

跟不上时代的营销怎么能称为好的营销？在过去网络还不普及的时代，众商家争抢的营销宝地是电视黄金档广告，或是报纸的一个“豆腐块”；随着网络的普及，各种即时通信工具开始出现，众商家又开始研究起了微博营销、网站营销；直到最近几年，微信开始作为一个集通信、购物、交友等功能为一体的强大工具风靡全中国，于是营销跨入了微信营销时代。然而，随着时代的发展，“大数据”这个概念开始出现在人们的生活中，商业运作越来越数据化了，此时此刻营销就不能再是单纯的微信营销，而是将微信营销和数据分析紧密结合、能顺应当下时势的微信数据化营销。

为了将微信营销的理念、方法传播开来，本书从微信营销的本质讲起，再到微信公众号后台数据的详细分析与应用，全书包括大大小小的20多个典型微信数据化营销案例，用最直白的叙述、最容易理解的方法，教读者将数据化运营的思想应用到微信营销中。

全书共分为 8 章和 1 个附录。第 1 章讲解了微信运营的精髓所在。第 2 章将数据与微信相结合，讲解了如何从数据的思路运营微信平台。第 3 章～第 7 章则分别详细讲解了微信后台“用户增长”“用户属性”“图文群发”功能页面下的数据内容。第 8 章除了补充微信后台其他类型的数据外，还加入了大型案例，使读者可以将前面学到的知识点融会贯通。附录部分针对微信软文写作的精华要点进行补充，为微信软文写作者提供思路和灵感。

通过本书的学习，您可以获取到成为一名微信自媒体从业人员的知识技能，可以知道如何通过数据有理有据地管理微信号，可以判断某个微信营销策略的可行性，可以找出微信号营销不顺的原因所在……

由于编者水平有限，在编写本书的过程中难免有不足之处，恳请广大读者指正批评，也可加入 QQ 群 227463225 与我们交流。

编者

2016 年 3 月

目录

CONTENTS

第1章 微信营销开启新型营销时代

1.1　全面认识微信公众平台　/ 2

1.1.1　注册微信公众账号　/ 2

1.1.2　正确使用微信公众号的功能模块　/ 5

1.2　微信营销是顺应时势的营销　/ 10

1.2.1　微信用户行为数据报告　/ 10

1.2.2　微信影响力数据报告　/ 13

1.2.3　从微信性能上发现营销优势　/ 15

1.3　部分行业的微信营销方式举例　/ 18

1.3.1　电商行业的微信营销　/ 18

1.3.2　餐饮行业的微信营销　/ 21

1.3.3　教育行业的微信营销　/ 23

1.3.4　医疗行业的微信营销　/ 24

1.4　靠什么来成功进行微信营销　/ 25

1.4.1　没有粉丝就没有一切　/ 25

1.4.2 让粉丝流连忘返的内容 / 28
1.4.3 给予粉丝最大方便的功能 / 28
1.4.4 让粉丝热情高涨的互动 / 29
1.4.5 时时不忘的粉丝维护 / 30

第2章 大数据时代下的微信营销理念

2.1 厘清数据分析的思路 / 33
2.1.1 从这3个地方收集数据 / 33
2.1.2 高效整理收集的原始数据 / 37
2.1.3 选择数据的表现形式 / 42
2.1.4 分析处理好的数据 / 45
2.1.5 得出结论 / 47

2.2 分析数据找到微信的营销点 / 49
2.2.1 让百度数据告诉你什么事件最受关注 / 49
2.2.2 让微话题告诉你什么话题最热门 / 50
2.2.3 让排行榜告诉你什么东西最好卖 / 51

2.3 研究顶尖微信公众号的数据 / 52
2.3.1 分析微信公众号前100强的类型 / 52
2.3.2 顶尖微信公众号的消息发布规律 / 54

2.4 微信营销的流程是怎样的 / 57

第3章 微信数据的用户分析：用户增长

3.1 研究“用户增长”数据的意义 / 65

3.2 昨日关键指标——你的用户昨天都干了什么 / 65

3.2.1 读懂“昨日关键指标”数据 / 66

3.2.2 将“昨日关键指标”数据可视化 / 68

3.2.3 案例小回顾——如何实现“昨日关键指标”数据的可视化 / 68

3.3 新增人数——新增的人数是否达到预期效果 / 70

3.3.1 了解“新增人数”功能模块下的数据内容 / 70

3.3.2 利用“新增数据”分析问题 / 72

3.3.3 案例小回顾——分清问题的轻重 / 74

3.4 取消关注人数——有多少人选择默默离开 / 75

3.4.1 “取消关注人数”数据的查看与分析 / 76

3.4.2 利用“取消关注人数”找出推广活动问题所在 / 76

3.4.3 有多少用户取消了关注才是大事 / 79

3.5 净增人数——衡量用户增长的指标 / 80

3.6 累积人数——检验推广效果的数据 / 81

3.6.1 学会分析用户累积趋势 / 81
3.6.2 深层次地分析用户累积趋势 / 82

3.7 详细数据——更全面地分析用户增长 / 86

3.8 用户增长渠道的拓展分析 / 88

3.8.1 结合地理位置分析用户增长 / 88
3.8.2 结合关注时间分析用户增长 / 90

第4章 微信数据的用户分析：用户属性

4.1 谁最了解粉丝谁就抢占了先机 / 95

4.1.1 客户属性研究在商业中的应用 / 95
4.1.2 客户属性研究在微信公众平台的应用 / 95
4.1.3 案例小回顾——利用高级条形图进行微信数据统计 / 97

4.2 微信用户的性别比例数据研究 / 99

4.2.1 让数据来告诉你用户是男还是女 / 100

4.2.2 性别营销的数据分析 / 102
4.2.3 性别营销案例的执行和结果 / 106

4.3 微信用户语言分布数据研究 / 107

4.4 微信用户地域分布数据研究 / 108

4.4.1 正确地查看用户的地区分布数据 / 108
4.4.2 迎合地区用户关注度的营销案例 / 111
4.4.3 案例小回顾——解决问题的方法不只一种 / 114
4.4.4 迎合地区用户需求度的营销案例 / 115

4.5 从用户的手机数据中挖掘信息 / 116

4.5.1 超级强大的手机数据挖掘案例 / 117
4.5.2 用户手机的终端分布数据分析 / 118

4.6 利用数据表轻松做汇报 / 120

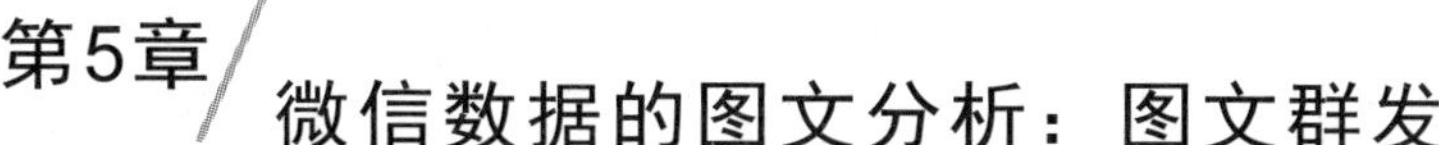

第5章 微信数据的图文分析：图文群发

5.1 一眼看清图文群发的效果 / 123

5.1.1 厘清数据项间的逻辑关系 / 123
5.1.2 对“图文群发”的数据信手拈来 / 124

5.1.3 “图文群发”数据让你轻松发现商机 / 125

5.2 对图文消息进行针对性更强的分析 / 130

5.2.1 “图文详解”中都有些什么 / 130
5.2.2 “图文对比”究竟如何对比 / 134
5.2.3 图文数据的另一种对比法 / 135

5.3 分析图文数据，人性化运营餐厅 / 139

5.4 拿什么拯救阅读量、转发量、收藏量 / 142

第6章 微信数据的图文分析：图文统计

6.1 以“日”为单位进行分析 / 146

6.1.1 图文数据指标的百分比变化 / 146
6.1.2 轻松计算指标变化百分比 / 146
6.1.3 解读关键指标数据 / 152
6.1.4 利用“详细数据”还可以做什么 / 156
6.1.5 利用Excel摸清用户的阅读习惯 / 161

6.2 以“小时”为单位进行分析 / 163

6.2.1 以“小时”为单位的指标详解 / 164

6.2.2 数据抽样分析助您找到最合适的发布时间 / 165

6.3 图文阅读量的相关性分析 / 169

第7章 用户每一次发送消息都值得推敲

7.1 分不同的时间单位分析用户消息 / 173

7.1.1 用户消息发送的“小时报”数据 / 173

7.1.2 用户消息发送的“日报”数据 / 176

7.1.3 用户消息发送的“周报”数据 / 178

7.1.4 用户消息发送的“月报”数据 / 180

7.1.5 将用户的参与度提高到理想效果 / 181

7.2 看看用户究竟发送了什么消息 / 187

7.2.1 理解微信消息自动回复机制 / 187

7.2.2 找到用户消息回复所对应的数据 / 188

7.2.3 不会设置关键词，自动回复就会适得其反 / 191

7.2.4 通过消息数据分析什么产品好卖 / 197

第8章 微信数据化运营拓展提高篇

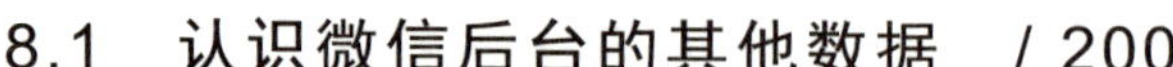

8.1 认识微信后台的其他数据 / 200

8.1.1 接口分析中的数据 / 200

8.1.2 多客服功能中的数据 / 201

8.1.3 投票管理功能中的数据 / 206

8.1.4 卡券功能中的数据 / 208

8.2 手机端管理公众号技术详解 / 211

8.3 数据运营拯救即将衰败的微信公众号 / 213

8.3.1 分析微信公众号现状 / 213

8.3.2 对症下药，拯救微信公众号 / 217

8.3.3 趁热打铁，增加用户黏性 / 218

8.3.4 一切的一切，都是为了营销 / 221

附录 神级微信软文精华要素

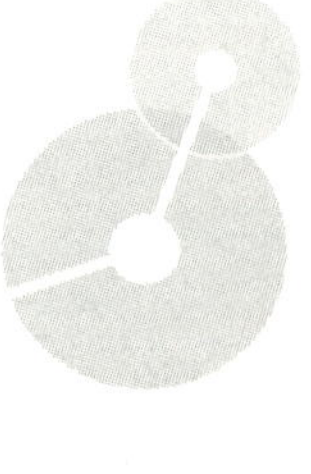

第 1 章

微信营销开启新型营销时代

当下无疑是一个数据爆炸的时代，人们可以利用数据做很多事情。正是基于此，很多营销人士开始学习利用数据进行问题分析，提高营销的精准性。然而，只有建立在对数据产生的平台了如指掌的基础上，才能真正地做好数据分析。毫无疑问，对微信数据进行分析之前，需要对微信平台有一个充分的认识，从而为数据分析打下坚实的基础。

本章将告诉你全面的微信公众平台知识、微信营销的精髓、微信营销的形式及特点，让你对这些问题的认识不再停留在浅显的层面。

1.1 全面认识微信公众平台

随着微信应用的逐渐火热，腾讯公司在微信的基础上新增了微信公众平台这个功能模块。有了这个功能模块，微信的应用不再局限于一对一的模式，而是实现了一对多的模式。个人或企业可以通过微信公众平台与群体用户进行图文消息的发送与沟通。

微信公众平台可以分为两大版块——注册版块和操作界面版块。

1.1.1 注册微信公众账号

微信公众号的注册并不复杂，但是其中有一些事项需要注意。

首先进入网站https://mp.weixin.qq.com，如图1-1所示，单击“立即注册”链接就可以进入微信公众号的注册页面了。

图 1-1 进入微信公众号的注册页面

进入微信公众号的注册页面后，首先需要填写基本信息，如图1-2所示，然后单击“注册”按钮进入下一个环节。

进入注册微信公众号所使用的邮箱，单击链接进行激活，如图1-3所示。

图 1-2 填写基本信息

图 1-3 激活邮件

邮件激活后，需要选择微信公众号的类型。公众号一共有3种类型可供选择，如图1-4所示。

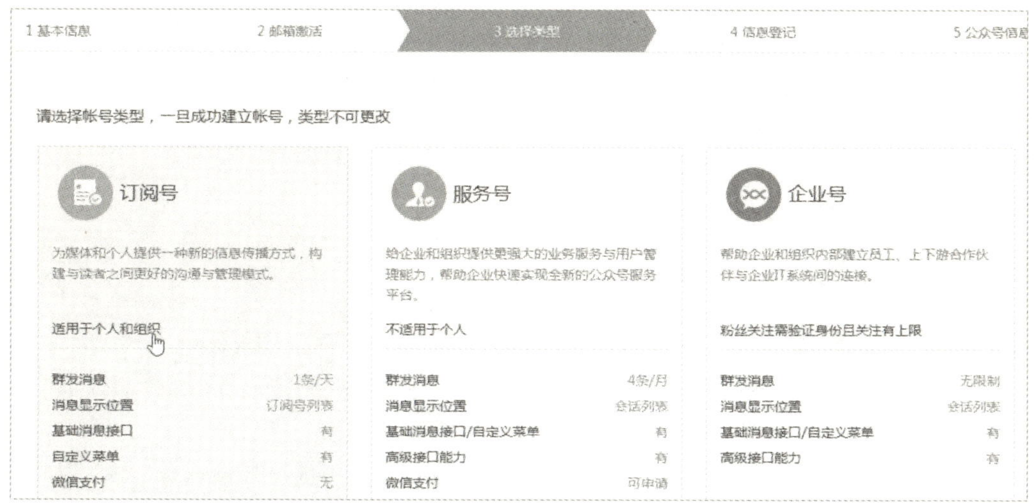

图 1-4 选择类型

面对可以选择的3种微信公众平台，我们需要事先了解不同类型的平台有什么不同的特点，再结合自身需求选择最合适的类型。企业号、服务号和订阅号的特点见表1-1。

表 1-1 企业号、服务号和订阅号的特点

	企业号	服务号	订阅号
面向人群	面向企业、政府、事业单位和非政府组织，实现生产管理、协作运营的移动化	面向企业、政府或组织，用以对用户进行服务	面向媒体和个人，提供一种信息传播方式
消息显示方式	出现在好友会话列表首层	出现在好友会话列表首层	折叠在订阅号目录中
消息次数限制	最高每分钟可群发200次	每月主动发送消息不超过4条	每天群发一条
验证关注者身份	通讯成员可关注	任何微信用户扫码即可关注	任何微信用户扫码即可关注
消息保密	消息可转发、分享，支持保密消息，以防成员转发	消息可转发，分享	消息可转发、分享
高级接口权限	支持	支持	不支持
定制应用	可根据需要定制应用，多个应用聚合成一个企业号	不支持，新增服务号需要重新关注	不支持，新增订阅号需要重新关注

选择类型后，接下来填写相关的登记信息。选择微信公众号的主体类型，然后填写与主体相关的信息，如图1-5所示，如这里选择“个人”，则后面就要填写个人的身份证号码等信息。

1 基本信息　2 邮箱激活　3 选择类型　4 信息登记　5 公众号

用户信息登记

微信公众平台致力于打造真实、合法、有效的互联网平台。为了更好的保障你和广大微信用户的合法权益，请你认真填写以下登记信息。

用户信息登记审核通过后：
1. 你可以依法享有本微信公众帐号所产生的权利和收益；
2. 你将对本微信公众帐号的所有行为承担全部责任；
3. 你的注册信息将在法律允许的范围内向微信用户展示；
4. 人民法院、检察院、公安机关等有权机关可向腾讯依法调取你的注册信息等。

请确认你的微信公众帐号主体类型属于政府、媒体、企业、其他组织或个人，并请按照对应的类别进行信息登记。点击查看微信公众平台信息登记指引。

帐号类型　订阅号

主体类型　如何选择主体类型？

政府　媒体　企业　其他组织　个人

个人类型包括：由自然人注册和运营的公众帐号。暂不支持个人进行微信认证。

主体信息登记

图 1-5　登记信息

完成以上步骤后，进入公众号的信息设置页面，如图1-6所示。在该页面中设置账号名称等信息，其中名称是不唯一的，所以不用担心重复问题。但要注意，一定要选择容易记忆和输入且能表现公众号意义的名称。

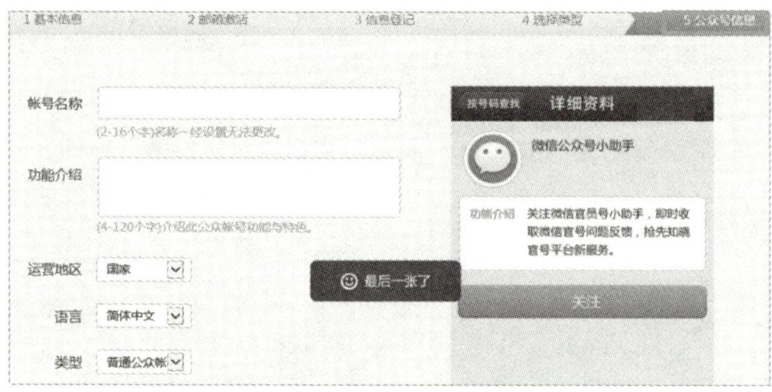

图 1-6　设置公众号信息

微信公众号注册成功以后，就可以在微信公众平台登录的界面中输入账号名称和密码进入公众号界面，如图1-7所示。

图 1-7　登录公众号

成功登录微信公众平台后，首页界面如图1-8所示。由于是新申请的微信公众号且初次登录，因此该微信公众平台的“新消息”“新增人数”“总用户数”均为“0”。

图 1-8　微信公众平台首页

1.1.2　正确使用微信公众号的功能模块

以订阅号为例，微信公众平台中一共包括7个功能模块，不同的功能模块有不同的作用。下面来看看详细介绍。

1. 首页功能模块

每当成功登录微信公众平台，就会出现首页功能模块的界面。该界面显示了新的消息数量、新增的用户数量、当下总的用户数量，以方便让微信运营人员快速掌握微信公众平台的变化。用鼠标单击其中的“新消息”按钮就可以查看新增的消息内容，如图1-9所示。

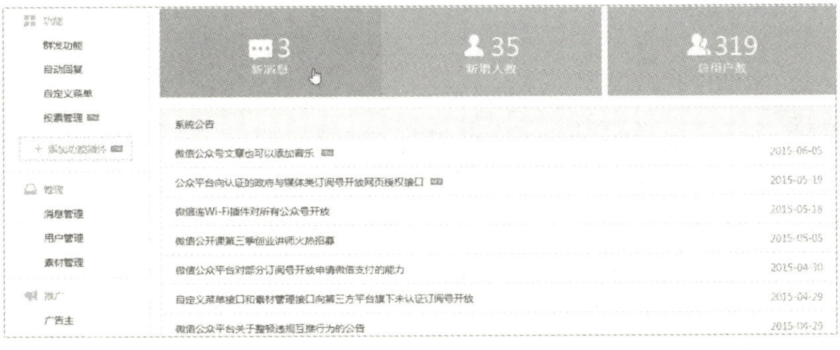

图 1-9　首页功能模块

不仅如此，页面下方还有“系统公告”，公告内容包括微信公众平台的规则变化、功能变化等信息。

界面的左边列出了除首页功能模块之外的6个功能模块，它们分别是功能、管理、推广、统计、设置和开发者中心。单击这些功能模块的选项，就会跳转到相应的功能模块界面下。

2. “功能”功能模块

在“功能”功能模块中可以实现消息的群发、消息的回复以及其他功能插件的添加。

其中，向用户群发图文消息是微信公众平台最重要的项目之一，而实现图文消息的群发就是在“群发功能”中实现的。“群发功能”的界面如图1-10所示，微信运营人员在选择好群发对象后，再编写图文消息，最后单击“群发”按钮就能将消息统一发送到用户手里。

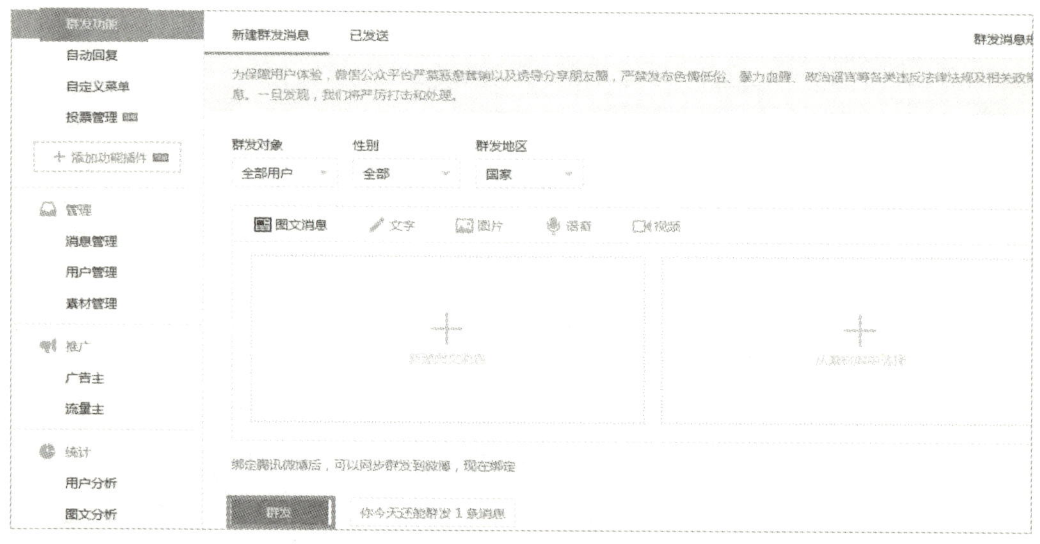

图 1-10　“功能—群发功能”界面

“自动回复”功能模块可以实现对用户消息的自动回复。“被添加自动回复”消息的编写界面如图1-11所示，一旦保存成功，新用户关注该微信公众号时就会收到这样的消息，保证了与用户的及时互动。

在“功能”功能模块中，无论是“群发功能”还是“自动回复”功能都是功能插件中的一种插件，在使用前都需要单击“添加功能插件”按钮进行添加。微信公众平台的运营人员还可以添加其他功能插件，如“自定义菜单”“投票管理”“多客服”等，丰富公众号的功能和用户体验。

图 1-11　“自动回复”功能界面

3. “管理”功能模块

在“管理”功能模块下可以实现消息的管理、用户的管理、素材的管理。

其中消息管理可以进行的操作有：对来自用户的文字型消息进行收藏或快捷回复，对图片型的消息进行收藏、保存为素材、下载或快捷回复。用户管理主要可以对用户进行分组及添加备注。素材管理可以提前编辑好要发送的内容，这些内容包括文字、图片、音频和视频。编辑好后，在“群发功能”中选择编写好的内容进行发送。“素材管理”功能模块的界面如图1-12所示。

图 1-12　“素材管理”功能模块

4. “推广”功能模块

“推广”功能模块顾名思义就是实现信息广告的推广功能，包含了两大功能选项，分别是“广告主”和“流量主”。

微信公众账号的运营人员可以通过广告主功能，向不同性别、年龄、地区的微信用户精准地推广自己的服务，从而获得潜在的用户。通俗地讲，也就是帮助某一个微信公众账号进行广告营销。当成功进行广告推广时，会在微信图文消息的页面底端展现如图1-13所示的广告内容，用户可以点击查看更详细的内容。

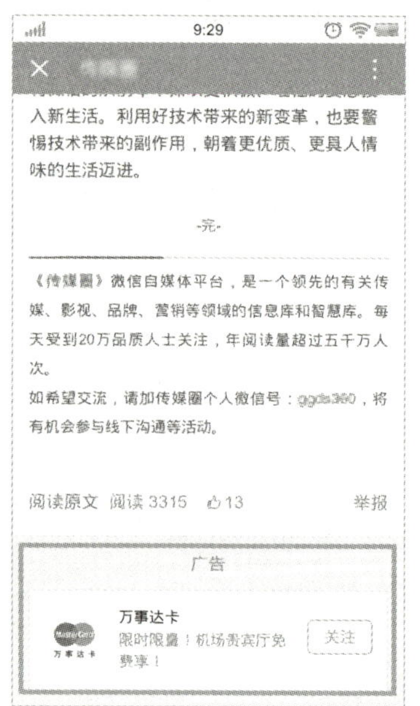

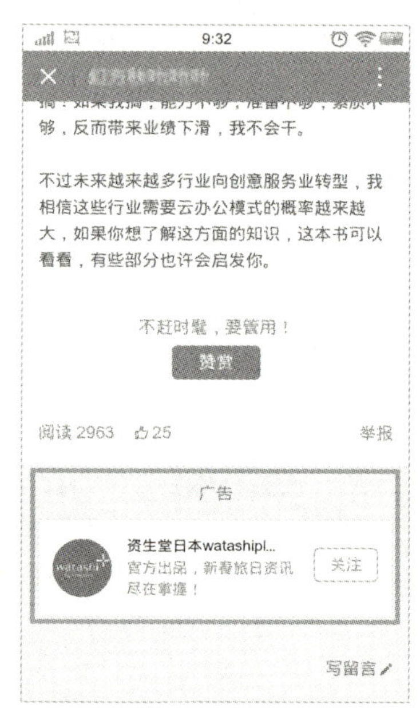

图 1-13　微信图文消息底端的广告推广

与广告主相对应的就是流量主，广告主是需要进行广告推广的一方，而流量主是实现广告推广的一方。在公测期间，关注用户数超过5万的微信公众账号均可提供广告展示服务，成为流量主，一个主体最多可以对20个公众号开通流量主资格。流量主的公众号会将指定位置分享给广告主做广告展示，并按月获得收入。

5. “统计”功能模块

“统计”功能模块显示了微信的后台数据，它包括与用户相关的数据、与图文消息相关的数据、与消息相关的数据、与接口分析相关的数据。该功能是本书的重点，本书后面的章节将详细讲解该功能模块下的每一项数据，并配合实际案例，讲解如何利用这些数据进行微信营销。

该功能模块下“用户分析”选项卡页面下的“新增人数”数据趋势如图1-14所示。从图中可以查看到所选时间段内微信公众平台新增的用户趋势。

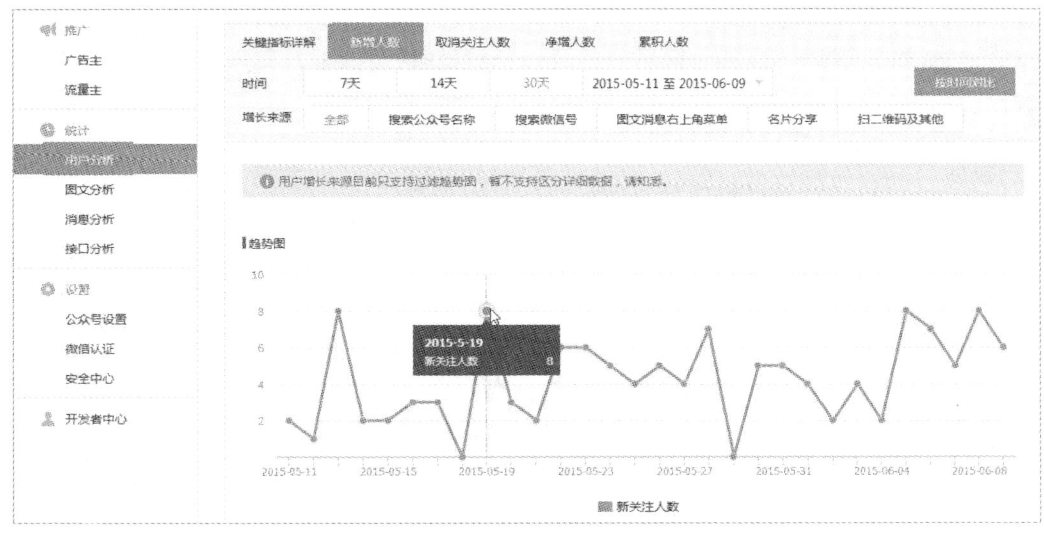

图 1-14　“新增人数”趋势显示

6. “设置”功能模块

“设置”功能模块主要实现微信公众号基本信息的设置、微信认证及账号安全设置。“公众号设置”页面的部分内容如图1-15所示，在这里，微信公众号运营人员可以设置头像、下载二维码、填写公众号介绍等内容。

图 1-15　“公众号设置”页面

7. “开发者中心”功能模块

“开发者中心”功能模块可以帮助企业微信号实现App功能，例如向用户提供对话服务、天气预报服务等，但是这些功能的实现要求开发者有程序编写的基础。“开发者中心”的“开发者工具”和“接口权限表”如图1-16所示。

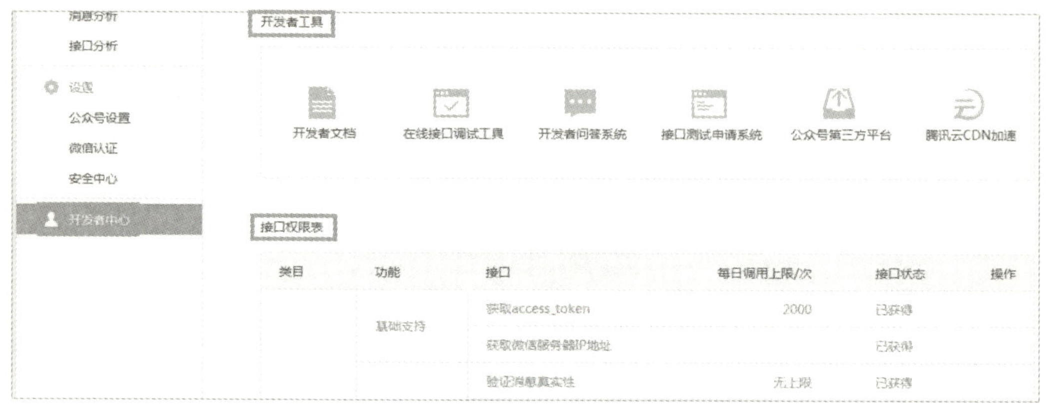

图 1-16 “开发者中心”功能模块

1.2 微信营销是顺应时势的营销

之所以说微信营销是顺应当下时势的营销，是因为它既符合用户的需要，又对人们的日常生活产生了巨大的影响，同时它还有着与其他营销方式所不同的得天独厚的优势。

1.2.1 微信用户行为数据报告

微信营销之所以能取得成效，与用户的行为有着密不可分的关系，毕竟用户才是微信营销的灵魂，微信营销只有建立在用户“买账”的基础上才能实现盈利。下面就用数据来说话，看看究竟是微信用户什么样的行为催生了微信营销这一新时代的营销方法。

1. 微信用户使用微信的频率较高

如图1-17所示的数据是腾讯盈利报告中显示的2014年上半年微信用户的使用频率。从数据中可以看到，高达31.4%的用户每天都要使用微信，有24.9%的用户每周至少使用2次。可见微信已经渗透进了用户的日常生活，就像是电视节目一样，观众的观看频率越高，广告被用户看到的概率也就越大。

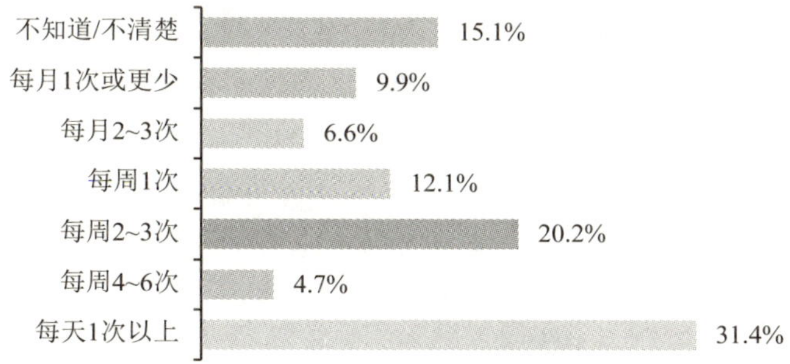

图 1-17　微信用户使用微信的频率（数据来源：腾讯季度盈利报告）

2. 微信用户的忠诚度较高

图1-17的数据显示了微信用户使用微信的频率，那么这样的频率能不能保持下去呢？带着这个疑问，我们来看看图1-18所示的在2014年上半年各即时通信工具的渗透率、经常访问率对比数据。

某通信工具的渗透率指的是在固定时间内使用过该工具的用户占比。

从图中的数据可以看出，在2014年上半年有89.3%的用户使用过即时通信工具，其中使用QQ和微信的用户占比最高。由此可见，QQ和微信用户的忠诚度比较高，这些用户持续使用该即时通信工具的可能性十分大。因此，使用微信营销是可以持久性发展的。

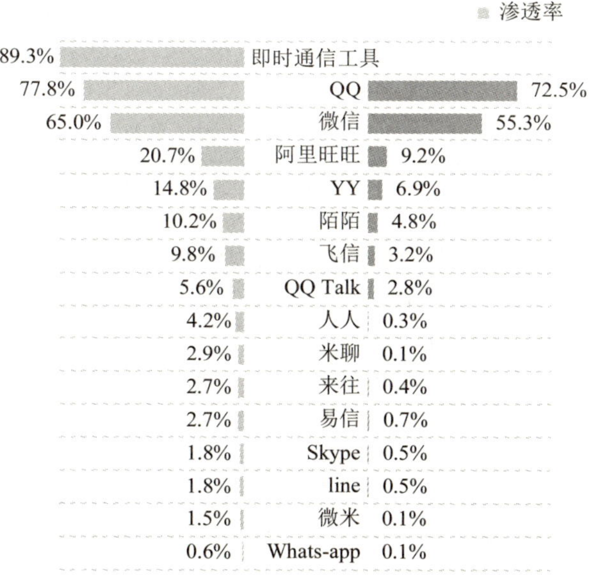

图 1-18　各即时通信工具的渗透率、经常访问率对比（数据来源：腾讯季度盈利报告）

3. 微信用户的联系人熟人更多

微信营销也可以称为熟人营销，这是因为在用户的联系人中，熟人占比较大。各类型联系人在用户微信联系人中的占比情况如图1-19所示。从中可以看到，现实生活中的朋友、同学、亲人或亲戚、同事的占比在70%～90%。因此微信营销的突出优点就是更容易获得用户的信任，与用户的关系更加融洽。

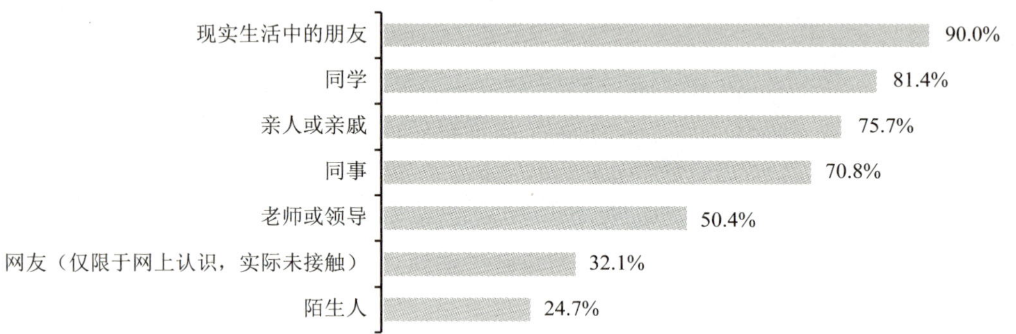

图 1-19　各类型联系人在微信用户联系人中的占比（数据来源：腾讯季度盈利报告）

4. 微信使用比例最高的功能

无论进行哪一种营销，都要选择最容易被用户所接受的方式，而语音、文字、图片无疑是最容易进行信息推广的方式。腾讯统计出的2014年上半年微信各功能的应用比例如图1-20所示，其中语音聊天、文字聊天、朋友圈是应用最高的三项功能。可见社交因素在微信应用里的表现较强，这也大大方便了营销者的信息传播。

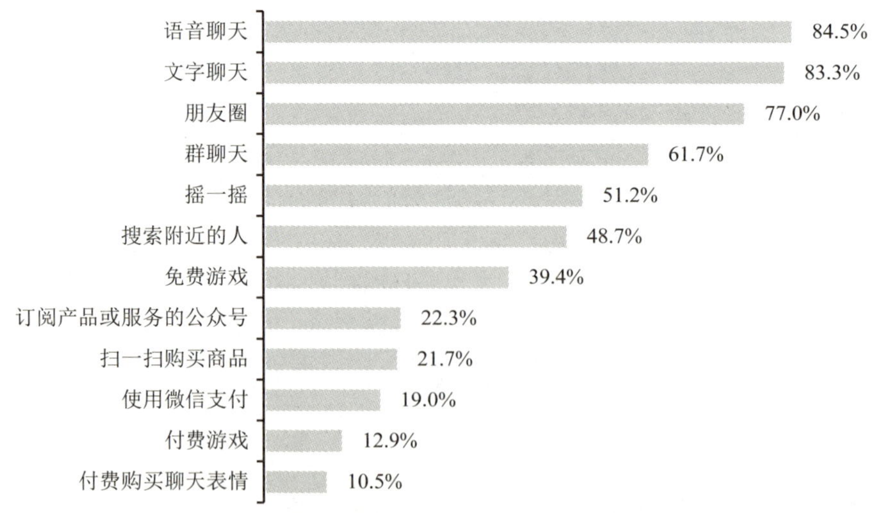

图 1-20　微信各功能的应用比例（数据来源：腾讯季度盈利报告）

5. 各种公众号受到的关注度

用户对微信的使用无疑是很频繁的，而微信营销的重要方法就是通过微信公众平台向用户发送消息、与用户互动。那么，什么样的公众号才会受到用户的高度关注呢？腾讯统计出来的各种公众号受到的关注度比较如图1-21所示。从数据中可以看到，人们更愿意关注一些媒体类账号，尤其是一些新闻资讯和小知识，这表明微信是用户获取新闻资讯的一个重要手段。此外，明星名人、行业资讯的关注度也都在20%以上。由此可见，既然多种类型的公众号都能受到用户的高度关注，那么要想利用微信公众号进行营销也应该不是一件难事吧!

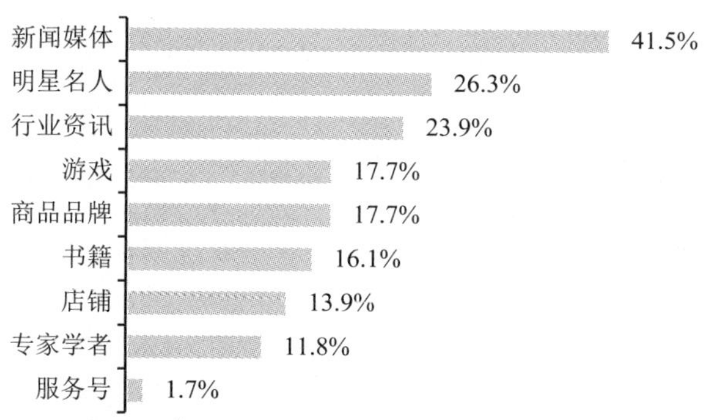

图 1-21　各种公众号受到的关注度比较（数据来源：腾讯季度盈利报告）

1.2.2　微信影响力数据报告

从上一小节微信用户的行为数据报告来看，不少用户已经对微信的使用产生了依赖。既然微信是受用户欢迎的，它肯定产生了不小的影响力，而这样的影响力正是营销平台所需要的。下面就继续用数据来说话，看看微信的影响力有多大。

首先来看一组由腾讯季度报告发布的微信2014年上半年大数据：

微信的月活跃用户：3.96亿

国家分布：超过200个国家/地区公众号数量：580万个

每日新增公众号：1.5万个

开发者：个人和机构各1万个

广点通用户：广告主1万个，公众号1000个

商业微信号移动支付应用率：90%

以上这组数据十分有力地说明了微信的影响力不容小觑。下面再将数据拉得贴近生活一点，来看看这份由企鹅智酷和中国信息通信研究院政策与经济研究所出品的2015年《微信平台数据化研究报告》。该报告针对全国31个省（自治区、直辖市）的微信用户做了抽样数据调查，说明了微信对社会和个人生活所产生的影响。

1. 微信对人们社交方面的影响

图1–22数据解读：

有55.2%的微信用户平均每天打开微信的次数超过了10次，并且超过1/4的用户平均每天打开微信的次数超过了30次。

可见微信对人们的日常生活产生了重要的影响。

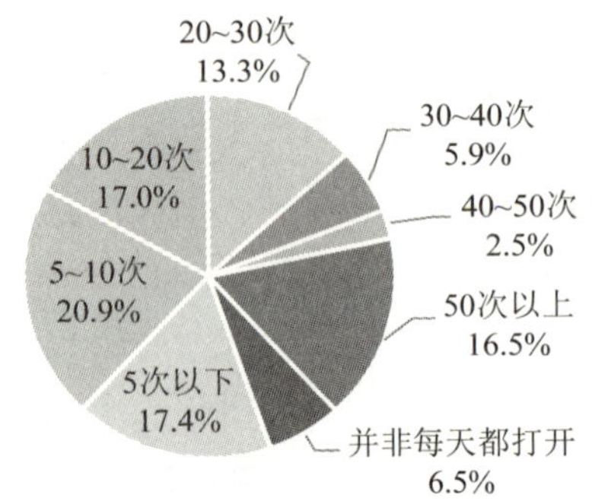

图 1-22　用户平均每天打开微信的次数

图1–23数据解读：

有62.7%的微信用户好友人数超过了50人；约有50%的微信用户好友人数超过了100人。

可见微信已经成为人们进行社交的重要联络工具。

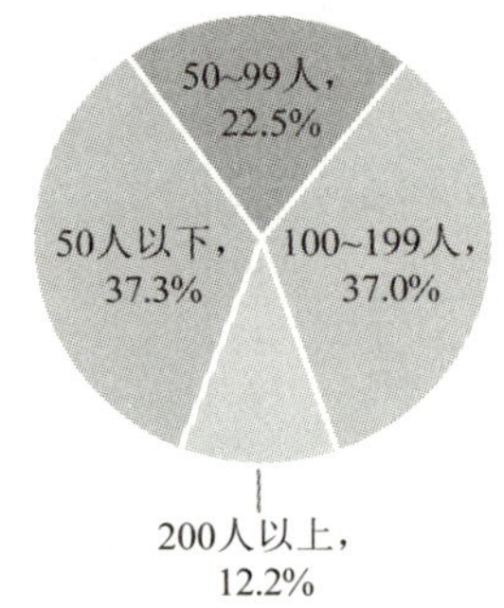

图 1-23　微信用户的好友人数分布

2. 微信对信息消费的影响

图1–24数据解读：

微信直接带动的信息消费规模已达到了952亿元。

其中流量消费是微信对信息消费最明显的促进。除此之外，微信还拉动了游戏、公众平台等信息的消费。

可见，微信的出现促进了用户消费的多样化。随着用户对微信接受程度的增加，在微信上开展多样化营销势必越来越容易。

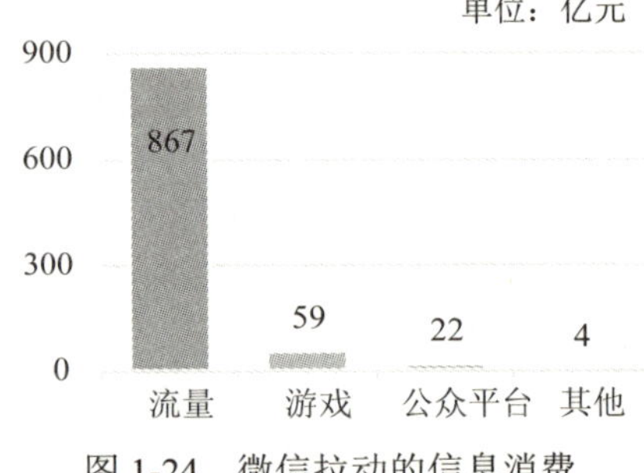

图 1-24　微信拉动的信息消费

图1–25数据解读：

图中反映用户在微信上的流量是所有应用中最高的，远高于邮件、视频、音乐等流行服务。

可见用户对微信的使用黏性很高，在这样的基础下，用户在微信上接收到的信息就会高于其他应用，这正好提高了微信营销的传播效率。

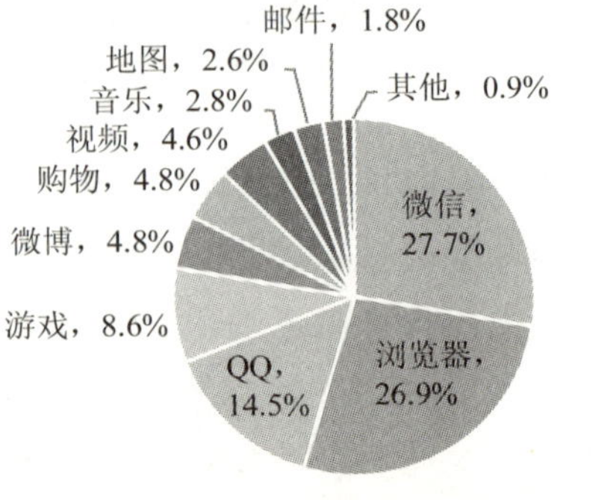

图 1-25　微信用户手机流量的使用分布

3. 微信公众平台的影响力

图1–26数据解读：

公众号是微信的主要服务之一，且80%的用户都关注了公众号。

企业和媒体公众号是用户的主要关注对象，占比达到了73.4%。

正是因为用户对公众号的关注度较高，许多商家都抓住了公众号这一营销法宝。

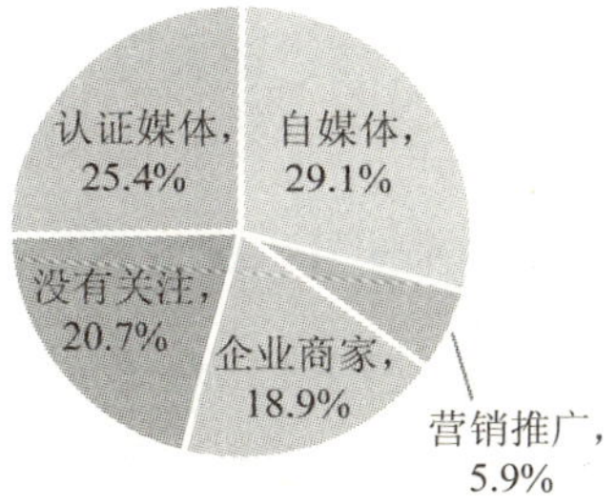

认证媒体，25.4%
自媒体，29.1%
没有关注，20.7%
企业商家，18.9%
营销推广，5.9%

图 1-26　微信公众号的用户关注比例

图1–27数据解读：

从图中的数据来看，获取资讯是微信公众号最主要的用途，比例高达41.1%，其次是方便生活和学习知识。

可见用户关注微信公众号的主要目的是获取资讯、方便生活、学习知识，因此，公众号一味地传播广告消息而不向用户提供有用的资讯，势必会失去用户的支持。

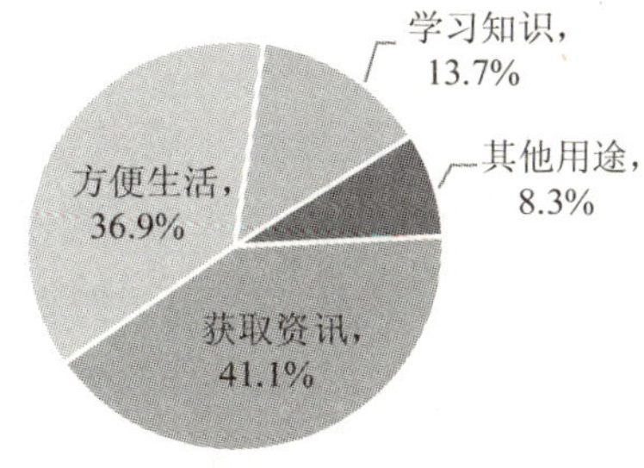

图 1-27　微信公众号的主要用途

图1–28数据解读：

从图中的数据可以看出，在已经开通公众号的企业或者机构中，有53%的公众号已经对运营微信的公众平台或开发高级功能投入了资金。

可见，各大小企业对微信营销已经形成了一定的重视。随着用户对微信依赖的增加及微信销售效率的提高，企业会加大资金投入力度。

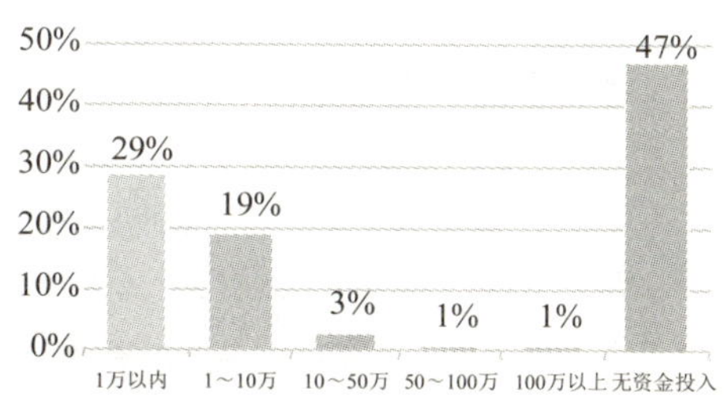

图 1-28　企业在微信公众平台上的投入

以上数据从微信对社交、对信息消费及公众平台的影响力数据总结出，微信已经渗透进了人们的日常生活中。微信平台有着如此强大的影响力，无疑将成为各大小规模企业的一大营销利器。

1.2.3　从微信性能上发现营销优势

在不同的地域、不同的行业，甚至是不同的时代，营销都是企业必须要做的一件事情，只是营销的方式大有不同。微信营销之所以被称为顺应时势的营销，除了用户的使用度高、影响力大以外，还有很多性能上的优点，正是这些优点的存在，才使微信营销有了得天独厚的优势。下面来看看这些优势是什么。

1. 保护用户的隐私且信息形式多样化

随着社交网络的发达，隐私问题渐渐成了用户的首要问题。许多流行性高且用户数量巨大的社交工具都处于开放状态，例如微博、空间，只要用户没有进行特殊的设置，任何陌生人都可以查看到用户所发布的内容。正当保护隐私的呼声越来越高的时候，微信这样一个将社交私密性做到极致的工具出现了。

朋友圈比较类似于QQ空间，大家可以发布动态，别人可以去评论。不同的是，QQ空间更加开放，而朋友圈更加隐私。在朋友圈中，某位好友发布了动态，只有互为好友的人进行评论，评论内容才会公开。例如，小Z的微信朋友圈如图1-29所示。看看圈中的第一条动态，不了解朋友圈的人可能觉得该动态发布者在“自言自语”，其实不是，已经有人进行评论了，但是这些人不是动态发布者和小Z共同的朋友，所以小Z不能看到这些人的评论内容。这样的功能设置大大地突出了“圈”的概念，而“圈”的特点在很大程度上解决了用户的隐私问题，让用户对微信的信任高于其他的社交工具。

和很多社交工具一样，微信也可以进行文字、图片聊天，但是略有不同的是，微信还可以发送语音，如图1-30所示。微信实现了短信和通话的融合，并且具有零资费，可以显示实时输入状态的特点，这些特点都让微信用户的注册量节节攀升，也让微信营销显得更便捷有效。

图 1-29　微信朋友圈

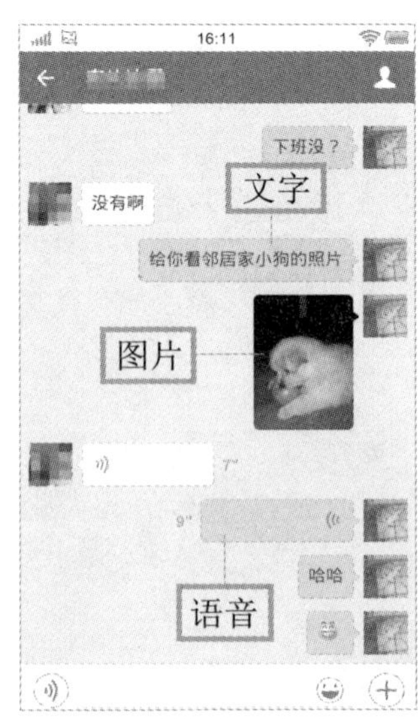

图 1-30　微信语音发送

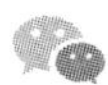

此外，微信从问世以来，自身的功能也在不断完善，从最初一个简单的通信工具到现在涉及衣食住行的许多方面，这些特点都是其他产品无法企及的。

2. 功能众多

用户在使用微信的过程中还会发现，微信中的功能众多，例如，微信的通讯录功能如图1-31所示，该功能的强大之处在于它不仅可以显示用户已经添加的微信好友，还能从“新的朋友”中找到自己的QQ好友、手机通讯录好友，大大加强了用户与其他联系人的微信互动。随着微信的发展，很多人都把“通信阵地”转移到微信上来，忘记了还有短信、电话这样的联系方式。

此外，通过微信还可以联系到附近的人、扔漂流瓶与陌生人进行交流、购物、玩游戏等，如图1-32所示。

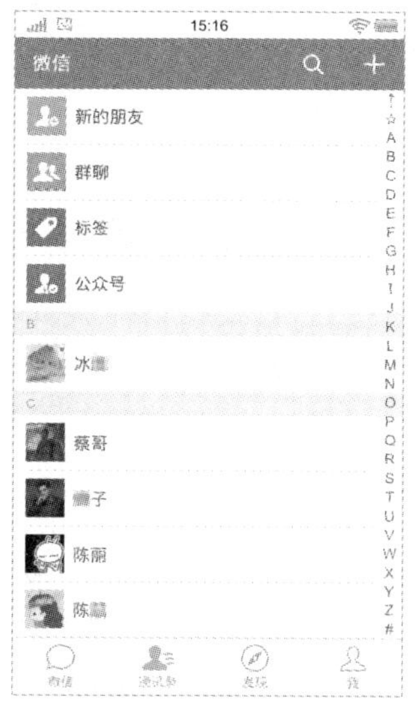

15:16
微信
新的朋友
群聊
标签
公众号
蔡哥
陈丽
图 1-31　微信的通讯录功能

17:19
微信
朋友圈
扫一扫
摇一摇
附近的人
漂流瓶
购物
游戏
图 1-32　微信的其他功能

概括一下，微信由于自身性能上的特点从而可以成为优等营销工具的3大优点，优点总结如图1-33所示。

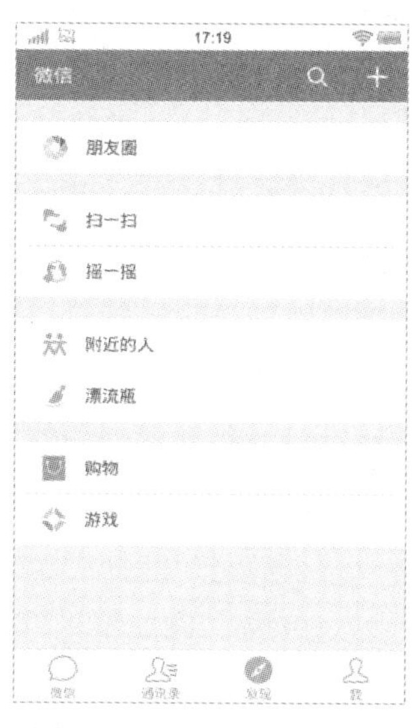

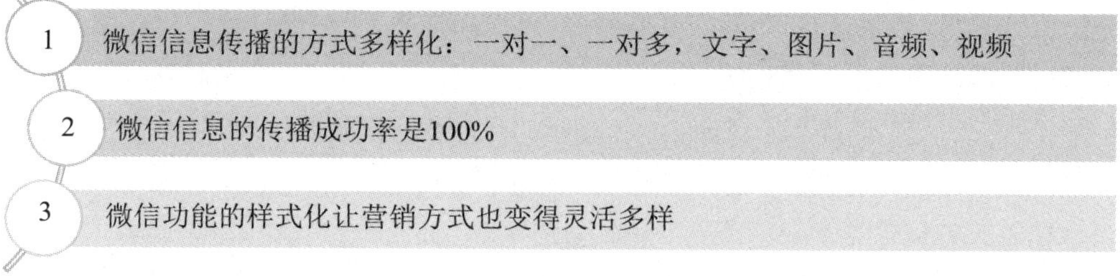

1
微信信息传播的方式多样化：一对一、一对多，文字、图片、音频、视频
2
微信信息的传播成功率是100%
3
微信功能的样式化让营销方式也变得灵活多样
图 1-33　微信性能上的优点总结

1.3 部分行业的微信营销方式举例

营销本身就没有一个固定的模式，也从来没有哪一个专家敢号称自己的营销理论永不过时。在不同的环境、不同的经济水平、不同的地域、不同的行业中，营销方式都不相同。就算是同一行业，为什么有的经营者能将生意经营得风生水起，而有的经营者又举步维艰呢？这在很大程度上是因为营销理念的不同。

本节就来看看不同行业的微信营销都是怎样进行的。

1.3.1 电商行业的微信营销

说起微信营销，第一个不得不提到的就是电商行业的微信营销。因为电商行业与传统行业不同，电商行业依靠的是线上的经营策略，而传统行业则更多地会去关注商品的质感、销售员的表情等实际存在的因素。之所以说微信营销与电商行业关系密切，就是因为微信的交流也是基于线上的交流，如果利用微信工具进行电商营销，那么产品经营者与客户之间甚至不需要见面就可以完成一次交易，这样的交易形式也是网购爱好者所能接受的形式。

微信之所以是电商行业的福音，不仅仅是因为它的交易方式与电商行业的交易方式接近，还因为它的实惠与方便，电商卖家可以省时、省力、省钱。在过去微信还没有发展得这么成熟的时候，电商行业进行产品推广时，可能会选择在站内或站外推广，或者是利用App进行推广。仔细分析这些推广渠道，可以发现，便宜的推广渠道往往引入的流量很不稳定，质量参差不齐；而流量质量好的推广渠道又会让电商卖家付出不少推广成本。

但是随着微信的发展日益成熟，已经极大地解决了电商卖家营销推广的一大烦恼。营销的本质是什么？不就是让客户知道你的产品，并且产生购买的欲望吗？不论是在门户网站上做推广营销，还是在其他App上做推广营销，本质是不变的，而微信的活跃用户已经突破了5亿，如此庞大的用户能给电商行业带来新的契机。另外，微信用户是实名注册的，这就让微信粉丝的质量远远高于其他App粉丝的质量。

更重要的是，微信本身是一个免费的通信工具，电商卖家只需要花点时间和精力就可以将自己的客户集中到一个微信平台上，再开展营销活动，可谓是既宣传了产品又节省了成本，这样一箭双雕的事情何乐而不为呢？

电商卖家也不需要担心微信客户对微信的黏度，因为微信的功能众多，用户体验也设计得很好，很多用户都乐意点击微信中的链接进行内容查看，而不会去怀疑这样的链接是否存在风险。

对于电商行业来说，微信不仅仅是一个免费的推广平台，微信中的每一个粉丝也都是潜在的广告位，因为很多微信用户都很乐意在微信朋友圈中分享自己的所见所闻所想。如果电商卖家的推广方式得当，所推广的商品确实让粉丝感受到了实惠和新意，粉丝就会再将这条产品推广信息进行分享，让更多的潜在客户看到。微信用户对微信朋友圈的信任度是远高于其他社交平台的，朋友推荐的东西自然会让用户感受到更多的可靠，这又十分有利于商品的订单转化。

由于微信应用的日渐广泛，许多电商平台也力求与微信端口无缝连接，这一技术的实现大大增加了微信用户的网购概率。例如微店电商卖家在手机端口开店，那么卖家可以便捷地将微店中的商品推广到微信中。如图1-34所示就是微店卖家版端口中的一件商品，卖家只需要单击页面右上角的分享按钮，屏幕下方就会弹出分享选项，单击“微信好友”或者“朋友圈”就可以将该商品推广到微信中了。当然，也可以单击“复制链接”，然后将该商品的链接发送给自己的微信好友。微店买家版端口中的商品分享也是同样的操作方法。如图1-35所示就是买家成功分享到自己微信朋友圈中的商品。其中买家在朋友圈中推荐这件商品时添加了分享理由，这样的分享理由可以增加微信好友点击商品链接的概率。

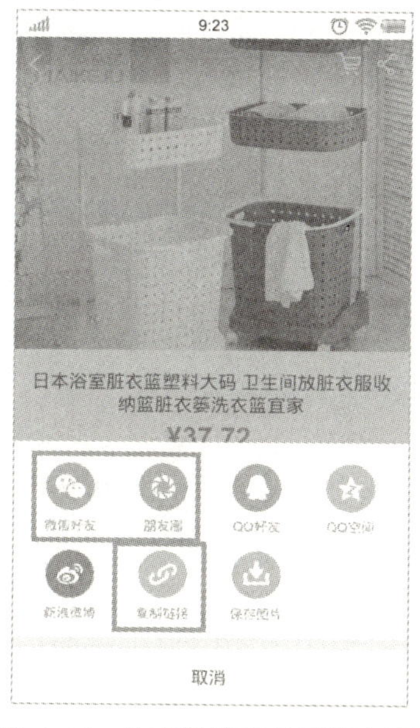

图 1-34　分享微店商品到朋友圈

图 1-35　成功分享的微店商品

微信不仅能够使电商卖家在朋友圈分享商品信息，还能让卖家开发出更多的功能，让微信与电商的接合更加无缝。例如，某些电商卖家的微信公众平台中就有能够进入店铺的链接，如图1-36所示。当粉丝单击“开始购物”链接时，页面就会跳转到如图1-37所示的店铺页面，让微信用户实现了在微信中购物的体验。

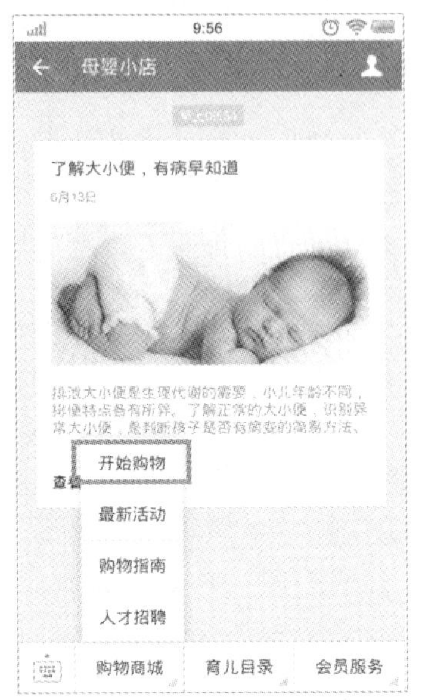

图 1-36　从微信进入店铺的功能链接

图 1-37　从微信进入店铺页面

至于如何实现在微信公众平台中开设店铺，方法和途径不只一种，例如，可以直接开通微信小店功能，也可以在第三方平台中开设店铺，然后进入微信后台的开发者中心，将第三方平台上的店铺与微信公众号进行连接。下面以最常用的微信小店的开通方法为例进行讲解。

开通微信小店，需要满足3个条件：

（1）必须是服务号；

（2）必须开通微信支付接口；

（3）服务号和微信支付都需要企业认证。

当满足了以上3个条件后，就可以进入“添加功能插件”页面中，通过单击来添加“微信小店”插件了，如图1-38所示。

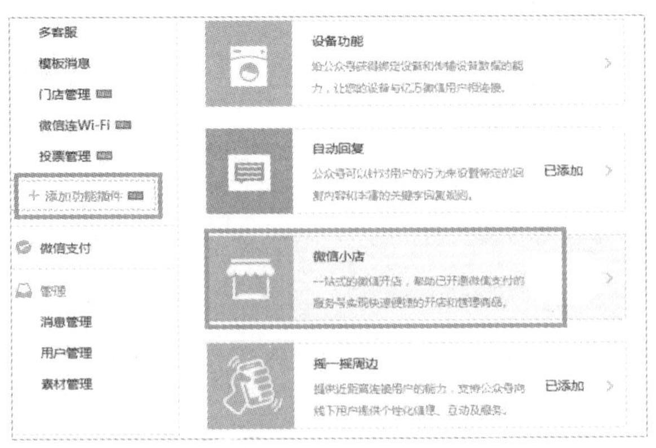

图 1-38　添加“微信小店”插件

当微信小店功能成功添加后，在店铺中添加商品的方法与在淘宝店铺中添加商品的方法十分类似。首先需要选择商品的类目，如图1-39所示，然后再上传商品的图片，如图1-40所示。最后按照步骤设置商品的属性描述，就能在微信店铺中成功添加商品了。

图 1-39 选择商品的类目

图 1-40 上传商品图片

1.3.2 餐饮行业的微信营销

微信在餐饮行业的应用也十分广泛，这还要得益于微信本身的性能与食客特性相符。下面来看看微信营销是如何符合食客特性的。

首先，对于很多食客来说，在吃喝玩乐的同时，拍照发心情已经成了一件理所当然的事，而微信朋友圈正好满足了食客的这项需求，餐饮行业的商家也可以利用食客的这个爱好进行宣传推广，例如策划一个拍食物打折的照片发朋友圈的活动等。

其次，很多食客决定吃什么事先都是没有周全计划的，这时如果看到微信朋友圈中有某家店铺的食物推广信息，就很容易萌生去试试的想法。用户对朋友推荐的食物都会存在较大的信任，这也说明微信朋友圈是一个极佳的食物口碑传播地。一旦有某家餐厅被微信粉丝欢迎，无形中就会有成百上千的粉丝对其进行宣传，久而久之，去过这家餐厅反而成了微信用户的“炫耀”资本。

很多上班族都需要叫外卖，如果每次都需要亲自打电话，就会觉得比较麻烦。试想一下，上班族只需要用手指在微信中轻轻点击就可以成功订到自己中意的午餐，是不是很省事呢？所以很多餐饮行业也将外卖的阵地转移到了微信上。当然，不只是外卖，很多大型的餐饮门店会更加用心地设计服务专业性强的微信公众号，让顾客可以在公众号上利用菜单订餐。

对于餐饮行业的商家来说，过去往往是通过印发传单等方式进行宣传，但是人们早已被满大街铺天盖地的传单搅得心烦不已，在这种情况下，就算是勉强接下了传单也会很快随手扔掉。现在，餐饮业的商家利用微信这个平台可以免去发传单的烦恼，又能到位地宣传店铺。商家只需要在微信公众平台上设计好形象，并且定期进行内容宣传，随时通过微信向用户发送优惠券、举办小活动，就能获得不错的推广成绩。而且，通过监控微信后台的数据，还可以掌握客户的动向，及时对产生不满情绪的客户进行补偿和安慰，最大限度地挽留客户。商家利用微信的“附近的人”“摇一摇”“漂流瓶”功能，还可以找到潜在的客户。不仅如此，很多聪明的餐厅运营人员还在微信平台中做出了点餐系统，为顾客提供了方便。总之，微信平台所创造的营销模式是传统线下营销模式所不能企及的。

下面来看一个餐饮行业利用微信进行营销的成功案例。

如图1-41所示是星巴克的微信公众平台，该平台会定期更新内容，并且这些内容的标题都具有很大的吸引力，如“如何用甜品在朋友圈集赞”，用户看到这样的标题，可能会点击进入内容页面，而该页面的内容自然就会对店内的甜品进行宣传，而看到这些诱人甜品的用户就很可能会亲自进店品尝。

该微信平台的下方还设计了菜单，菜单中包括活动和获奖名单。该设计十分巧妙，可以让用户通过点击活动如“三点伴”进入活动页面，也可以让用户点击“获奖名单”选项查看获奖的人。当用户看到获奖名单就会消除对活动真实性的怀疑，也会因为看到有那么多的获奖者而产生自己可以获奖的心理，从而踊跃参与。

再来看看该活动，如图1-42所示，“3个小伙伴”“1张照片”，这样有趣好玩的活动方式大大地刺激了用户进店消费的欲望。

图1-41　星巴克的微信公众平台

图1-42　星巴克的“三点伴”活动

1.3.3　教育行业的微信营销

没有哪一个家长不希望自己的孩子成才，所以家长在孩子身上的投入不论在金钱上还是在精力上都是不可估量的。在培养孩子的时候，教育自然就成了头等大事。家长除了会送孩子到学校学习外，还会在节假日让孩子上培训班，尤其是孩子在校成绩不理想的，上教育培训机构无疑成了首要选择。

但是，纵观教育行业的广告，犹如牛皮癣，大街小巷随意粘贴，上网搜索教育机构方面的信息，各种大大小小的广告也涌入眼中。这一切都在考验家长对教育行业的信任。再加上现在关键词竞价不断上涨，用户的跳出率却越来越高，在网上投放广告似乎越来越没有成效了。

微信的出现，可以说是让教育行业有了一片新天地。微信上的推广模式与网站上的推广模式不同，微信上的推广是一对一的推广，这大大增加了用户对信息的接收程度。

在微信上，教育机构可以发送多样化的信息，这就减轻了用户的“广告感”。教育机构还可以根据自身特点，开发出更多的微信公众平台功能，让用户觉得在该微信平台确实能学习到很多知识，从而让家长认定这是一家资深的教育机构。

如图1-43所示就是一家英语教育机构的微信平台。平台会定期推送与英语学习相关的文章，让用户感受到平台信息的含金量。平台下方设计了很多菜单选项，不同的选项有不同的功能，如单击“学好了”菜单下的“我的词典”选项，就会出现如图1-44所示的词典页面，在其中输入单词就能进行单词查询。这样的平台相当于一款手机App。对用户来说，关注一个微信公众号，既能学习知识，又能当App用，比在网站上单纯看广告有意思多了。

图 1-43　英语机构的微信公众平台

图 1-44　微信平台中的词典功能

1.3.4 医疗行业的微信营销

和教育行业一样，医疗行业的广告也让人们头疼不已，人们已经被广告淹没，对各种广告的信任度也直线下降，再加上国家工商总局在2011年开始全面限制医疗行业的广告后，医院要想通过广告来进行营销就变得难上加难了。

当然，随着微信的出现，医疗行业将营销的目光投向了微信平台，但是很多医院利用微信平台进行营销的方法都存在着不恰当的地方。医院的微信公众号定期推送的消息都是纯广告消息，对用户来说，这些消息几乎是毫无可读性的，这让用户感到十分厌烦，甚至使其取消关注。

事实上，微信营销之所以能取得成功，靠的是“信任”二字，而医疗行业本身就是一个需要用户信任的行业。如果医疗行业的微信公众平台不致力于服务用户，让用户感受到朋友、亲人般的关怀，又怎么会产生基本的信任呢？可以说那些只会在微信公众平台传播广告信息的医疗企业是消耗用户信任度的企业，迟早有一天会被用户彻底抛弃。

那么医疗行业的微信公众平台应该怎么运营呢？其实微信公众平台只要定期更新一些与健康相关的知识性比较强的文章，让用户觉得有用，就是很不错的一种做法。再加上微信平台一对一、保护隐私的特性，医疗行业的微信公众平台还应该建立起与用户交流的接口，让用户通过在微信平台上与医生沟通来加强信任。不仅如此，一些十分优秀的医疗微信公众平台十分智能，可以让用户在这里预约挂号、查询检验报告单、了解医院动态等。这些人性化的功能设计，无一不让用户感受到医院的贴心。

如图1-45所示就是一家医院的微信公众平台的历史消息，纵观这些向用户推送的消息，没有哪一条消息会让用户觉得医院是在打广告。再看图1-46，这是这家医院的功能菜单设置，用户在这里可以方便地进行挂号预约、查询报告单等操作，十分人性化。

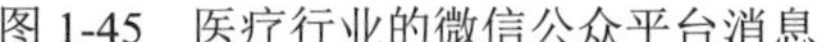
图 1-45 医疗行业的微信公众平台消息

图 1-46 医疗行业微信公众平台的功能菜单

1.4　靠什么来成功进行微信营销

玩微信很简单，但是要玩转微信营销却没有那么简单了。微信营销涉及5大环节：首先要有足够多的粉丝；有了粉丝后还要用微信公众平台推送的内容来留住粉丝；留住粉丝后还需要用方便粉丝生活的微信功能来稳固粉丝；需要时不时地与粉丝进行互动，保留粉丝的积极性；这还不够，还需要监控微信后台数据，时不时地进行粉丝维护。只有做好了这5大环节，才能将粉丝牢牢地“套”在微信圈中，进行长久的微信营销。

1.4.1　没有粉丝就没有一切

在微信营销的理念中，粉丝就相当于基石。可以毫不夸张地说，没有粉丝就没有一切。在微信圈中也流传着这么一句话“一千个微信粉丝相当于十万个微博粉丝”，可见微信粉丝不仅重要，而且质量还很高。

明白了微信粉丝的重要性后，粉丝数量多少的问题就凸显出来了。微信营销要想取得成功，粉丝数量就不能少。那么怎么增加微信粉丝，下面介绍3种行之有效的微信涨粉方法。

1. 微信账号有讲究

千万不要以为微信账号只是一个必不可少的名称就随意设置，其实不少用户关注微信公众号都是通过搜索账号的方式。

总结一下，设置微信公众号一定有几个要点：名称要容易记忆，最好能告诉用户这个微信公众号是一个什么样的公众号，如“大众医疗”“票务服务”“甜心小食坊”等；名称还要尽量简短，减少用户在搜索文本框中的输入，因为任何一个困难的存在都会影响一部分用户对微信公众平台的关注；不要使用符号，使用符号不仅不会增加用户的任何兴趣，反而会让用户直接放弃搜索。

为了让大家清楚地认识名称的重要性，来看一则在网上传播甚广的信息，十分有趣且引起了广大网友的共鸣。这则信息说的是70后、80后、90后的网名区别，如图1-47所示。先看70后的网名，普通寻常，且容易记忆；而80后的网名也还算正常，只是略显得字数有点多；再看90后的网名，根本不知道网名想要表达的意思是什么，更不要说去记住这个网名了，就算是对照着网名用键盘输入，都不一定能完全输对。如果微信公众号的名称和图片中70后的网名一样，肯定能让粉丝轻松记住，从而顺利关注。如果微信公众号的名称和图片中90后的网名一样，相信在微信账号搜索的过程中就会损失不少粉丝了。

图 1-47　70 后、80 后、90 后网名的区别

2. 能宣传的地方一定不要放过

有一个简洁且容易记忆的名称还不能指望粉丝会空降而来，微信公众平台要想涨粉，宣传是必需做的。

例如，职场培训机构可以将微信公众号的二维码放到公交车座位的后背上，让上班一族看到，随时进行扫描关注。

例如，餐饮行业可以将微信公众号二维码放到店铺内的餐桌上，让进店的食客扫码关注。

例如，电商行业可以将微信公众号的二维码放到快递包裹上，让收货的客户看到后扫码关注。

当然，在二维码旁边一定要添加上适当刺激用户扫码的语言，让用户的手指行动起来，这些语言可以是“扫码有惊喜”“关注有礼”等。

3. 学会利用不同的推广方式

宣传微信号除了让用户在不同的地方看到二维码，并刺激用户扫码关注外，还有一些效率更高的推广方式。

例如，可以进行微博推广，这是因为微博的用户群体数量是很庞大的，再加上微博上更新信息的速度也很快，促使很多用户有了刷微博的习惯。可以为微信公众号申请一个微博号，每天刷微博，关注相关用户的微博，没事就转发、评论、点赞，引导用户关注微信公众号。

又例如，可以利用社区来进行微信推广，如地方论坛、技术论坛、行业论坛等很多论坛，以及如天涯社区、慧聪社区、搜狐社区、阿里巴巴社区等很多社区，都

是推广微信公众平台的好地方。在论坛和社区中发帖子，让用户觉得帖子的内容很有用，产生想要了解更多的欲望，就很容易引导用户关注相关微信号。

此外，还可以与粉丝量大的微信平台、微博平台合作推广。利用自己现有的资源与粉丝量大的平台进行交换，让这些平台帮助我们推广自己的微信号，从而得到大量粉丝。

4. 让已有的粉丝来进行宣传

微信公众平台还可以将已有的粉丝也拉入宣传阵列。让粉丝来进行宣传常见的有两种方式，一种是让粉丝自愿转发消息，让粉丝的朋友看到，从而关注发出消息的微信公众号。如果想要达到这种效果，消息内容就需要设计得非常有吸引力。另外一种方式是设计一个小活动，让粉丝为了完成活动而转发消息，从而让粉丝各自的朋友看到。

如图1-48所示就是某微信平台发布的一条消息，这条消息中“只送现金”“动动手指100元就是你的”这些字眼都是诱惑力十足的，很多粉丝看到后就会参与并转发，想让自己的朋友也有机会来参加这个活动。同时，图中的页面还告诉其他微信用户要如何参加这个活动，当然，关注该微信公众平台是第一步。用这种方式来收获新粉丝是很可靠的。

再看图1-49所示的微信活动，明确要求粉丝转发才能完成活动的参与，从而有机会赢得iPhone6。粉丝转发后，他的朋友看到有机会赢得大奖，自然也迫不及待地想要参加。当然，其他用户要想参加这个活动，免不了又要去关注活动发起的微信公众号。

图 1-48　粉丝自愿转发的消息

图 1-49　需要粉丝转发后才能完成活动的消息

1.4.2 让粉丝流连忘返的内容

微信公众平台没有粉丝就等于没有一切，但是有了粉丝不代表就有了一切。微信公众平台吸引粉丝的一大利器就是平台推送的内容。有的微信公众号吸引了粉丝后，却不在平台上推送内容，这无疑是十分错误的做法。当粉丝进入公众号页面想要看看有没有什么内容时，却发现是一片空白，肯定会大失所望的。

在平台上推送什么内容也有讲究，不能随便推送一些没有价值的内容，这就会让粉丝感到愤怒，从而取消对微信公众号的关注，那么到底给粉丝看什么就成了微信公众号头号需要考虑的事情。

给粉丝看什么，这直接关系到微信公众平台的定位。说得通俗一点，就是应该想清楚开设这样一个微信平台的目的是什么，是宣传自己的产品，宣传企业形象还是其他。一旦有了一个清晰明确的定位，平台所推送的内容就有了一个中心。

例如，一家房地产行业的微信公众平台，目的是打响自己的品牌，那么就可以推送一些可以宣传公司正面形象的文章，同时再推送一些当地楼市的相关信息，并进行专业房价、地理位置等因素解读，久而久之就对用户产生了潜移默化的影响，将品牌植入到用户脑中。

例如，一个以服务大众为目的本地微信公众平台，就需要推送一些当地的新闻事件、交通变化情况、天气变化情况等内容，让用户得到真正有用的信息。

总结一下，微信公众平台要有一个明确的定位。定位好后，就需要围绕这个定位，再加上公众号的性质及所处的行业来推送相关信息。

1.4.3 给予粉丝最大方便的功能

在微信还没有出现之前，用户想要查询天气情况，需要在手机端安装天气App；人们想要查询火车票信息，需要在手机端安装12306的App。而现在，用户不需要安装App，这些功能都可以在微信上实现，不仅节省了用户的手机空间，还更加便捷。从某种程度上来说，微信在很多方面已经可以代替大部分App的功能了，或者说，每一个微信公众号就是一个功能强大的App。所以，微信公众平台提供给粉丝的功能如果还局限于文章的阅读，那就显得太单一了，尤其是一些服务行业的微信公众平台，更加需要功能的多样化来稳固粉丝的持续关注。

微信公众号的功能众多，不同类型和性质的公众号，其功能也不相同，而让公众号具有什么样的功能，就需要根据公众号本身的特质来量身定制。

例如，一个跟交通相关的微信公众号，它的功能就可以是与人们出行有关的。如人们出行时需要有天气查询功能、公交状况查询功能、汽车或火车车次查询功能

等。如图1-50所示就是一个交通类的微信公众号，用户关注一个公众号就可以进行交通及天气状况的查询，例如用户发送了一个城市的名称，随即就出现了该城市的天气情况。

再如图1-51所示是一家快递公司的微信公众平台。可以看到，在该平台下，用户可以使用的功能有运单查询、我要寄件、网点查询、订单查询、地址管理等。试想一下，如果用户关注了这家快递的微信公众平台，因为平台功能的丰富，让用户感到满意，当他需要寄件时，他还会放弃使用这家快递的微信公众平台转而亲自去其他快递的门店寄件吗？答案显而易见。

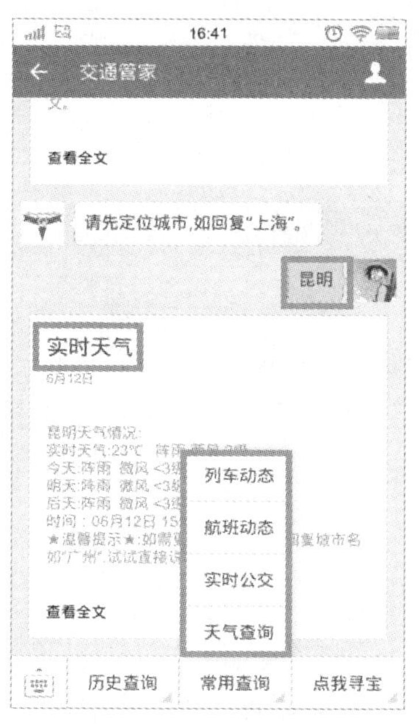

图 1-50　交通类型的微信公众平台功能展示

图 1-51　快递行业微信公众平台功能展示

当然，上述例子中讲到的功能都比较普通，要想让自己的微信公众平台出彩，还可以定制很多同类微信公众平台没有的功能，让用户非关注你不可。例如，同样是银行行业的微信公众平台，某一家银行的微信公众号率先设置了用户可以在微信平台上查询余额的功能，这就是一种创新，就是一种个性化定制服务。

1.4.4　让粉丝热情高涨的互动

微信公众平台的运营人员需要时刻谨记的就是：微信营销之所以有效，就是因为它让粉丝有亲切感，不像其他营销平台那样冰冷。所以，与粉丝的互动必不可少。

与粉丝互动，目的就是让粉丝感受到微信公众号的温度。如图1-52所示是一个十分成功的微信公众平台。该平台消息的推送模式比较新颖，它固定每天推送一段1分钟的语音，语音的最后会告诉粉丝向平台发送什么消息就会得到什么样的文章。图中这段语音讲的是爱因斯坦的事迹，语音的最后提示回复“超越”二字就可以了解更多关于爱因斯坦的事情。其实，该微信平台完全可以直接将这些文章消息推送到粉丝的面前，但是这样就减少了与粉丝的互动程度。而粉丝通过发送消息得到文章，就会感觉这些文章更加“来之不易”，从而提高文章的阅读量。这种类似于一问一答的互动方式还会让粉丝感觉自己面对的不是一部冰冷的手机，而是手机后面一个真实存在的人，温度感随之而来。

与粉丝互动的方式远不只以上提到的这一种，公众平台的运营者完全可以策划更多的话题和活动让粉丝参与，增强粉丝的融入感。例如图1-53所示就是一个精心策划的活动，该活动以当下青年最关心的婚恋问题为出发点，设计出有奖励的活动环节，自然能让粉丝热情高涨地参与进来。

图 1-52　问答式互动

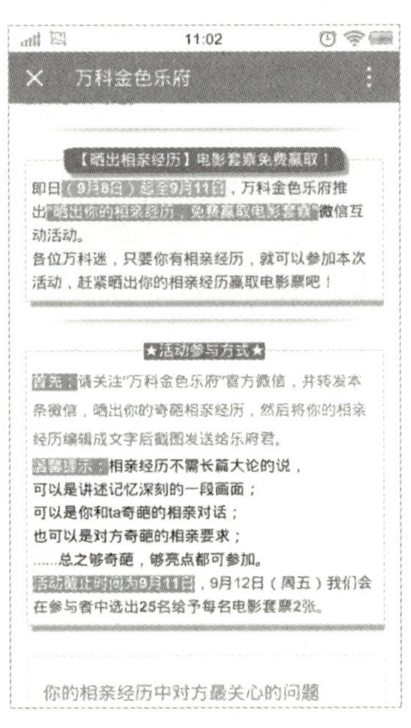

图 1-53　策划活动与粉丝互动

1.4.5　时时不忘的粉丝维护

在商业领域中，大家都知道老客户的转化率是大于新客户的，而用于老客户身上的营销成本却是小于新客户的，可见老客户对企业存在的意义十分重大。微信公众平台的运营人员也应当将“维护粉丝”这样的理念贯穿到整个平台的运营中，如此才能实现持续性发展。

微信公众平台的粉丝维护有以下几点注意事项。

1. 不要轻易改变微信公众平台的定位

微信公众平台的定位直接关系到定期推送的图文消息内容性质。一个微信公众平台的粉丝之所以能养成习惯定期查看平台推送的消息，一定是因为在这些消息中找到了价值点，是符合粉丝自身需要的。一旦平台定位改变，随之而来的消息内容性质的改变势必让粉丝难以找到共鸣，从而渐渐失去兴趣。

2. 精益求精，增加推送内容的价值

在不轻易改变微信公众平台定位的基础上，运营人员不能停滞不前，需要时刻关注社会风向标的变化，不断提高推送内容的质量，力求内容丰富、简练、有价值。

3. 服务人性化，聆听粉丝的心声

有部分微信公众平台的运营人员人手不够，或者是粉丝数太多，他们并不关注粉丝回复的消息，其实这样的做法是不可取的。很多粉丝往往会将他们真实的想法或建议写成消息发送到微信公众平台上，运营人员可以从这些消息中直接地分析出粉丝的需求、不满与建议。如果微信公众平台的运营人员能对粉丝的消息进行有效的答复，一定会让粉丝感受到上乘的服务质量。

4. 打感情牌，增加粉丝黏性

最成功的营销往往都将感情作为筹码添加渗透进营销的环节中。维护粉丝，一定要让粉丝感受到微信公众号是一个充满温情的地方，例如，少用智能自动回复、增加人工回复、常常举办感恩回馈粉丝的活动、帮粉丝解决生活中的不便等，诸如此类的方式都能从情感上维护粉丝，增加粉丝的黏性。

第 2 章

大数据时代下的微信营销理念

微信无疑是迎合当下时势的优秀营销平台，但是如今又是一个大数据的时代，从微信后台与时俱进的新增数据功能模块就可以看出，微信营销也将步入数据化营销的领域。

对于很多微信公众平台的运营人员来说，编写消息进行发送、设置消息的自动回复，甚至是精心策划一场活动都不是难事，然而一旦涉及微信后台数据的分析，就有点摸不着头脑。

其实微信的数据化运营并不复杂，难的是数据分析的理念。本章就来解决这个难题，从最基础的数据阅读开始，一步一步深入讲解，将数据化运营的理念深深地植入到运营人员的脑海中，为后面的实战分析做好充分的准备。

2.1　厘清数据分析的思路

相信不少微信公众平台的运营人员在看到微信后台的数据时，都不知道如何着手进行分析。其实出现这种情况常常是因为缺乏数据分析的知识。

事实上，数据分析并不是只有具备专业知识、专业工具才能完成的工作，普通人只要掌握了分析的思路，一样能进行数据分析。概括地讲，数据分析的思路是这样的：收集数据——整理数据——选择数据的表现形式——分析数据——得出结论。

2.1.1　从这3个地方收集数据

微信数据化运营如果只将目光聚焦在微信后台的数据中，就很难全面客观地进行分析，因为数据与数据之间往往具有很强的联系。

例如，要想知道某微信公众平台的实力，不仅要关注微信后台的粉丝数量、图文消息阅读量等数据，还需要知道在同类型的微信公众号中的排名情况。

又例如，某微信公众号的运营者是淘宝卖家，那么对于卖家来说，自己的目标客户群体就是热爱网购的人群。要想分析清楚不同商品的网购人群有什么特点，仅靠微信后台数据能分析得全面吗？肯定还需要借助于其他的电商行业数据。

因此，在数据分析的收集数据阶段，一定要学会用发散性思维思考问题，从多方面收集数据，数据收集得越全面，对后面的分析越有利。

下面来看看微信数据分析常常需要去什么地方收集数据。

1. 在微信后台收集数据

分析微信数据，需要关注微信后台的“统计”功能模块，这里有“用户分析”数据、“图文分析”数据、“消息分析”数据、“接口分析”数据。如图2-1所示就是“用户分析”数据下的“新增人数”数据。图中的数据是以折线图的形式表现的，直接跳到了数据分析的“选择数据的表现形式”阶段，运营人员只需要根据数据趋势进行数据分析即可。

要想得到最原始的数据，以便更加灵活地进行数据分析，就要在“详细数据”表格中收集数据。如图2-2所示，是“用户分析-用户增长”页面下端的原始数据表格，找到这样的表格后，只需要单击“导出CSV”按钮就可以将数据导出到Excel表格中进行后期的加工处理。

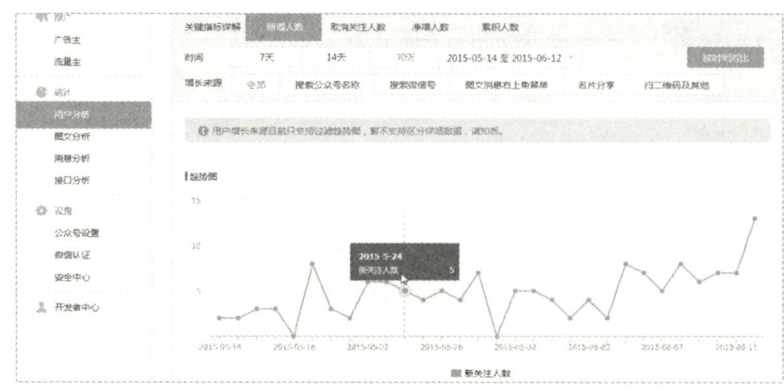

图 2-1 “用户分析 - 新增人数”数据显示

详细数据　　导出CSV

时间	新关注人数	取消关注人数	净增关注人数	累积关注人数
2015-06-12	13	0	13	343
2015-06-11	7	2	5	331
2015-06-10	7	0	7	325
2015-06-09	6	0	6	318
2015-06-08	8	0	8	312

图 2-2 微信后台的原始数据

如图2-3所示就是成功导出的“用户分析-用户增长”原始数据表格。有了这样的表格，运营人员便可以随心所欲地改变数据的表现形式，从而分析出更多有价值的信息点。

	A	B	C	D	E
1	用户增长统计20150613				
2					
3	统计日期	新关注人数	取消关注人数	净关注人数	累积关注人数
4	20150612	13	0	13	343
5	20150611	7	2	5	331
6	20150610	7	0	7	325
7	20150609	6	0	6	318
8	20150608	8	0	8	312
9	20150607	5	0	5	304
10	20150606	7	1	6	299
11	20150605	8	2	6	293
12	20150604	2	0	2	287
13	20150603	4	0	4	285
14	20150602	2	0	2	281
15	20150601	4	0	4	279
16	20150531	5	1	4	275

图 2-3 成功导出的 Excel 数据表

2. 在新媒体排行榜、新媒体指数中收集数据

随着科技的发展，新媒体的各类应用也越来越广泛。通过数字技术、网络技术，通过互联网、宽带局域网、无线通信网、卫星等渠道，以及计算机、手机、数字电视机等终端，向用户提供信息和娱乐服务已经不再是一件新鲜事。

微信正是新媒体发展中的一项成熟应用，而伴随新媒体而来的还有其他一些衍

生品，可以帮助用户查询新媒体的排名、指数等，以便客观地评判媒体平台的运营状态，例如“新媒体排行榜”和“新媒体指数”都是不错的选择。

如图2-4所示就是“新媒体排行榜”的首页，用户只需要在搜索文本框中输入微信公众号的ID或名称，就能清楚地查询到它的排名情况。

图 2-4　“新媒体排行榜”的首页

如图2-5所示，就是某微信公众号的排行情况，图中的数据显示了该公众号在查询当日的排名、消息发布次数、消息阅读数、点赞数等数据。

图 2-5　某微信公众号在新媒体排行榜中的排名

“新媒体排行榜”中的数据不仅限于图2-5所示的数据，其中还包括以柱形图为表现形式的微信公众号排名变化数据统计、消息总阅读数数据统计等，如图2-6所示。有了这些数据，微信公众平台的运营人员就可以准确地分析出在固定时间段内公众号的运营情况了。

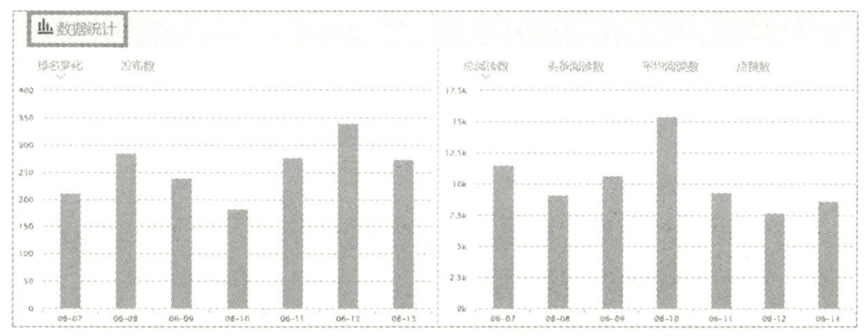

图 2-6　某微信公众号在新媒体排行榜中的数据统计

与“新媒体排行榜”十分类似的网站还有“新媒体指数”，如图2-7所示就是某微信公众号的新媒体指数排名情况总览数，从这里就可以初步判断公众号目前的影响力。

图 2-7　某微信公众号的新媒体指数中的排名

“新媒体指数”与“新媒体排行榜”不同的地方除了显示的数据类型有细小的差异外，还在于数据的表现形式。如图2-8所示就是某微信公众平台在新媒体指数中的数据统计，它以折线图的形式表现，更容易分析出数据的发展趋势。

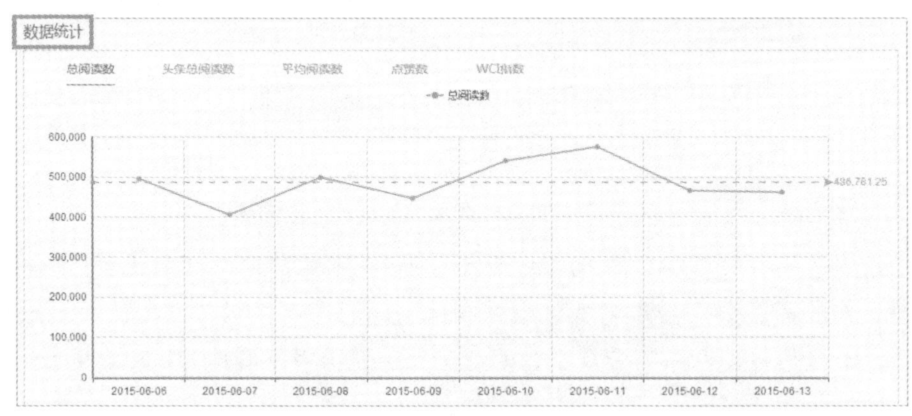

图 2-8　某微信公众号在新媒体指数中的数据统计

3. 在淘宝指数中收集数据

看到“在淘宝指数中收集数据”，千万不要以为写错了，以为微信公众平台的运营与淘宝运营是完全没有关系的两个领域。事实上，很多电商卖家已经入驻微信公众平台，试图在这个流量比黄金还贵的时代开辟出一块免费的营销圣地。在这种情况下，微信的数据化运营就不得不结合淘宝运营的数据来进行了。

在电商界，淘宝网可以说是一大巨头，它的每一个动向都可能给电商界带去不

小的影响。淘宝指数是以淘宝网站数据为支持的免费数据分享网站，关注它的数据无疑是电商行业卖家的必修课。

在淘宝指数中可以查询到以某个关键词为核心关键词的商品需求量大小、买家需求地域细分数据、买家性别和年龄数据、买家的星座和爱好数据、买家的等级和消费水平数据，并且可以利用人群筛选器精准定位买家人群倾向的商品品牌。

例如，某微信公众平台的运营者是一位电商卖家，经营的是首饰类商品，最近卖家新进了一批金银手镯商品，自然想在微信公众平台中进行商品的推广。这时卖家就可以通过淘宝指数输入关键词“银手镯”和“金手镯”进行数据分析，其中“地域细分”数据如图2-9所示，从图中的数据可以看到，金银手镯的消费者并没有集中在相同的地域，此时卖家可以向不同地域的微信用户发送金手镯或者是银手镯的推广消息，以取得更有效的营销效果。

图 2-9　淘宝指数中的“地域细分”数据

2.1.2　高效整理收集的原始数据

在数据分析领域，需要处理的常常是海量的数据，在这种情况下，数据处理可不是一项简单的工作。处理海量数据常常需要专业的数据库工具，如Oracle、DB2，或者是微软公司的SQL Server等。

对于微信数据分析来说，就没有那么复杂了，因为所收集到的与微信相关的数据一般都不是海量数据。在这种情况下，微信平台的运营人员只需要有最基本的数据处理意识，就能十分顺利地完成数据处理。下面就来看看微信数据处理都有哪些方法。

1. 删除不需要的元素

在对收集到的数据进行处理时，首先要检查是否有不需要的元素，然后进行删除，防止这些无用元素对后面的数据分析造成干扰。

从微信后台导出的“用户增长”数据表如图2-10所示。可以看到，导出的数据表第一行是一项用处不大的信息元素，而第二行则是空白元素。这时可以选中这两行元素，右击鼠标，再从弹出的快捷菜单中选择“删除”选项，就可以成功删除这两行元素了。结果如图2-11所示，此时的数据表顿时清爽了许多。

图 2-10　删除不需要的元素

	A	B	C	D	E
1	统计日期	新关注人数	取消关注人数	净关注人数	累积关注人数
2	20150531	35	6	29	1,130
3	20150530	26	4	22	1,152
4	20150529	75	2	73	1,225
5	20150528	15	8	7	1,232
6	20150527	42	4	38	1,270
7	20150526	3	1	2	1,272
8	20150525	46	5	41	1,313
9	20150524	0	7	-7	1,306
10	20150523	51	9	42	1,348
11	20150522	55	5	50	1,398
12	20150521	1	4	-3	1,395
13	20150520	12	1	11	1,406
14	20150519	42	2	40	1,446
15	20150518	15	4	11	1,457
16	20150517	44	6	38	1,495
17	20150516	3	1	2	1,497
18	20150515	22	5	17	1,514
19	20150514	15	4	11	1,525

图 2-11　删除不需要的元素后的数据表

当然，除了删除这些与数据分析联系不大的元素外，还可以根据数据分析的目标来删除一些目标之外的数据。

例如，需要分析固定时间段内的微信数据，那么在目标时间段之外的数据元素都可以删除。又例如，想要分析微信公众平台人数骤增的时间点有什么特点，且规定净关注人数大于等于50时才能算是“人数骤增”，这时可以将净关注人数小于50的时间点数据删除。同样，如果想要分析西南地区的用户数据，那么除西南地区以外地区的用户数据也可以删除。

2. 调整数据的显示方式

从微信后台或者是其他平台导出的数据表往往有其固定的格式，但是有的数据显示方式往往不符合人们的正常书写和阅读习惯，导致数据信息的读取受到影响。在这种情况下，就需要对数据元素进行格式的处理，让其符合大众或者是个人的阅读习惯。

对于导出的数据表，最不符合人们阅读习惯的恐怕就是日期数据的显示方式了。如图2-12所示就是微信后台导出数据表的日期，紧密相连的数字让日期的读取显得比较困难。

此时只需要选中数据，再单击“开始”选项卡下“数字”组中“格式选择”文本框的下三角按钮，再从弹出的选项中选择恰当的格式即可，如图2-13所示。

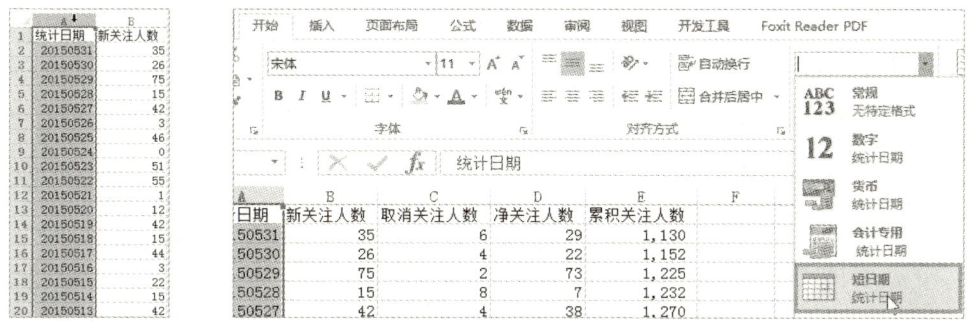

图 2-12　格式影响阅读的数据　　　　图 2-13　数据格式修改方法

但是有时候，使用这种方法将日期数据直接改为日期格式时会出现一长串的“#”号。这是因为日期数据往往带有其他符号，如“-”“/”，在没有进行设置的前提下将数据更改为日期格式自然会出错。日期格式设置方法如下。

选中日期列数据，然后单击“数据”选项卡下“数据工具”组中的“分列”下三角按钮，如图2-14所示，接着就会弹出“文本分列向导-第1步”对话框，如图2-15所示，选中“分隔符号”单选项并单击“下一步”按钮。

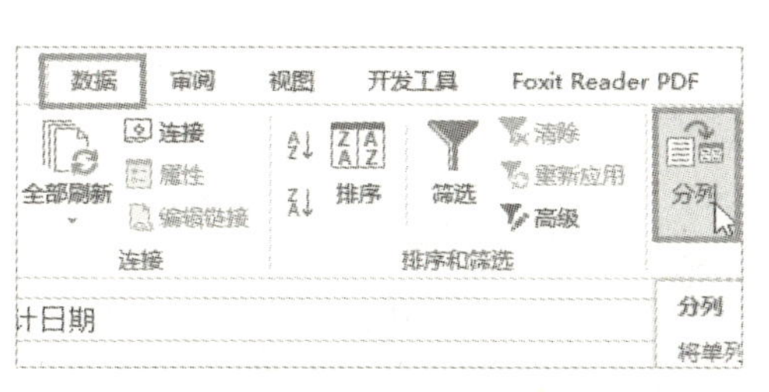

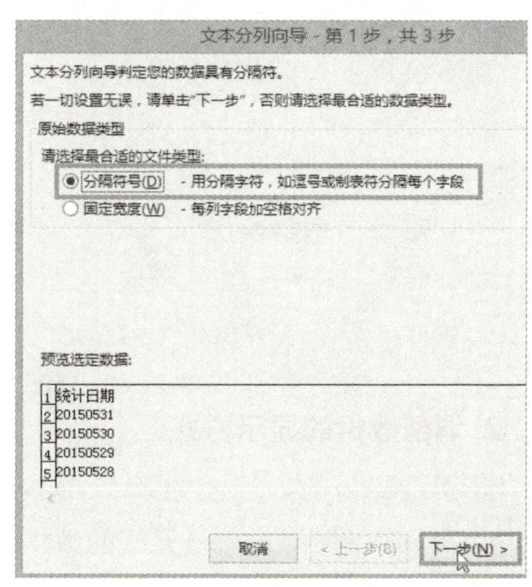

图 2-14　单击“分列”下三角按钮　　　　图 2-15　选中“分隔符号”单选项

此时就会进入“文本分列向导-第2步”对话框，如图2-16所示。勾选“其他”复选项，再在对应的文本框中输入日期数据的分隔符号，如这里输入“/”，然后在“文本识别符号”下拉列表中选择为“（无）”选项。

单击“下一步”按钮，就会进入“文本分列向导-第3步”对话框，如图2-17所示。选中“日期”单选项，再选择日期格式显示的顺序，如这里选择“YMD”，表示顺序为年-月-日。最后单击“完成”按钮，就能成功地将日期数据的格式调整为“2015/5/31”这样的显示方式了。

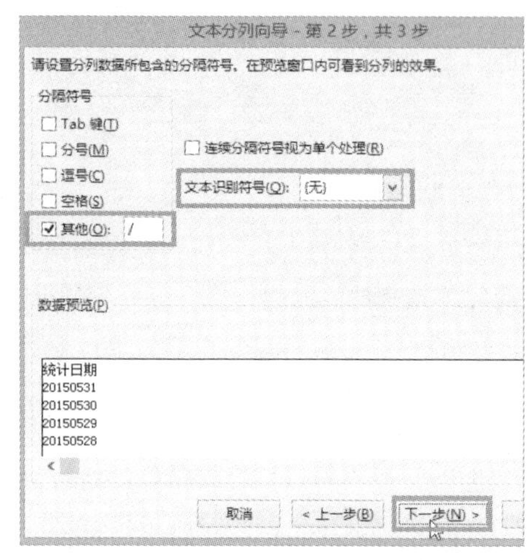

图 2-16　设置日期的分隔符号

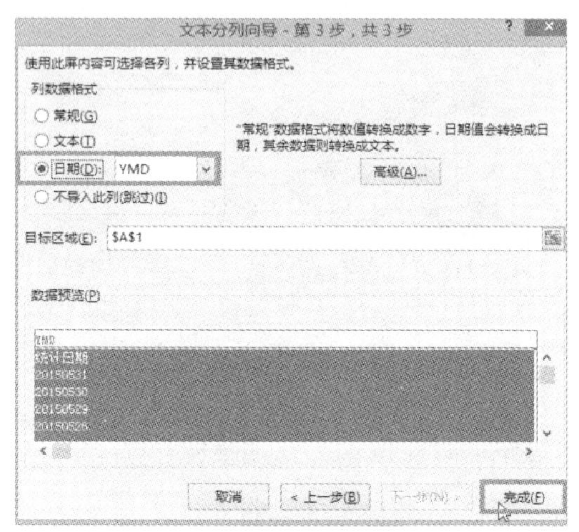

图 2-17　选择日期格式的显示顺序

3. 对数据进行简单计算

通常情况下，对收集到的数据还需要进行简单的计算，如求和、平均数计算等。这样做的目的是便于在后面的数据分析环节发现更多的信息点，或者对数据整体所处的水平线有一个大概的判断。

将数据导出到Excel中有一个十分明显的好处就是可以通过公式轻松进行数据的计算。如现在需要计算数据表中“取消关注人数”的总和，那么单击“取消关注人数”数据列最下方的空白单元格表示计算结果放置于此，然后，单击“公式”选项卡下“函数库”组中的“自动求和”下三角按钮，再从弹出的下拉列表中选择“求和”选项，如图2-18所示。

公式选择好后，就会出现如图2-19所示的结果，其中“C2：C31”表示从“C2”单元格到“C31”单元格的数据。确认需要求和的数据后，按回车键就可以完成求和计算了。

结果如图2-20所示。在图2-20中，还可以对“取消关注人数”数据列的平均数进行计算。从计算出来的数据可以分析出，在固定时间段内，总共有157人取消对微信公众平台的关注，平均每天有10人取消关注。

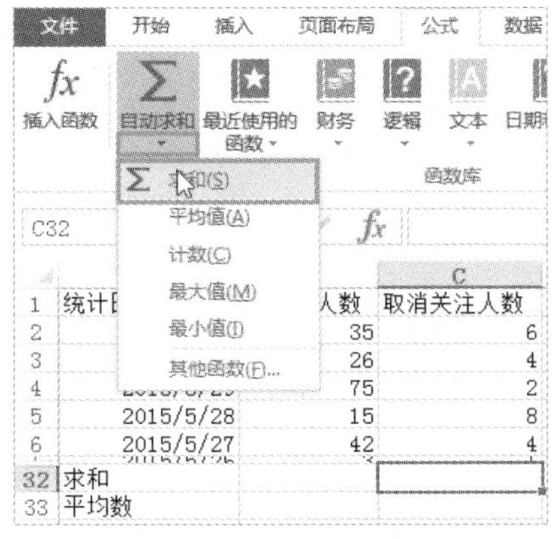

图 2-18 选择“求和”公式

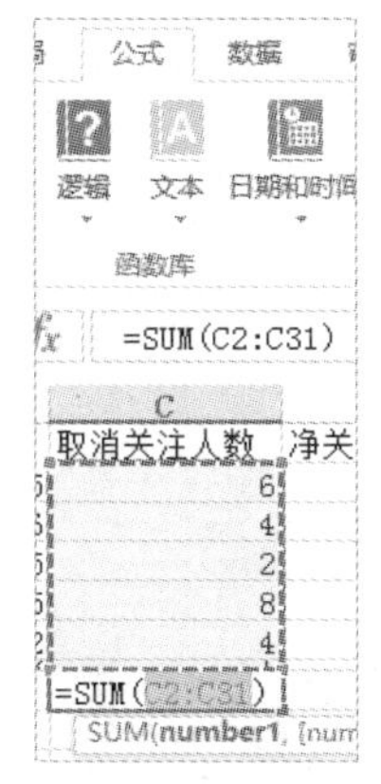

图 2-19 确定公式

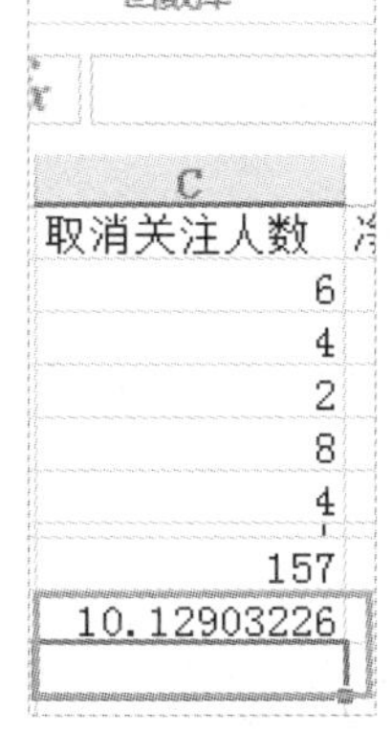

图 2-20 自动计算的结果

4. 对特殊数据进行标注

在数据处理中，有时候会出现一些需要特别注意的数据，这时最好将其标注出来，以免在后续的数据分析中遗忘或与其他数据混淆。对特殊数据进行标注可以手动改变数据的颜色、字体、单元格的填充色，或者是设置条件格式自动更改特殊数据的格式。

用手动的方式标注特殊数据的方法很简单，只需要选中数据再更改数据或数据所在单元格的格式即可，但是为了让被标注的数据尽可能地显眼，最好改变数据所在单元格的颜色。例如，想要将小于0的“净增关注人数”数据进行标注，可以选中数据再单击“开始”选项卡下“字体”组中的“填充颜色”下三角按钮，再从弹出的颜色选项中进行选择，如这里选择了显眼的红色，此时被选中的数据就被明显地标注出来了，如图2-21所示。

但是很多时候，需要进行标注的数据可能不只一个，如果挨个寻找再标注就显得比较麻烦也容易出错，此时可以试试利用“条件格式”功能进行标注，方法如下。

首先选中需要进行标注的数据所在的区域，如这里需要标注出所有小于0的“净增关注人数”，则选中一整列的“净增关注人数”数据，然后单击“开始”选项卡下“样式”组中的“条件格式”下三角按钮，再从中选择“突出显示单元格规则”选项，接着从弹出的级联列表中选择需要的选项，这里选择“小于”选项，如图2-22所示。

这时就会弹出“小于”对话框，如图2-23所示。在文本框中输入“0”，表示需要为数值小于0的单元格设置格式，然后设置符合条件的单元格格式，如选择“浅红填充色深红色文本”，最后再单击“确定”按钮。

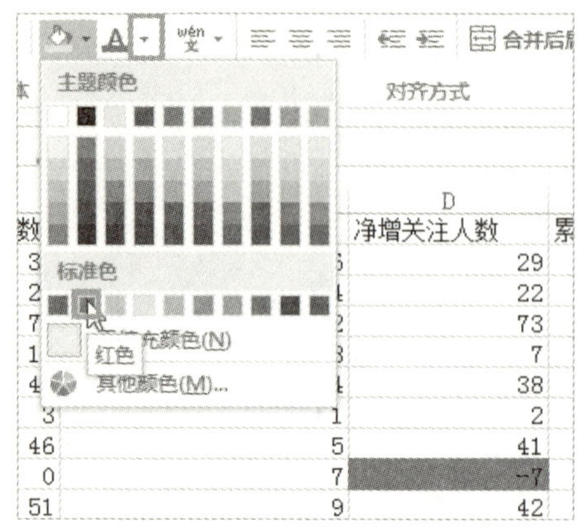

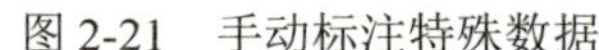
图 2-21　手动标注特殊数据

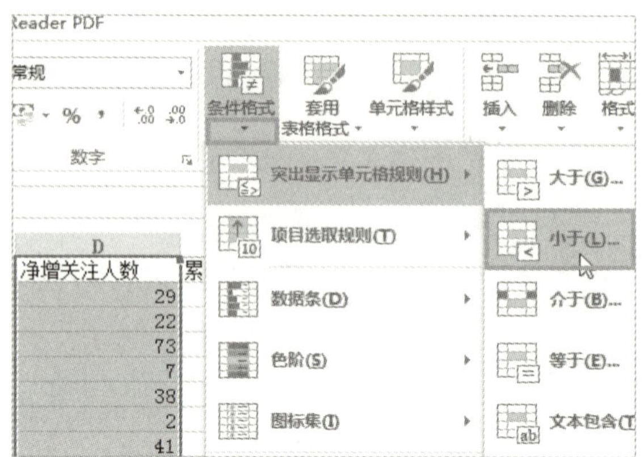

图 2-22　利用“条件格式”标注数据

此时就成功利用“条件格式”自动标注出符合条件的数据了，如图2-24所示。

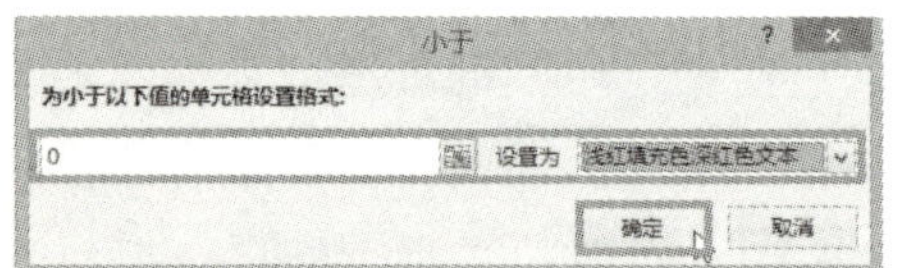

图 2-23　设置条件格式

统计日期	新关注人数	取消关注人数	净增关注人数	累积关注人数
2015/5/31	35	6	29	1,130
2015/5/30	26	4	22	1,152
2015/5/29	75	2	73	1,225
2015/5/28	15	8	7	1,232
2015/5/27	42	4	38	1,270
2015/5/26	3	1	2	1,272
2015/5/25	46	5	41	1,313
2015/5/24	0	7	-7	1,306
2015/5/23	51	9	42	1,348
2015/5/22	55	5	50	1,398
2015/5/21	1	4	-3	1,395
2015/5/20	12	1	11	1,406
2015/5/19	42	2	40	1,446
2015/5/18	15	4	11	1,457
2015/5/17	44	6	38	1,495

图 2-24　完成条件格式设置后的标注数据

2.1.3　选择数据的表现形式

在数据分析中，当完成数据处理后，面对表格中紧密排列的数据，很多运营人员还是会觉得无从下手，这是因为数据的表现方式让人难以从中找出有用的信息。这时就要结合分析的目的，为数据选择恰当的表现形式。

改变数据的表现形式，其核心就在于数据可视化，也就是将纯数据形式的信息转变为图形化的数据信息。如图2-25所示是微信后台用户的省份分布数据，要想从这些密密麻麻的数据中分析出用户的省份分布情况比较困难，但是，如果将图2-25所示的数据转换为如图2-26所示的可以进行数据对比的柱形图，情况就不一样了。运营人员可以十分轻松地从数据图中分析出用户数较多的省份及较少的省份，也能从柱形的高低起伏中看出不同的省份之间相差的用户数量，十分有利于后面的数据分析及得出结论。

	A	B	C
1	省份	用户数	占比
2	未知	43	12.11%
3	北京	31	8.73%
4	上海	23	6.48%
5	广东省	51	14.37%
6	四川省	16	4.51%
7	湖北省	14	3.94%
8	重庆	8	2.25%
9	江苏省	18	5.07%
10	浙江省	8	2.25%
11	黑龙江省	8	2.25%
12	吉林省	7	1.97%
13	安徽省	10	2.82%
14	陕西省	6	1.69%
15	辽宁省	7	1.97%
16	云南省	6	1.69%
17	新疆	4	1.13%
18	湖南省	8	2.25%
19	天津	3	0.85%

图 2-25　纯数据的显示形式

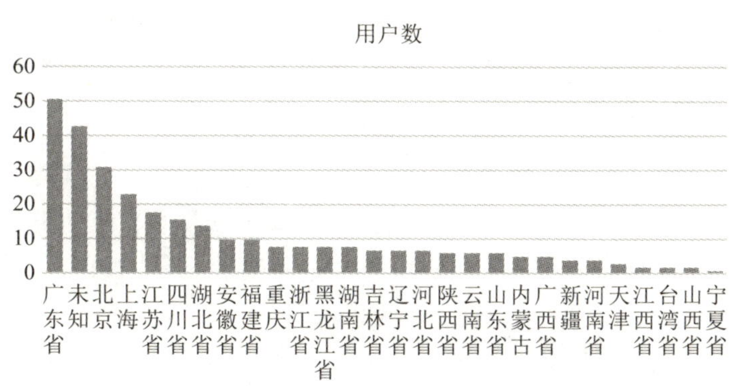

图 2-26　用柱形图来表现数据

图2-25所示的数据在微信后台也有经过可视化处理的形式，如图2-27所示。缺点是由于版面有限，这里的数据条需要翻页才能查看完所有省份的用户数量分布。

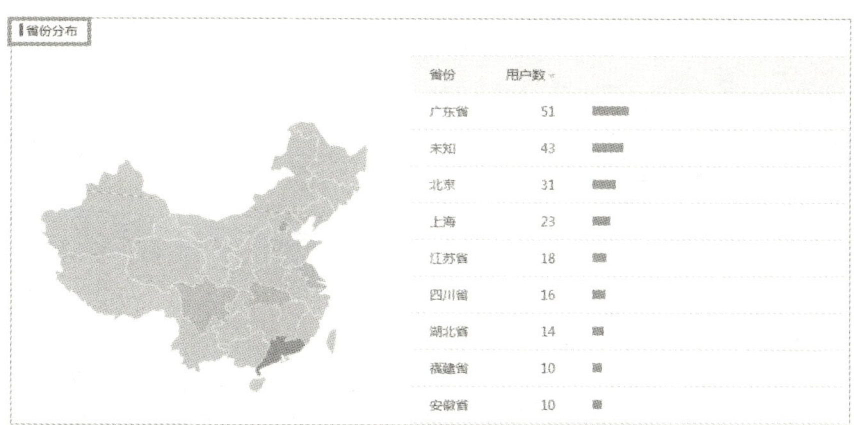

省份分布

省份	用户数
广东省	51
未知	43
北京	31
上海	23
江苏省	18
四川省	16
湖北省	14
福建省	10
安徽省	10

图 2-27　微信后台的“省份分布”数据

实际上，微信后台大部分数据的表现形式都不是单纯的数据，而是根据数据特点经过处理的最恰当的数据表现形式。也就是说，运营人员如果分析的是这些已经可视化了的数据，就可以省去数据分析的前3个步骤，直接进入分析环节。那么既然如此，为什么在本章还要花那么长的篇幅来讲解数据分析前面的步骤呢？

这和读书的道理是一样的，读书并不是为了能将书中的内容背诵下来，而是为了让书中的内容对人的思想产生潜移默化的影响。这里讲解的数据分析步骤，可能在分析微信数据时不会时时刻刻都用到，但是一旦产生这样的思路，相信读者就很容易举一反三，根据自己运营的微信公众平台特点分析出更多有用的信息。

其次，微信后台的数据虽然已经有了比较合理的表现，但是数据的表现形式不只一种，不同的表现形式有不同的意义，而这种表现形式也并不是绝对地适合所有分析目标下的数据分析。一旦读者学会了自己进行数据收集、数据处理、更改数据的表现形式，就可以更加灵活地进行数据分析。

除此之外，并不是所有平台上获取到的数据都已经进行了表现形式的处理。不同类型、不同行业的微信平台，在进行数据分析时获取数据的渠道也不相同。一旦获取到的数据是纯数据表现形式，就需要运营人员自己进行数据处理及表现形式的更改了。

在明白了学习微信平台的数据分析为什么还要学会数据表现形式的更改后，下面就来看看如何为数据量身定制表现形式。

改变数据的表现形式在Excel中是很容易实现的。如图2-28所示，选中需要改变形式的数据，然后单击“插入”选项卡下“图表”组中的“插入柱形图”下三角按钮，从下拉列表中选择“二维簇状柱形图”选项，如图2-29所示，就能成功地将选中的数据转换为二维簇状柱形图的显示方式了。

	A	B	C
1	省份	用户数	占比
2	广东省	51	14.37%
3	未知	43	12.11%
4	北京	31	8.73%
5	上海	23	6.48%
6	江苏省	18	5.07%
7	四川省	16	4.51%
8	湖北省	14	3.94%
9	安徽省	10	2.82%
10	福建省	10	2.82%
11	重庆	8	2.25%
12	浙江省	8	2.25%
13	黑龙江省	8	2.25%
14	湖南省	8	2.25%
15	吉林省	7	1.97%
16	辽宁省	7	1.97%
17	河北省	7	1.97%
18	陕西省	6	1.69%
19	云南省	6	1.69%
20	山东省	6	1.69%
21	内蒙古	5	1.41%
22	广西省	5	1.41%

图 2-28　选中需要改变表现形式的数据

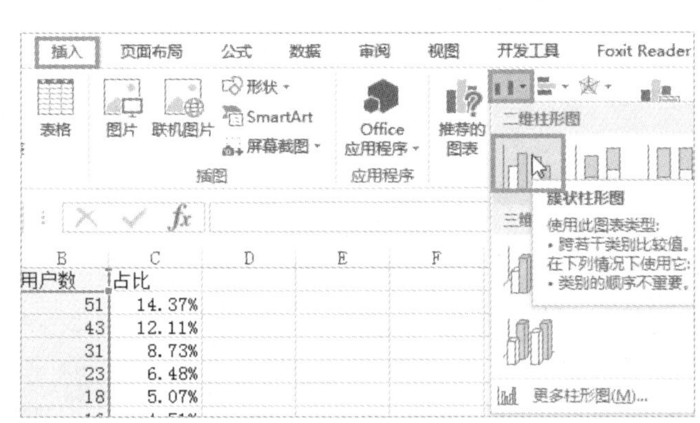

图 2-29　选择图表类型

在上面的操作实例中，之所以选择将数据更改为二维簇状柱形图，是因为二维簇状柱形图可以方便地进行多项数据的对比、分析数据的变化趋势。

如果需要分析的数据是随时间连续变化的数据，并且想要分析出数据的变化趋势，可以选择折线图。

如果需要分析数据的占比大小以及与数据总和之间的关系，可以选择饼图。

如果需要对各项数据的情况进行对比，并且数据的名称比较长，可以选择条形图。

如果需要分析出数据的量随时间变化的增加或者减小的程度，同时表现出数据的总值，可以选择面积图。

如果需要表现若干个数据点之间的关系，可以用XY散点图来表示。

如果需要找出两组数据之间的最佳组合，可以选择曲面图。

以上提到的图表类型是进行微信数据分析时使用频率较高的一些图表，但有时也会用到稍微复杂一点的图表，本书后面章节的案例讲解中将会专门分析这类图表的制作及分析方法。

2.1.4　分析处理好的数据

将数据的表现形式调整到最佳状态后，就可以开始进行数据分析了。数据分析可以有以下3个切入点。

1. 对数据进行比较

分析数据第一招莫过于比较数据了，这个比较可以是不同的数据项与数据项之间的比较，也可以是同一数据项在不同时间点的比较。通过比较就很容易看出形势是变好了还是变坏了，也能分析出当下形势处于什么样的水平。

例如，如图2-30所示是微信后台两段时间内的“新增人数”数据趋势。首先可以将两条趋势线进行对比，经过对比可以发现，该微信号4月份和5月份的新增人数波动趋势比较相近，但是5月份有多个时间点的新增人数都比较多。

同时还可以进行当月的数据对比，如只看4月份的数据趋势，可以发现4月份前期的新增人数并不乐观，后期有所好转。

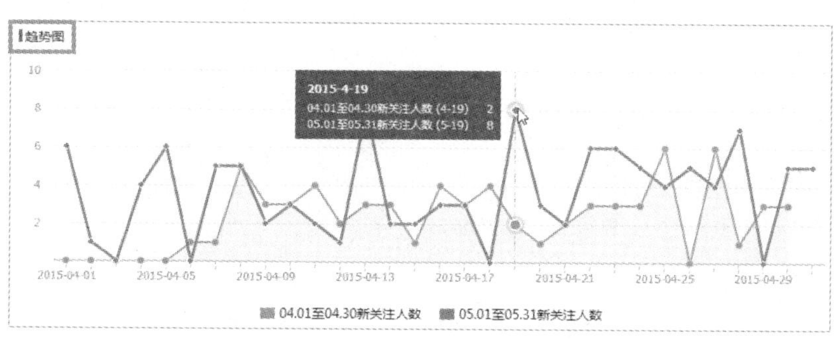

图 2-30　数据趋势对比

进行数据对比分析还可以判断当下的形势。如图2-31所示是某微信公众平台的运营人员为了分析自身实力进行的数据分析，其中“别人”代表同类型微信公众号中排名第三的公众号。通过对比，就可以发现自身与行业领头羊的差距有多少。

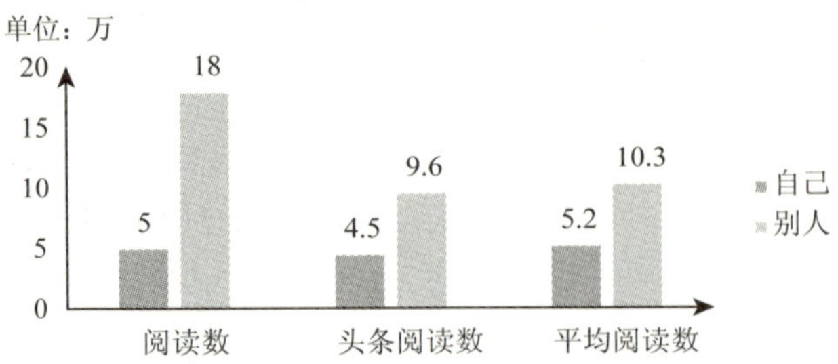

图 2-31　两个微信公众号的阅读数对比

2. 寻找数据的规律

在分析数据时，寻找数据的规律同样很重要，它能对未来某时间段的运营状态、决策提供有用的依据。如图2-32所示就是某微信公众平台的运营人员根据微信的总用户数变化数据制作的面积图，从图中可以清楚地看到该微信号在3月的前半个月总用户数的变化情况。不难发现，用户数是持续增加的，并且后期增加的趋势放缓。因此可以预测，如果保持当下的运营方法，微信公众平台的总用户数还可能会保持小幅度增长状态。

图 2-32　寻找微信公众号总用户数的变化规律

3. 找特殊的数据点

在进行数据分析时，需要时刻注意所分析的数据中有没有出现特殊点，因为这些特殊点往往意味着有不一般的情况发生。如图2-33所示是某微信公众平台每日推送文章的阅读量统计数据，从中可以发现有两个比较特殊的数据，分别是7月5日的阅读量和7月12日的阅读量，一个显得尤其低，而另一个则显得尤其高。

值得注意的是，找到特殊点后，首先需要分析这个特殊点是不是单纯的数据错误，只有将这个可能性排除后，才有继续分析的价值。

找到特殊点后再顺藤摸瓜，去研究微信公众平台在这两天内推送的文章是什么，有什么特点，为什么导致阅读量的突降和突增。

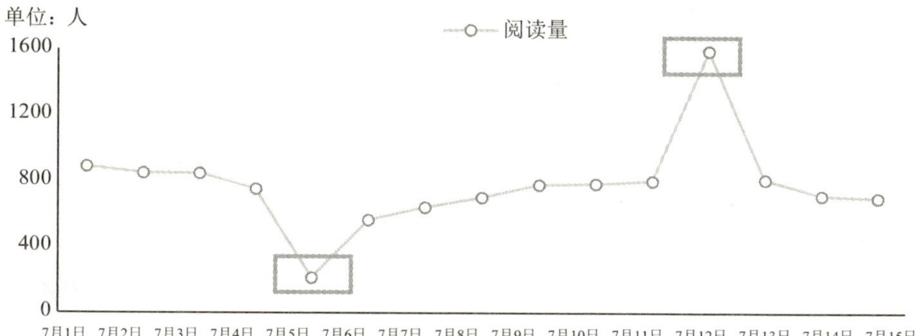

图 2-33　某微信公众平台每日推送文章的阅读量

2.1.5　得出结论

完成数据分析后，就该进入得出结论的环节了，该环节彰显的是前面整个数据分析的核心价值，对微信平台未来的运营起着决定性作用。

通过数据分析得出结论，需要紧紧抓住的一个核心就是：思考为什么会出现这样的数据结果。一旦抓住这个核心来思考问题，那么结论的获得也就比较容易了。下面就通过一个案例来看看如何在分析数据的基础上得出结论。

如图2-34所示是某企业微信公众平台的用户“省份分布”数据。从图中可以看到，广东省的用户显得尤其多，排名第一，比排名第二的省份高出了近一半的人数，那广东省的用户数量可以说就是一个特殊值。

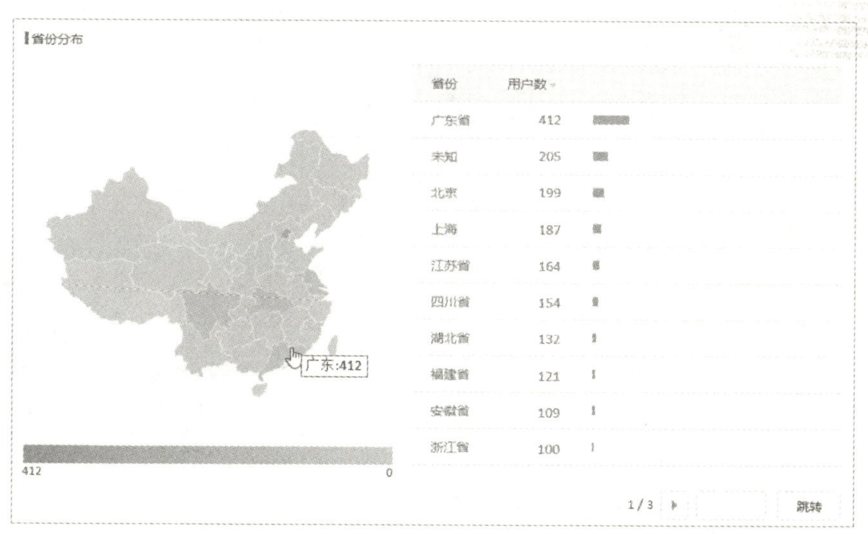

图 2-34　某微信公众平台的用户“省份分布”数据

该微信公众平台的运营人员首先确定这个数据是正确无误的，排除了数据出现

问题的可能性。然后开始思考：为什么广东省的用户特别多？ 接着根据企业的自身情况，罗列出可能的原因：可能是公司在广东省的实体店铺比较多，也可能是公司在广东省的员工宣传工作做得很到位，还有可能是公司的商品通过网购渠道卖到广东省的数量比较多（因为商品包裹上有微信公众平台的二维码）。

思考到这里，就需要对猜想进行验证。

首先验证第一个猜想，比较公司在各省份的实体门店数量。如图2-35所示是公司在各省市的实体门店数量分布图。从中可以清楚地看到，广东省有3家店铺，却不是最多，所以可以说明广东省关注公司微信公众平台的用户数最多并不是因为店铺数多。

接下来验证第二个猜想，是否因为广东省的员工宣传工作做得更好。经过调查后发现，该公司在全国各地的宣传策划都是由公司总部统一策划，再将宣传方式及要求传达下去，最后让各实体店铺的员工执行。对于微信公众号的宣传，统一采用在店铺门口放置二维码海报让客户进店后自行扫描的方式，并且在客户关注公司微信号后可以得到一份礼物。在接下来执行细节的研究上，微信公众平台的运营人员又发现，广东省的门店员工比其他省份的员工多做了一点工作，那就是人工告知客户扫码有礼，一旦客户有意向扫码，员工就会全程引导，并且在客户完成后立刻送上小礼物表示感谢。

分析到这里就会发现，广东省门店员工的服务细节很可能是让广东省微信用户数最多的原因，但是还不能完全肯定，还需要对剩下的原因进行排除。

在之前的猜想中，还认为可能是通过网购渠道销售到广东省的货物比较多。那么再调取公司最近一个季度在各省市的销量数据，如图2-36所示（销量小于500件的省份数据不在此次分析中）。从图中的数据可以清楚地看出，广东省并不是网购销量最大的省市，四川省、北京市的销量都要更高一些，可见并不是因为广东省的网购商品件数较多引起的微信公众平台在广东省的用户数比较多。

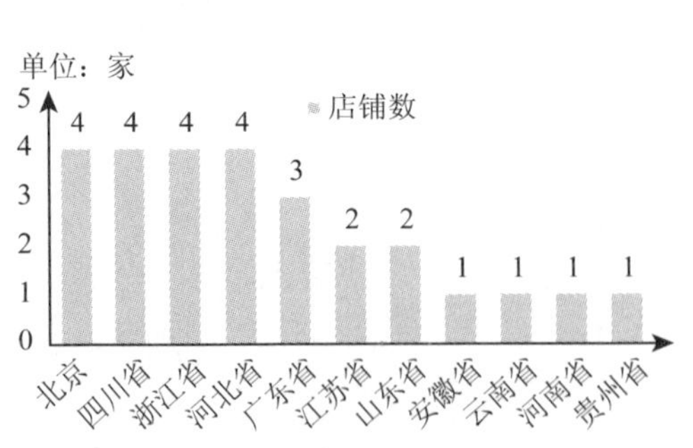

图 2-35　公司在各省市的实体门店数量

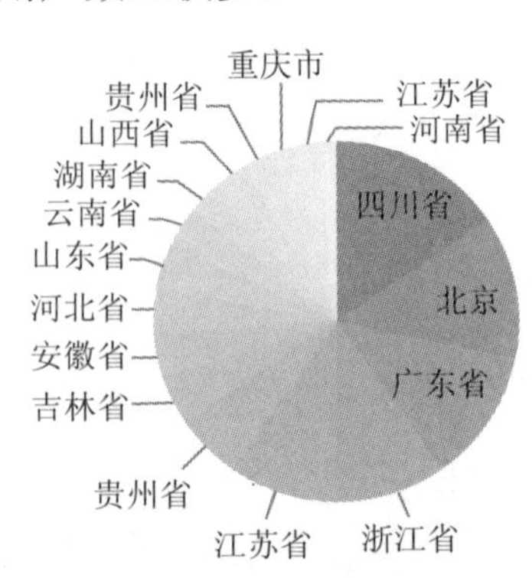

图 2-36　各省市网购数量大小

因此可以得出结论：因为广东省门店员工有意识地引导客户扫码关注微信公众平台，所以广东省的用户数最多。为了提高公司微信号的关注度，可以将此方法推行到有实体店铺的各个省市。由此次数据分析还可以得到的经验是：细节决定成败，哪怕只是员工一个小小的动作，也可能改变客户的决定。

2.2　分析数据找到微信的营销点

营销点对于微信公众平台来说算得上是安身立命之本，一个关注度高的微信平台往往是找到了恰当的营销点，进行话题延伸，引起了用户的兴趣。衡量一个营销点好不好的准则是大众对这个点的关注度。而分析大众对某个点的关注度，同样需要分析数据。

2.2.1　让百度数据告诉你什么事件最受关注

观察用户关注度高的微信平台可以发现，它们有一个共同点，那就是会利用当下的热门事件来做文章。也有数据显示，用户关注微信公众平台的很大一个原因就是想要获取资讯，所以用热门事件来博取用户的关注是一个不错的方法。

分析什么事件是当下最热门的事件、究竟有多热门，就需要用到百度搜索风云榜和百度指数了。

1. 用百度搜索风云榜找热门事件

百度搜索风云榜是以海量网民单日的搜索行为数据为基础统计出来的各类关键词的搜索排行榜，该榜单涵盖了线上线下十余个行业类别，能非常直接地反映大众当下最关注的热点。

如图2-37所示就是百度搜索风云榜的首页内容。在这里，用户可以根据微信公众平台的类型选择“风云时讯”“娱乐”“人物”等多个类别进行相关热点的查看。一旦发现哪一条热点是与自己的微信公众平台密切相关的，就可以考虑在此基础上编写微信文章，引起广大用户的关注。对于销售产品的企业来说更是如此，一旦发现与产品相关的正面热点事件，更是不容错过。

2. 用百度指数查询热点趋势

在百度搜索风云榜中找到热点后，想要进一步分析该热点究竟有多“热”，最好的方法就是到百度指数中验证。例如，如图2-38所示，发现最近有两款车型受到了网民的重点关注，但是在百度指数的热点趋势研究中发现，“比亚迪f0”这款车型的关注指数在最近30天内一直处于领先状态，说明用它来做话题更能引起用户的兴趣。

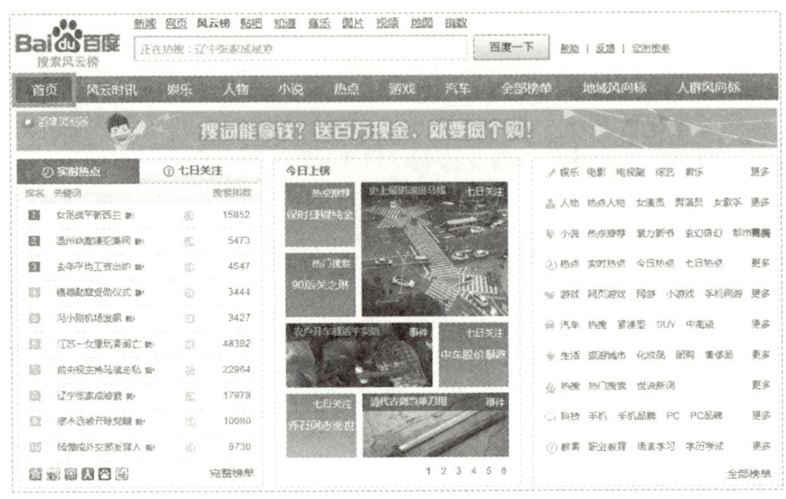

图 2-37　百度搜索风云榜的首页

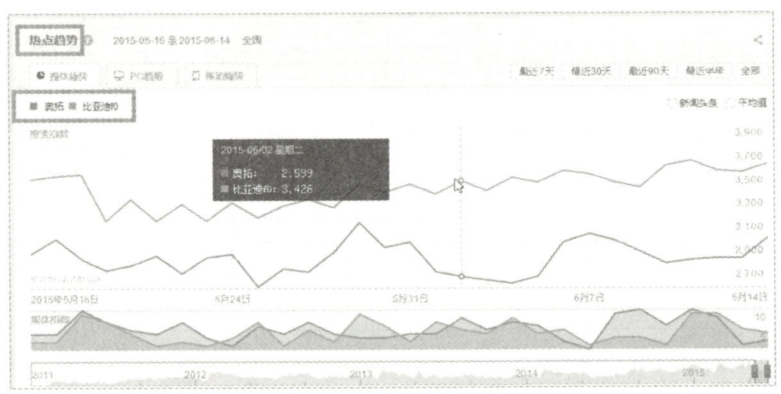

图 2-38　在百度指数中查询热点趋势

2.2.2　让微话题告诉你什么话题最热门

在日常生活中，刷微博已经成了很多人每日必做的事，而通过刷微博发现的热门话题也已经成了大众茶余饭后的谈资，所以，微博的热门话题也是需要关注的地方，在这里同样可以找到用户当下关注度较高的热门事件。

如图2-39所示就是新浪微博的微话题榜单，在这里可以自由地选择话题产生的时间及话题的分类。

例如，某微信公众平台是一个以情感咨询为主的服务平台，那么关注微博中的

“情感”类话题，从而选取恰当的话题事件进行点评、分析，就很容易让用户产生兴趣并阅读。一旦微信公众平台推送的消息对某微博事件点评得中肯而深刻，就会加深用户对品牌文化的认可度。

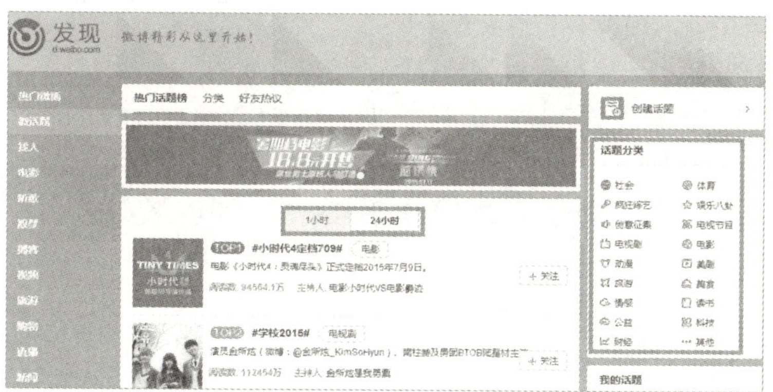

图 2-39　新浪微博微话题

2.2.3　让排行榜告诉你什么东西最好卖

找热门事件、热门话题对于那些以新闻、资讯传播为主的微信公众平台来说是吸引用户的一大法宝，但是对于以销售商品为主的微信公众号来说，仅仅发送新闻资讯类消息并不能达到目的。在这种情况下就需要关注市场行情，找出什么商品最好卖。

要了解什么商品最好卖，淘宝排行榜是个不错的选择，销量最好的商品及用户搜索度最高的商品都会在这里得到反映。

在淘宝排行榜中可以查看“今日关注上升榜”和“一周关注热门榜”。如图2-40所示就是淘宝排行榜中的“一周关注热门榜”，从这个榜单中，用户可以快速找到一周内消费者最关注的商品是什么。

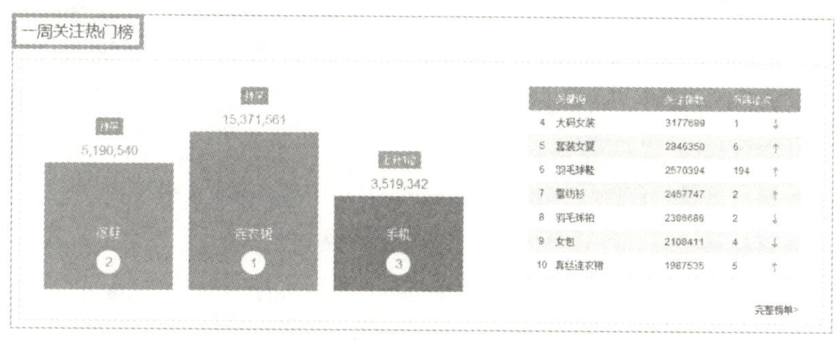

图 2-40　淘宝排行榜的“一周关注热门榜”

虽然直接在微信公众平台中推广商品的效果并不见得会好，但是试想一下，如果用户正在关注某件商品，正在犹豫是否购买的时候，某微信公众平台正好向用户推送了该商品的信息，其中还讲到了该商品的优点，有一部分用户就会拿定主意购买。

微信公众平台的运营人员必须摈弃“淘宝排行榜与微信无关”这样的念头，多一个信息获取渠道，也就多一点商机。

在淘宝排行榜中还可以查看更加详细的榜单。如图2-41所示，是单击“一周关注热门榜”的“完整榜单”后出现的详细榜单，在这里可以自由地选择商品的行业及细分种类，如图中选择了“化妆品”中的“眼部护理”类商品的“销售上升榜”。分析榜单中的数据就知道最近用户关注的眼部护理商品是什么，价格又是多少，尤其是微店卖家，也知道最近要向自己的微信用户推荐什么产品比较合适了。

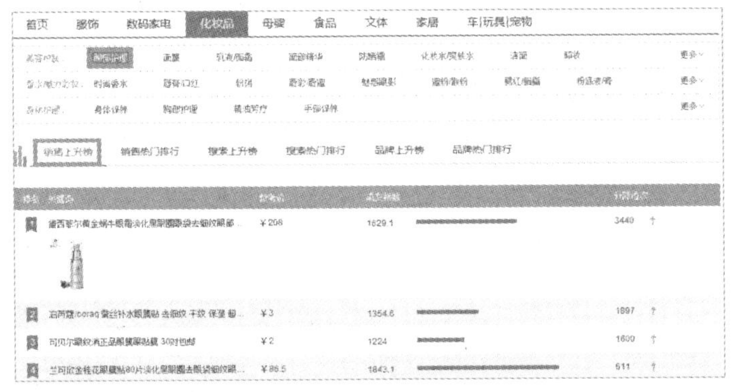

图 2-41　更加详细的淘宝排行榜单

2.3　研究顶尖微信公众号的数据

微信公众号的注册数量众多，而这些公众号的运营者基本上都希望自己经营的微信公众号能成为业内的顶尖微信公众号。业内的顶尖微信公众号粉丝数动辄几十上百万，发一篇文章阅读数也能很快突破十万，点赞量就更不用说了，集上千个赞根本就不成问题。这些业内顶尖的微信公众平台上推广的信息甚至不用刻意宣传就能获得大量用户的转发，让更多的用户看到。

那么究竟是什么成就了顶尖的微信公众号？本节同样从数据的角度出发，分析这些业内大佬的数据特征，找到做好微信公众号的落脚点。

2.3.1　分析微信公众号前100强的类型

微信公众号的类型在很大程度上影响着用户数量的多少。举一个简单的例子，

市场上的商品种类数不胜数，但是商品再好，如果没有消费者，就是没有市场的商品。对于商家来说，选择了一类没有市场的商品来销售，无异于将金钱投入了无底洞，很难有收益；而微信公众号的类型也是各种各样的，选择用户需求度高的类型，粉丝增长起来也会更快。下面就从微信公众号前100强入手，分析这些顶尖的微信公众号都是什么类型，从而分析出用户对不同类型微信公众号的需求度。

如图2-42所示是新媒体排行榜的“500强（月榜）”榜单，从榜单中就能看到排名前100强的微信公众号及相关数据信息。单击某微信公众号就能进入该号的数据页面，在该页面中就可以看到该号的类型，如图2-42中右边的小图所示，显示“人民日报”的类型是“时事”。

按照这样的方法可以统计出榜单排名前100强的微信公众号类型。

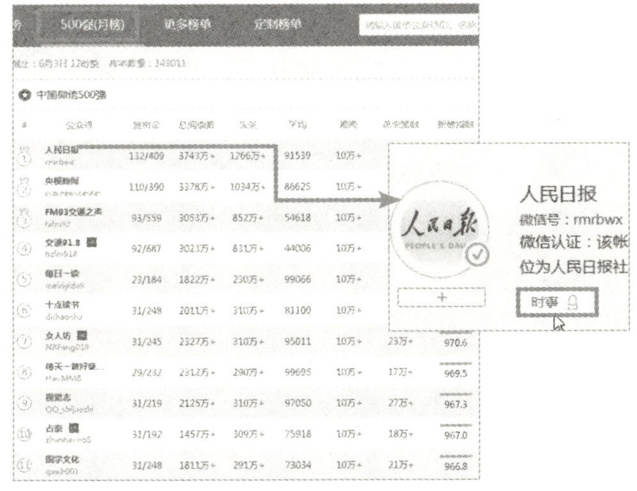

图 2-42　“中国微信 500 强”部分榜单

统计出来的结果如图2-43所示。从图中可以十分清楚地看到，在该月微信排名前100强的账号中，时事、幽默和文化是数量最多的3种类型，可见用户比较偏爱新闻时事、幽默搞笑、文化传播方面的信息浏览。

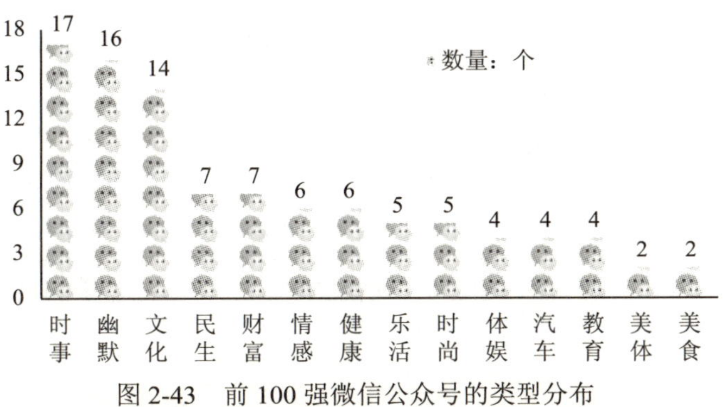

图 2-43　前 100 强微信公众号的类型分布

这样的数据分析结果对于微信公众平台运营之初十分有帮助，运营人员可以在申请账号之前以此为参考，决定平台的定位，快速有效地找到用户需求度高的类型。

2.3.2 顶尖微信公众号的消息发布规律

分析顶尖微信公众号的特点并进行学习和模仿，就相当于站在巨人的肩膀上，不失为一种捷径。在微信公众平台上，同样的一篇文章选择在不同的时间点发送，就会有不一样的用户反响，可见微信公众平台的成功与否同样讲究天时与地利。本小节就来研究平台消息什么时候推送比较好。

在真正着手研究顶尖微信公众号的消息发布规律前，先来看看微信公众号整体的消息发布有什么样的规律。

在新媒体排行榜中，切换到“统计”选项卡，就会看到“24小时发布规律”数据统计图，如图2-44所示。从图中可以看到，大部分的微信公众平台运营者在一天中会选择下午的16：00～18：00以及上午的9：00、11：00进行图文消息的发布。之所以这样做，很可能是因为在这些时间点发送图文消息更容易让用户看到。

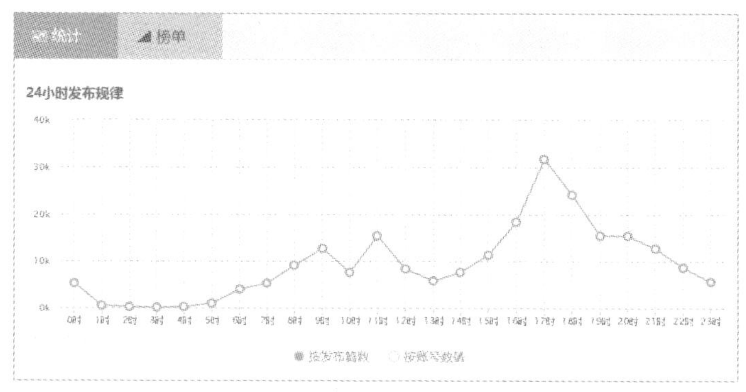

图 2-44　微信公众号消息在 24 小时内的发布规律

在新媒体指数的“统计”选项卡下，还有“样本活跃度”“推送次数”发布篇数的数据统计，如图2-45～图2-47所示。通过分析图中的数据很容易发现，在6月13日和6月14日这两天，活跃的微信公众平台数比较少，并且微信公众平台整体的消息推送次数较少，同时发布的消息篇数也比较少。

对照日历可以发现，这两天分别是周六和周日，那么周六和周日微信公众平台的活跃度较低，是不是能从侧面说明周末用户对微信公众平台图文消息的关注度会下降，转而将注意力放在其他休闲娱乐活动上？为了验证这样的猜想，就需要进行更多的分析。

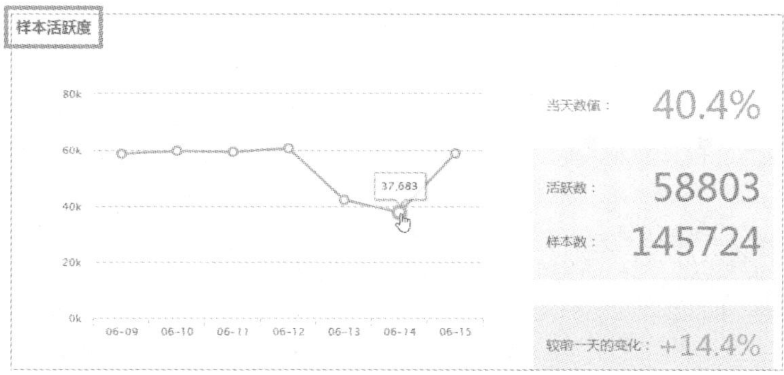

图 2-45 “样本活跃度”数据统计

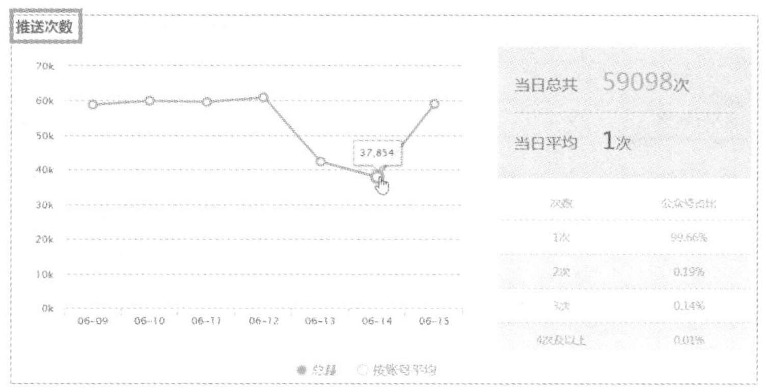

图 2-46 “推送次数”数据统计

图 2-47 “发布篇数”数据统计

如图2-48和图2-49所示分别是新媒体排行榜“统计”选项卡下的“阅读数”和“点赞数”数据统计。观察两张图可以发现，同样是在6月13日和6月14日这两天，用户对微信公众平台图文消息的阅读数和点赞数都比较少。

这样的数据结果能极大地证明之前的猜想，因此可以有这样一个结论：周末大多数微信用户都会将精力放在休闲娱乐活动上，对微信公众平台的图文消息关注度有所下降，故周末不是推送图文消息的好时间。

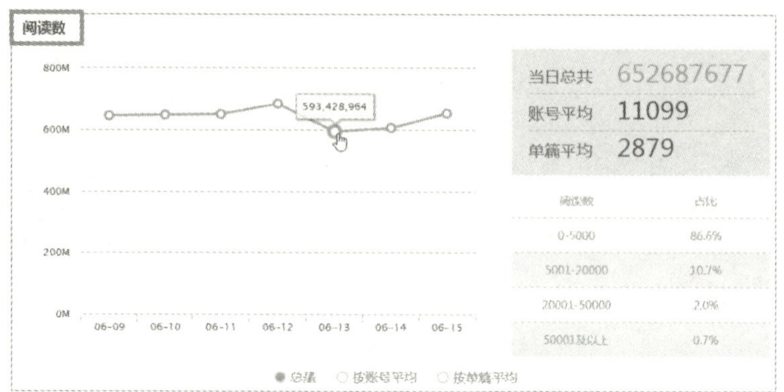

图 2-48　“阅读数”数据统计

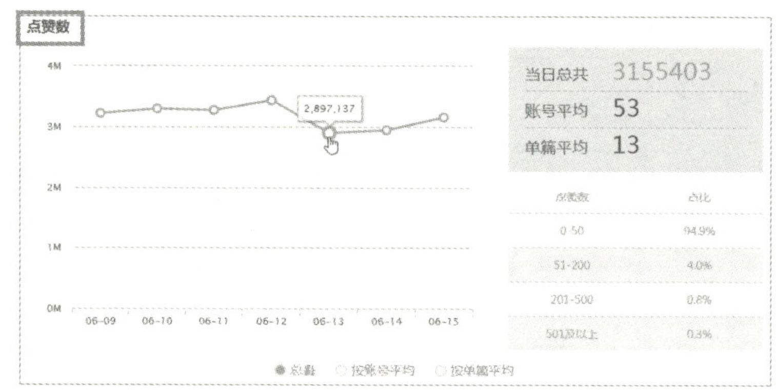

图 2-49　“点赞数”数据统计

分析到这里，就可以去研究顶尖微信公众号推送的文章了，看看它们是否符合这个发布规律。如图2-50所示就是新媒体指数中某个微信号在“一周热门”排行榜下排名前两位的文章，阅读量和点赞量都非常大，再看发布日期，都没有选在周末，时间点也选择的是11：00、17：00这样的黄金时间点。再查看更多的“一周热门”榜，也基本符合这个规律。

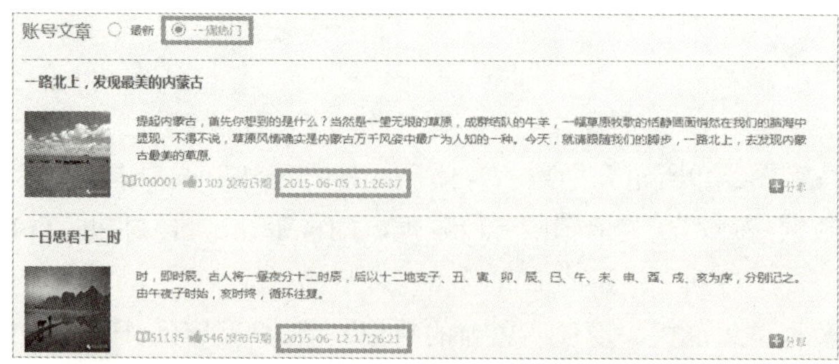

图 2-50　热门图文消息的发布日期

2.4　微信营销的流程是怎样的

现在的微信公众号不少，但是很多公众号并不知道如何吸引粉丝，就算是好不容易吸引来了粉丝，也不知道如何留住粉丝。留不住粉丝又谈何微信营销呢？

之所以会出现这样的情况，归根结底，是公众号没有给用户带来价值。用户究竟需要什么呢？接下来就通过“男人袜”这个微信公众平台的运营经验聊聊微信营销，从这个完整的营销流程中，大家会看到微信营销的理念、数据扮演的角色。

首先是微信营销的目标，无非是营业收入、扩大用户群、保持活跃度。

从这3个目标出发，运营的工作流程包括以下3项。

- 找到用户在哪儿：根据品牌定位做清晰的用户画像、阶段性调查，分析用户需求。
- 以能接受的成本引来用户，使用产品：可行性方式有市场投放、渠道拓展、商务合作、活动策划。
- 用户持续使用，保持黏性：需要内容运营、用户运营、社区运营等方式。

流程1. 找到目标用户

（1）品牌定位及用户画像

品牌一定要有一个清晰的定位，要传达统一的形象，让用户知道这个品牌是做什么的、可以在这里获得什么价值。

根据品牌定位和现有用户群体，需要理出清晰的用户画像，这将直接统领整个运营策略，帮助我们了解这群用户喜欢什么，需要什么，容易受什么因素影响。

如图2-51所示就是用户画像示意图。用户的这些属性可不是凭空编造出来的，而是得力于微信后台用户属性数据的统计、整理、分析。

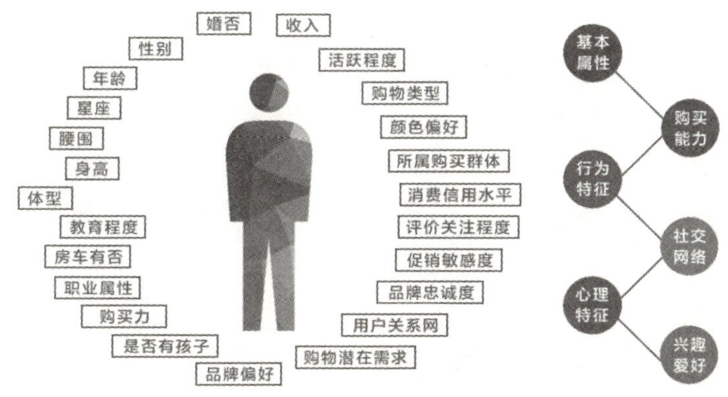

图 2-51　用户画像

例如，现在经过数据分析后发现男人袜的用户画像为：年龄是25～40岁的男性，活跃用户在25～30岁阶层；是北上广江浙沪一线城市白领阶层的商务人士、多数未婚并处于事业上升期。

针对这个用户画像，就可以了解到男人袜的用户需求是什么。

他们忙于打拼事业无心照顾生活，需要可信赖的品牌。男人袜的存在就是满足他们需要高品质产品、贴心及时服务的需求，简化选择的困难。

（2）品牌价值

根据男人袜产品的特点提炼出男人袜的品牌价值是3个词：品质、简单、可信赖。

男人袜的品牌口号是“让生活简单一点”，视觉识别、理念识别、行为识别等品牌价值输出都是围绕这3点而来的。

定位用户后也发现了一个小秘密——这样的人群一旦尝试产品并发现男人袜靠谱之后，黏性非常高，懒得再费心去对比其他品牌，对品牌极度信任。

但是试想一下，如果事先没有通过数据分析、以数据为依据，怎么能准确地定位用户？

流程2. 可行性导入用户方案

（1）以产品吸引用户

男人袜提供了免费试用装来促使观望用户转化成新用户。

试用装的领取设置有如下几个要点需要注意。

①领取渠道在微信端，方便后期营销推广（领取渠道设置在微信端，就可以通过微信端口的反馈数据来审视方案推行的效果，从而及时发现运营问题，有所改进）。

②有赞的商品可以设置每人限购 1 件。

③低门槛的邮费，规避纯粹贪便宜的用户。

④购买成功后，会自动创建一个男人袜会员账户；同时，邮费自动退还到账户，并短信通知用户，促进二次消费，也迫使用户知道男人袜这个官方微信平台。

⑤试用装的噱头是“一分钱体验男人袜”，产品金额是 0.01元（不含邮费）。在做线下地推时，也是需要支付 0.01 元的，目的是过滤掉没有微信支付的用户。

⑥为防止有人恶意重复领取，在商品详情页一定要写清楚规则，“每人限购一次，最终解释权归本商城所有”。

⑦万一还是有人恶意领取，本着和解的原则，会主动发短信联系用户办理重复产品的退款。

（2）让用户宣传产品

培养核心用户，以一个用户为基点，扩散至他的朋友圈，他们是最好的品牌传声筒。

①晒单。

一定要在用户的关系网中晒单，才能达到以点到面的效果。

晒单活动设置有以下几点需要注意：必须是收到货之后晒，有产品展示、品牌徽标；在微博或朋友圈晒单；晒单的优惠券加入会员账户余额或作为优惠券，不是返现，促进下次购买；好的晒单可以贴在微社区、微杂志中集中展示。

部分用户的晒单如图2-52所示。

图 2-52　用户晒单

②邀请名人试用。

在产品过硬的前提下，免费邀请各行各业的名人来体验产品，尤其是符合男人袜人群定位的名人，比如泛互联网类。他们多是自己领域的意见领袖，有话语权，有拥戴者。

经过多次打磨，邀请名人试用流程优化为：用创始人账户，以个人名义邀请会比用官微账号邀请更有人情味儿，拒绝率低；邀请成功后，加微信号，深入沟通，笼络关系；尽可能让名人晒单或向朋友推荐，但要本着不勉强的原则；在名人的朋友圈，用有概率的送礼功能送试用装，以名人作背书，再营销一次他的朋友。

③老会员“有袜同穿”活动。

每位老会员都有机会给自己的 10 位朋友送试用装，这样以老拉新，也可以带来新用户。后面的活动策划环节再具体分析这个活动。

（3）包裹常规导入

男人袜尽可能在暴露用户眼前的环节加入自己的风格和趣味，就是以一种“不正经”的方式讲述一件正经的事情，就有对比的喜剧感。

①定期更新的男人袜卡片。

卡片上犀利的互联网语录很可能会让用户有所触动，从而忍不住在朋友圈中进行晒图，如图2-53所示就是包裹中的男人袜卡片，这样的卡片可以有效地引导用户进行分享。

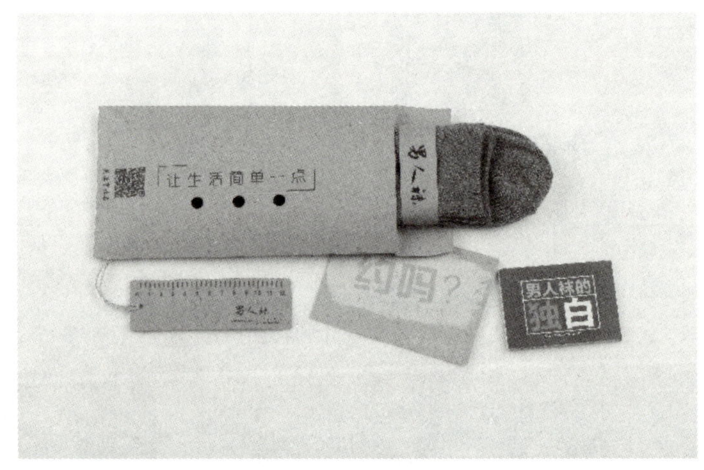

图 2-53　男人袜卡片

②扫二维码的利益点。

在用户看得见的地方放置微信二维码，如果希望用户有“扫一扫”的动作，那么一定要明确地向用户指出扫码会得到什么好处。如图2-54所示是一些扫码的好处。至于有多少用户进行了扫码关注，就需要进行后台的数据统计。如果没有数据统计，就无法较准确地评估该项目的进展效果。

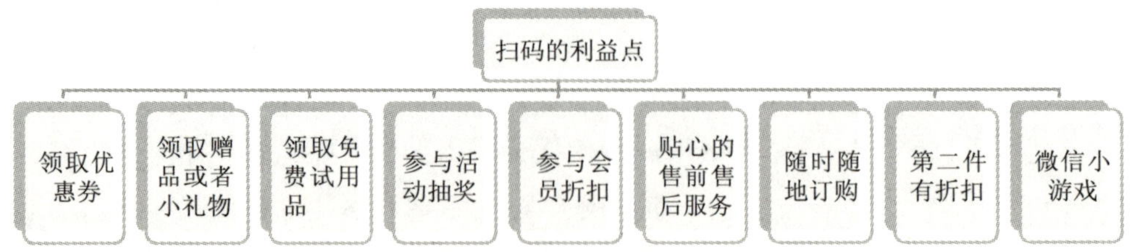

图 2-54　扫二维码的好处

③包裹红包。

利用包裹红包“导粉”到微信上，所有非微信粉丝的会员会在快递单上被特别标出，专门针对这类人群送红包、加粉。该项目进行后，经过数据统计发现，已经体验过产品的人，黏性很高，取消关注率低。有了数据统计结果为后盾，得出的结论是：该项目是正确而有效的。

流程3. 和用户玩起来

（1）客服形象即企业形象

客服是站在公司前线直接与用户打交道的人，一个好的客服能黏住一大帮忠实用户。

①无条件信任用户的客服原则。

男人袜用户群体都是受过高等教育有素质的人，大部分用户也不会无端找茬，所以用户投诉什么，都要尽可能给他无比的信任感。下面是男人袜对客户的一些服务：

- 365天无条件退换货。
- 抱着帮用户解决问题的态度，服务好用户。
- 用户提出问题，应该直接给出解决的方法，而不是去解释原因。
- 能解决的马上解决，不能解决的想办法解决，实在无法解决的直接退款。
- 出了失误，先向用户认错，再把问题解决掉。

②让用户感到满意的客服流程。

- 5分钟内接待：无论哪一个渠道，用户都会在5分钟之内被接待，不因为等待造成客户流失。
- 所有的客服问题出现后分三步解决：问清问题、告知答案、下次如何自助解决。
- 设置好自动回复：利用好关键词自动回复，以及常见问题、常规问题引导用户自助解决。
- 处理完问题一定要给用户和相关负责人反馈结果。
- 发错货无需拍照证明，直接补发。
- 退换货，沟通后对方给出寄回快递单号，能查到物流信息，立即安排补发，不要让用户等，让流程跑得更快一点。

③客服的人性化形象。

男人袜把每一个用户当朋友一样对待，非特殊情况严禁用“请”“您”等敬语，尽量使用口语词，正事儿说完了就不正经地调侃下，传递一个卖萌又无节操的妹子形象，和用户聊天让用户感到满意。如果在聊天的过程中成为朋友，那么这个用户就很难流失。

“陪聊”是一个非常耗时间的工作，所以也需要遵循二八法则，陪好20%购买力强的核心用户。至于这20%的核心用户是哪些，同样需要用数据来确定。

这样的客服形象是一种感觉，不用规则来制定执行，所以建议在招客服的时候，可以尽量找开朗爱笑、爱玩社交媒体类型的，再加上耳濡目染的培养，激发其趣味聊天的潜能。

④简化订购流程。

▶ 在设计购买逻辑时，尽量减少购买步骤，毕竟每一个点击和跳转，都会引起客户流失。

▶ 用看起来不太文艺但直观的语言告诉用户，某个按钮是什么用途，不要让用户去猜。所以男人袜的店铺导航在一级菜单第一栏就是“微信订购”，二级菜单有“买袜子”“买内裤”“买底衫”按照类目划分的专栏。

▶ 不要轻易改变购买路径和逻辑，培养用户习惯很难。

⑤待付款订单催付。

▶ 每天选择一个固定时间联系顾客，发送消息咨询未购买原因，是否遇到什么问题，需要什么帮助。

▶ 不断地引导用户，例如微信公众号可以直接使用客服功能，但是很多用户并不知道这一点。

（2）内容塑造品牌形象

①品牌价值定基调。

每谈及一个品牌，比如苹果、小米、黑莓等，都有一个鲜明的形象浮现，说明除了卖产品外，也需要讲述品牌文化、企业精神，这样才能凝聚有相同价值观的用户。现在是从卖货的时代转向卖文化卖精神的时代，这样的形象塑造对品牌成功起了决定性作用。

前面提到，男人袜的核心价值是品质、简单、可信赖，同样也可以通过幽默风趣的内容风格传递这三点形象。

②内容的利益点鲜明。

服务号的取消关注是非常严重的，一语不慎就招来跑路粉。所以每次群发内容都要审度能给用户带来什么好处，让用户保持对公众号的期待。

一般来说，内容的利益点如下：

▶ 身份认同。

▶ 虚荣心。

- 满足猎奇心理。
- 实用性价值。
- 占便宜心理。

③看人说话。

不同类型的用户需求点不同，推送的内容也不同。在对粉丝留存率与购买关系之间的数据做了分析之后，发现了一个特别有趣的现象。

- 未购买用户留存率：32%。
- 购买 1 次用户留存率：73%。
- 购买 2 次用户留存率：90%。

因此，想尽一切办法促使用户与公众号发生一次购买关系，就可以大大降低掉粉率。无论是试用装还是巨额优惠券或其他福利活动，一定要引诱他购买。

不同类型的用户不可以使用同一种群发内容，此时可以使用“分组群发”工具进行分组群发。

在坚持了一个月之后，男人袜微信公众号的已购买用户从22%上升到39%。

④群发内容安排。

这里特指给已购买粉丝的群发内容，一般会从软文、福利、互动这3点着手。软文传递品牌价值，福利满足用户占便宜的心理，互动增加黏性。

第 3 章

微信数据的用户分析：用户增长

想必很多微信平台的运营人员看到微信后台的“用户增长”数据时，都会觉得从这些数据中除了能看出用户又增长了或者是又下降了之外，找不出其他有用的信息。

其实不然，微信后台数据之所以会专门开辟一个功能模块容纳“用户增长”数据，必有其深意。

分析用户增长数据，有助于分析用户对平台的态度、检验微信活动的效果，甚至能够预测未来用户的数量。

3.1 研究“用户增长”数据的意义

在微信公众平台的后台中，“统计”功能模块下显示的就是平台数据统计，而“统计”功能模块的第一项就是“用户分析”，“用户分析”下的第一张选项卡就是“用户增长”，可见分析微信公众平台的用户数量是一件多么重要且基础的事。

微信平台运营人员利用“用户增长”选项卡下的数据都能进行哪些分析呢？如图3-1所示是部分分析思路。

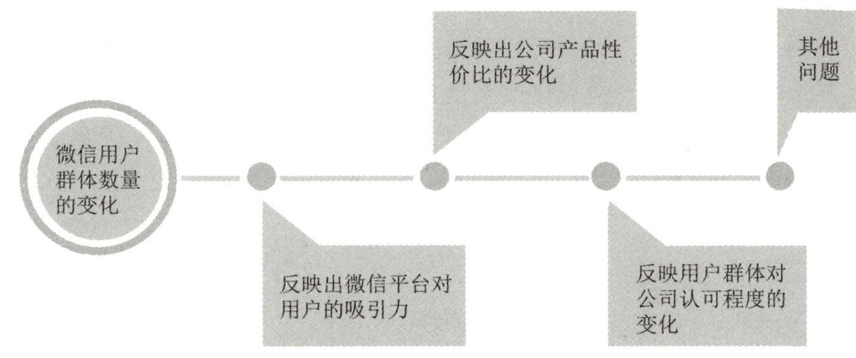

图 3-1　分析客户群体数量变化的价值所在

微信平台的运营人员可以从微信平台用户增长数的变化中分析平台推送内容对用户的吸引力，从而检验平台内容是否符合用户胃口及内容的精细程度，也可以分析公司产品在用户心目中的性价比是否发生了变化，从而导致微信关注用户数增加或者是减少，还可以分析出用户对公司的认可程度，如果公司采取了某措施导致用户对公司失去认可，那么用户很可能会比较集中地在某时间段内取消对公司微信公众平台的关注。

当然，以上分析只是对用户增长数据分析的一些思路，实际上可以拓展的思路还有很多。接下来进行详细的讲解。

3.2 昨日关键指标——你的用户昨天都干了什么

企业运营微信平台目的十分明确，一定是想要打响企业的名号，维护和提高企业的品牌形象，推广企业的商品，但是这一切都需要建立在微信用户粉丝群有一定的数量基础上才能实现。对于企业的微信公众平台来说，最大的事莫过于用户是关注了微信公众平台还是取消关注了微信公众平台。当微信平台运营人员打开微信公众号的后台时，首先就要查看企业的上帝——平台用户“昨日”都干了什么大事。

3.2.1 读懂“昨日关键指标”数据

“昨日关键指标”中显示的数据是一个汇总数据，可以帮助微信平台运营人员了解用户的动向。如图3-2所示就是“用户增长”选项卡下的“昨日关键指标”数据显示，从图中可以一目了然地看到，以“日”“周”“月”为时间单位时，用户数量在各个维度的变化情况。

大多数运营人员都会这样分析：昨天平台新关注人数增加了，但是周段平台新关注人数却减少了，而月段平台新粉丝数又增加了。这样的分析还停留在比较浅显的层面上，不能从数据表面的变化过渡到更深层次的微信平台运营问题上。

当微信公众平台在某日、某周或者是某月有新的推广计划时，就需要密切关注对应时间段内关键指标变化百分比。下面以图3-2所示的数据为例进行分析。

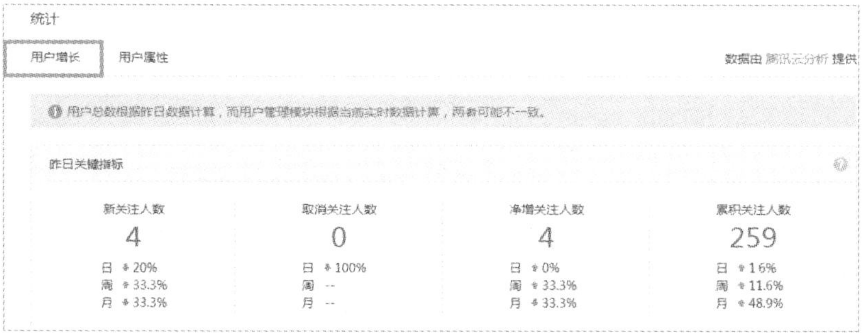

图 3-2　“昨日关键指标”数据显示

1. 新关注人数指标分析

假设图3-2所示的数据是一个新开时间不久的微信公众平台指标数据，并且在当月内平台运营的目标是增加粉丝数。

从图中数据分析来看，昨日新关注的粉丝数下降了20%，但是周段新关注粉丝数上升了33.3%，而月段新粉丝数又下降了33.3%。总的来说，该微信平台最近一个月新增加的粉丝数还没有上个月的多。按照常理来讲，平台当月的运营目标是涨粉，但是月段新增粉丝百分比反而下降了，这就说明平台当月的涨粉措施没有做到位或者是效果不理想。

如果微信公众平台这个月的新粉丝数少于上个月，就可以去分析这个月与上个月微信平台举办的活动方式及次数有什么不同、线上和线下推广的方式有什么不同，找到这些不同点，就很容易找到解决方法。例如，微信公众平台上个月的线下推广方式是引导用户扫描二维码关注微信号后可以得到一份神秘小礼物，而这个月

的线下推广方式则是用户扫描二维码关注微信号后可以得到2元的支付宝红包。然而，微信平台这个月的用户增长却没有上个月的多，可见2元支付宝红包并没有神秘小礼物的吸引力大，微信平台运营人员就需要考虑改变推广活动的细节。

2. 取消关注人数指标分析

同样的道理，继续分析平台取消关注人数，该数据项代表了平台对用户的吸引力变化。站在用户的角度想，用户关注了某一个微信平台后，如果不想看到该平台推送的图文消息，顶多就是不去点击平台推送的信息，而不会特意取消对该平台的关注。

所以，一旦用户特意取消对微信平台的关注，就能从很大程度上说明微信平台推送的消息或者是公司的产品、服务从根本上让用户产生了失望心理，才会让用户做出这样的举动。分析微信平台的取消关注用户数，可以判定某一时间段内用户对企业的满意度。例如，在监控到公司微信平台的用户在某一周集中取消了对微信平台的关注时，微信运营人员就需要引起注意，分析这一周到底发生了什么事让用户对微信平台不再关注，从而及时纠正错误，挽回损失，同时也可以积累经验教训，在今后的微信运营过程中不再犯同样的错误。

如图3-3和图3-4所示是两种不同风格的微信推送内容，左图理性而深刻，右图则比较感性而浅显。如果微信平台推送的内容风格由左图变到右图，势必要失去部分之前累积的用户。一旦发生这样的情况，微信平台运营人员就需要及时调整推送图文的内容和风格，挽留住剩下的用户。

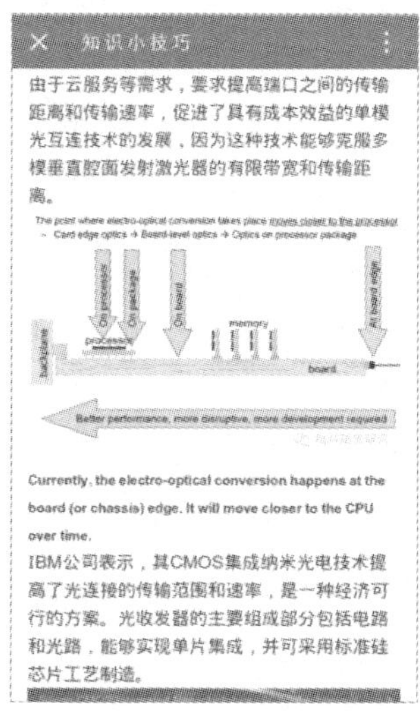

图 3-3　理性的图文风格

图 3-4　感性的图文风格

3. 净增关注人数指标分析

微信平台的净增关注人数顾名思义就是新增关注人数与取消关注人数抵消后的

纯粹增长人数。分析这个数据项，可以帮助微信运营人员了解到微信平台在某一时间段内的纯粹用户增长度。

4. 累积关注人数指标分析

在“昨日关键指标”数据显示内容中还有“累积关注人数”的大小及百分比变化。关注这个数据项的意义在于了解企业微信平台的粉丝数总量和总体增减状况。一旦反映出某日/周/月的变化百分比为负数时，就表示微信平台的粉丝数呈负增长状态，取消平台关注的用户数大于了新增关注的用户数。当微信运营人员发现这种情况时，就要采取措施及时遏制，避免粉丝数量继续走下坡路。

3.2.2 将“昨日关键指标”数据可视化

在“昨日关键指标”数据中显示了各维度数据在“昨日”的具体数值和变化百分比，但是这些单纯的数据可能很难带给微信运营人员一种直观的感受，从而导致微信运营人员不能从视觉上感受到微信平台粉丝的百分比变化。可以选择将这些数值变换成图表，使用更直观的方式来展现数据，从而达到数据可视化。

如图3-5所示就是将“昨日关键指标”数据转换为柱形图的案例。在该图中，可以根据数据系列位于横坐标以上还是以下判断出它是正增长还是负增长；并且可以从位于横坐标以上和以下的柱形条数量判断微信平台粉丝的总体变化情况；同时还可以从代表数据系列的柱形条长短分辨出数据项增长的程度，从而将抽象的数据化为具象的事物。

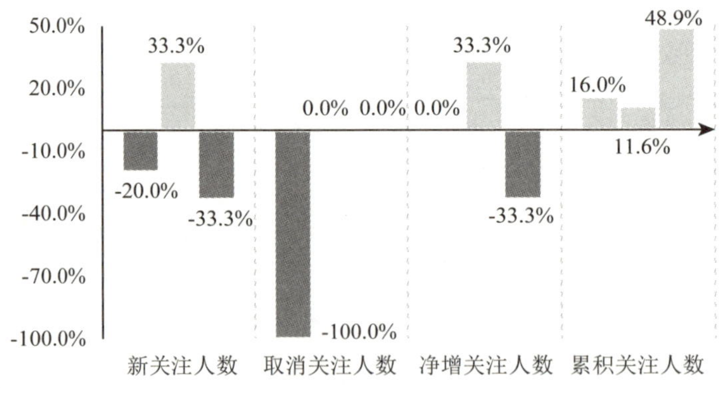

图 3-5 “昨日关键指标”数据可视化

3.2.3 案例小回顾——如何实现“昨日关键指标”数据的可视化

前面的数据分析中讲到了数据可视化，如图3-5所示。这张数据图表和普通的

柱形图确实有不一样的地方：通常情况下柱形图的柱条都是统一位于横坐标以上的，而此图中的柱条却分布在横坐标轴的上下两侧。这是怎么实现的呢？其实很简单，操作要点请看下面的分解。

首先，这种柱条方向不一致的柱形图表原数据与其他图表数据相同，如图3-6所示，在原数据的编写上不需要别出心裁，按照实际的正负数据输入即可。柱形图创建好后，默认数据条都位于横坐标轴之上，这时双击纵坐标轴，打开纵坐标轴的格式设置窗格，如图3-7所示。选中“横坐标轴交叉”下的“坐标轴值”单选项，并手动输入为“0.0”，如图3-8所示，表示设置纵坐标轴与横坐标轴相交于坐标轴数值为“0”的地方。

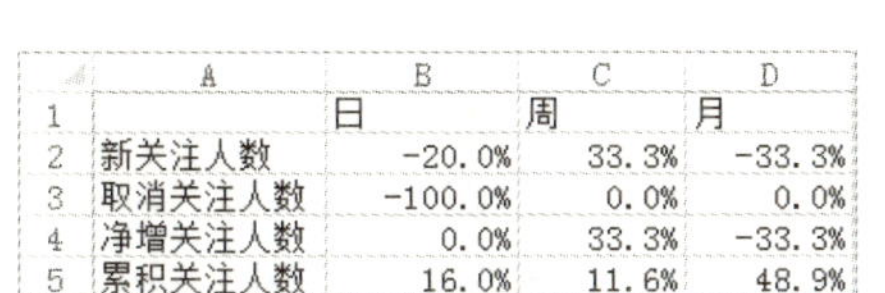

	A	B	C	D
1		日	周	月
2	新关注人数	-20.0%	33.3%	-33.3%
3	取消关注人数	-100.0%	0.0%	0.0%
4	净增关注人数	0.0%	33.3%	-33.3%
5	累积关注人数	16.0%	11.6%	48.9%

图 3-6　图表原数据

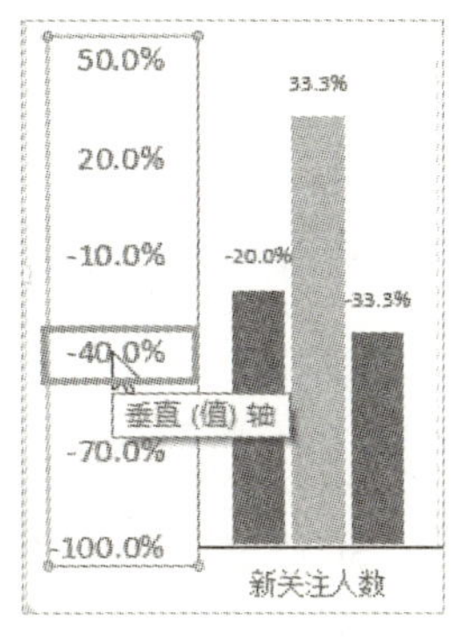

图 3-7　双击纵坐标轴

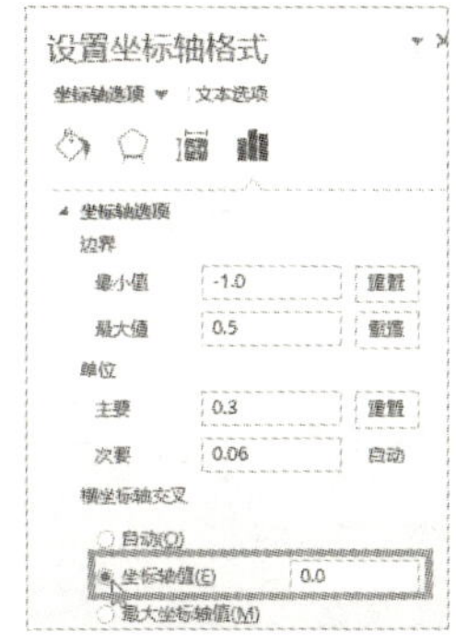

图 3-8　设置交叉点

这时图表中的柱形图已经正常地分布在横坐标上下两侧了，但是标签还位于横坐标轴旁，并且与负数柱形条重合，影响信息传达，所以需要调整标签的位置。双击横坐标轴，如图3-9所示，打开它的格式设置窗格。

在设置窗格中打开“标签”选项设置内容，再手动选择“与坐标轴的距离”选项为“低”，如图3-10所示，就可以成功设置横坐标轴标签位于横坐标轴下方较远的位置处了。

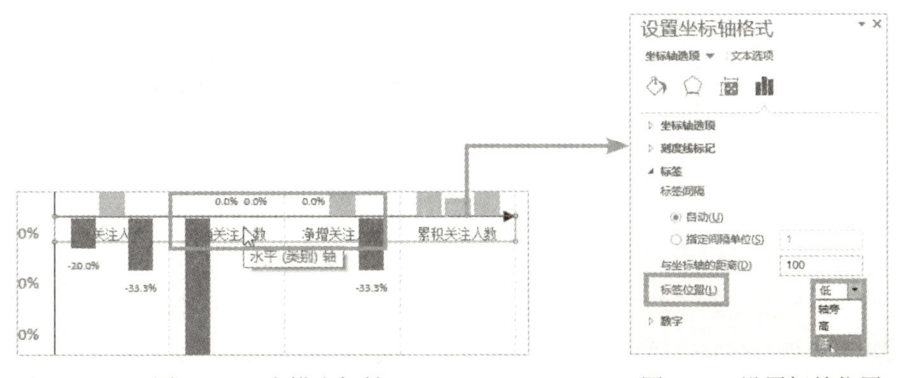

图 3-9　双击横坐标轴

图 3-10　设置标签位置

3.3 新增人数——新增的人数是否达到预期效果

通过“昨日关键指标”数据的分析，微信平台的运营人员可以大概地掌握平台用户数的变化，但是却不能去分析数据的趋势变化情况。这时，在接下来的页面中就可以看到微信各项数据的展开项，第一项就是“新增人数”数据项的展开。

做任何事情都得事先有个计划，例如微信平台的运营，在什么时间段内，新增的用户数要达到一个什么样的级别，都是有计划可依的。

在运营策略告一段落后，运营人员还需要检测新增的用户数有没有达到预期，尤其是当发现结果不理想时，分析这段时间内的新增人数变化趋势数据就显得尤为重要了。

3.3.1 了解“新增人数”功能模块下的数据内容

在“新增人数”功能模块下，微信平台的运营人员首先可以分不同的时间段来查看新增长的用户数量趋势。例如，如图3-11所示，选择“7天”这个时间段查看新增用户数量趋势。用鼠标指向不同的日期点，还可以显示出具体日期下的新增人数。微信平台运营人员通过查看不同时间段的新增人数趋势，就能判断在不同的时间段内公司的推广宣传效果。

分析数据趋势图时，需要注意其特殊点，例如不寻常的高峰点、低谷点，突然下降或上升趋势，因为这些特殊点往往预示着不寻常情况的发生。

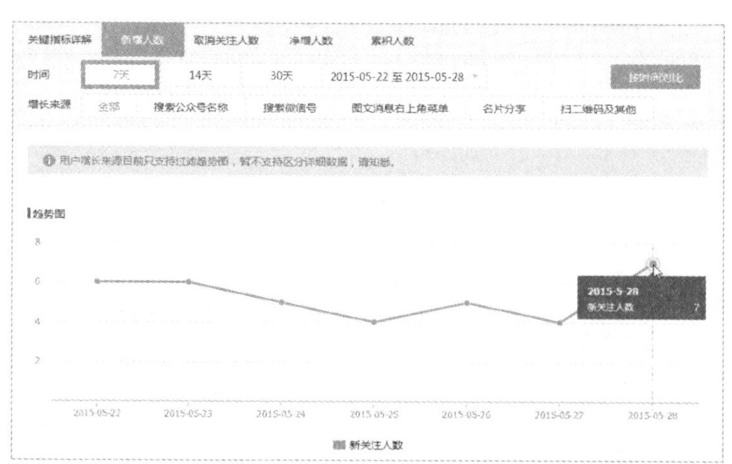

图 3-11　以“7 天”为时间段查看新增用户数趋势

除了可以选择“7天”“14天”“30天”的时间段查看数据趋势外，微信平台运营人员还可以自定义时间段进行查看。如图3-12所示，单击自定义时间选项的下

三角按钮，从弹出的时间表中进行时间选择，最后单击“确定”按钮即可。

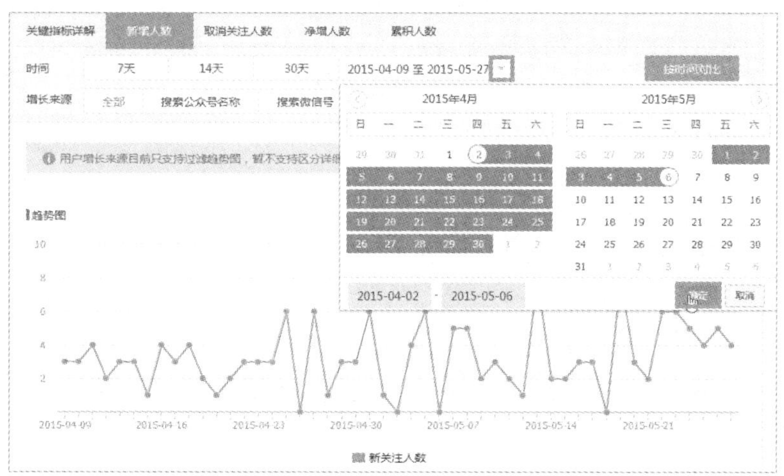

图 3-12　自定义时间段查看新增用户数趋势

在“新增人数”选项卡页面下，还可以对不同时间段的数据趋势进行对比。只要单击“按时间对比”按钮后，再手动选择需要进行对比的时间段即可。如图3-13所示是4月1日到4月10日与4月11日到4月20日的全部新增人数对比。从对比结果中可以看到，在4月1日到10日这个时间段内，环比增长人数基本上都小于4月11日到20日增长的人数。

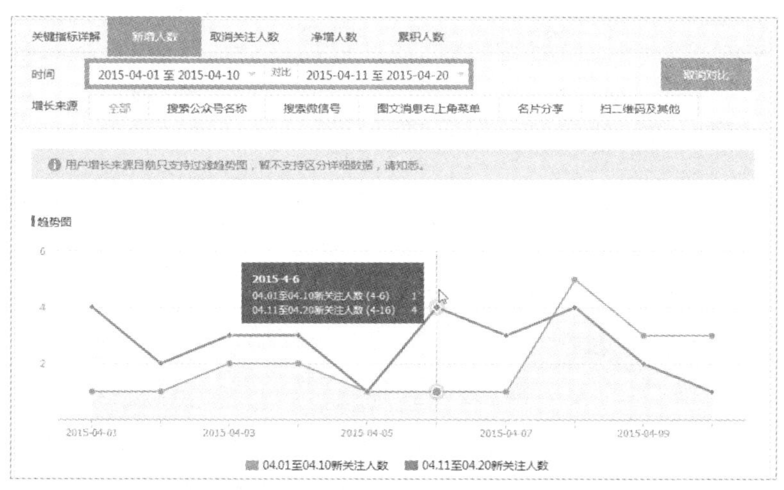

图 3-13　“新增人数”数据的时间对比

假如该微信平台在4月1日到20日期间内进行了推广，那么根据数据环比增长趋势就可以判断在进行推广的第二个10天内，人数增长效果更好，说明推广有了越来越好的走向。

假如该微信平台在4月1日到20日期间内进行了不同方式的推广，那么根据数据趋势对比，可以判断4月11日到20日期间内所用的推广方式效果更好。

微信平台的运营人员除了可以查看不同时间段下的新增人数趋势及趋势对比外，还可以查看这些新增长的用户来源是什么，如图3-14所示。观察图中的数据趋势，会发现在所选时间段内，“搜索公众号名称”这个入口来源的新增用户数量趋势出现了断裂点，这就代表在某些时间点内，这个来源没有新增用户数。

这样的数据分析可以帮助平台运营人员管理好每一个新用户的来源入口，从而将问题细化，在用户来源这个层面上找到用户增长和不能增长的原因所在。

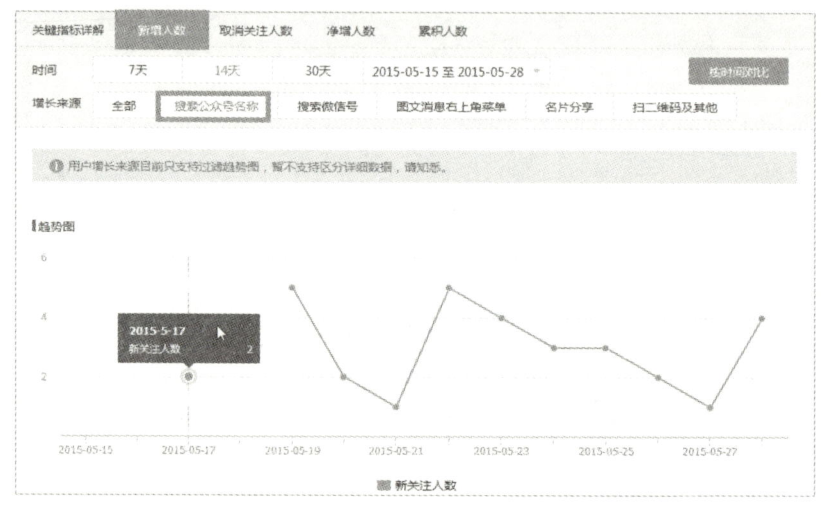

图 3-14　查看新增用户增长来源

3.3.2　利用“新增数据”分析问题

在微信平台的“新增人数”选项卡下，查看数据很容易，但要利用查看到的数据分析出有价值的信息就不是那么简单了。

某公司的微信平台在2015年4月1日到2015年5月28日期间进行了推广，希望在推广期间达到目标粉丝人数。在活动结束后，运营人员发现粉丝数并没有达到预期目标，于是查看相应时间段内的粉丝增长趋势，如图3-15所示。从数据趋势中可以明显地发现，大约在4月10日到4月24日这个时间段内的数据趋势是下降的，这就说明在该时间段出现了问题，那么出现问题的原因是什么呢？

在上一步中，微信平台运营人员发现某时间段内的新增人数呈下降趋势，那么首先就要从微信平台的宣传推广方面找原因，于是微信运营人员对出现问题的时间段进行了增长来源分析。如图3-16所示，首先分析了“搜索公众号名称”来源，从图中显示的数据趋势可以看出，该趋势并不是呈单纯的下降趋势，所以可以排除。

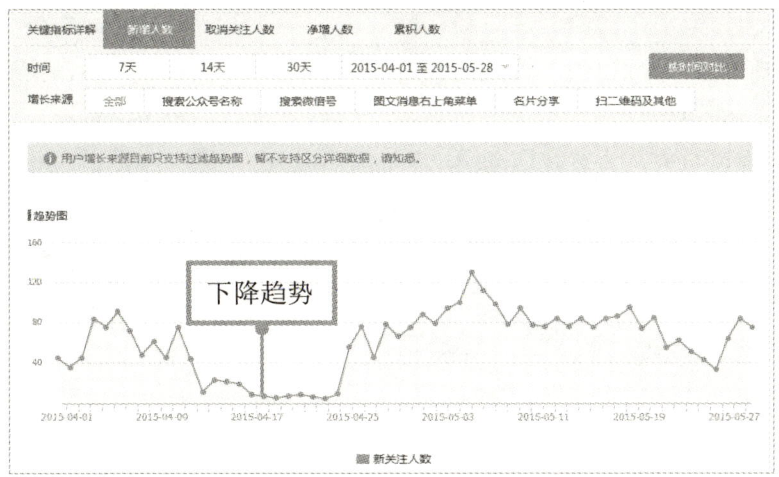

图 3-15　发现问题时间段

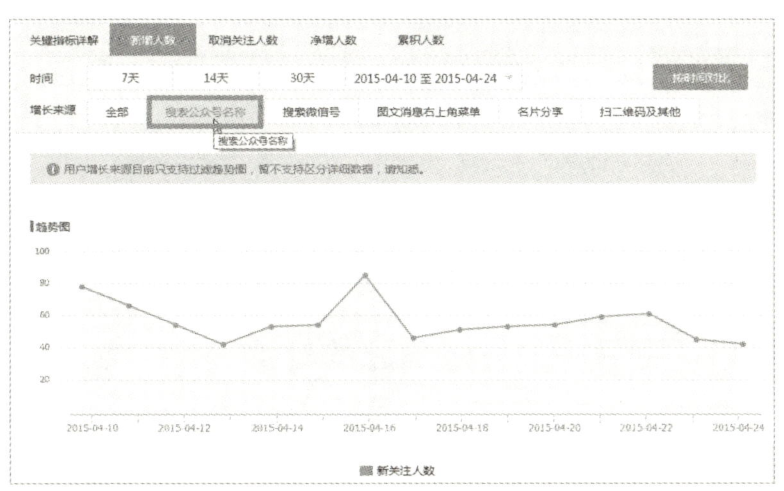

图 3-16　“搜索公众号名称”来源的人数增长趋势

按照同样的方法，微信平台运营人员又分析了“搜索微信号”“图文消息右上角菜单”“名片分享”的来源趋势，都没有出现问题，直到分析“扫二维码及其他”来源时，结果如图3-17所示，呈下降趋势。

再将图3-17所示的新用户来源增长趋势与图3-15的问题时间段趋势进行对比，发现两段趋势呈高度相似状态，这就说明在4月10日到4月24日时间段引起企业微信平台新增用户数减少的原因很可能是“扫二维码及其他”来源入口出了问题。分析到这里，微信平台运营人员就需要检验这段时间的微信二维码推广策略及其他策略的具体执行明细，找到问题所在并进行改进。

一旦找到问题的原因所在，就容易找出正确的解决方案。例如，要想提高“扫

二维码及其他”渠道来源的新用户数，就要去分析该渠道的特点。引导客户群线下扫码关注微信平台的运营成本比较高，且客户的人群类型复杂。通常情况下，将扫码行为与客户的消费行为挂钩更能提高客户的扫码率，于是这又可以将问题延伸到线下活动的策划中去，去寻找活动环节中的不足之处。

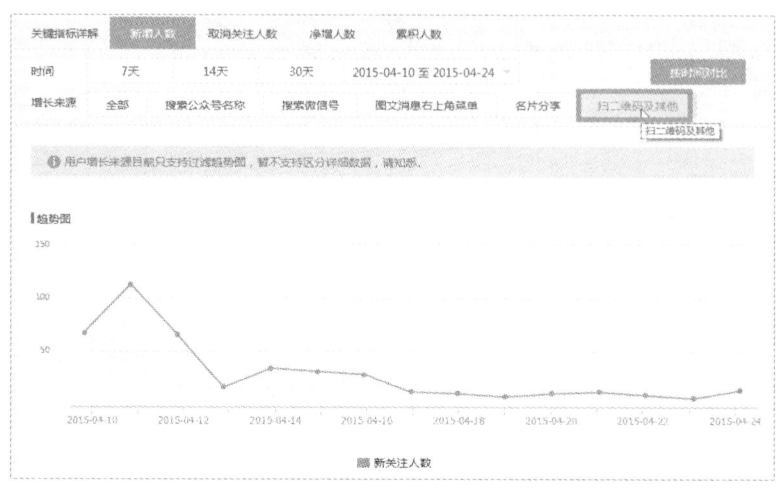

图 3-17　“扫二维码及其他”来源的人数增长趋势

该案例提供了十分典型的解决问题的思路：发现大的问题——将问题细化，找到问题源头——分析问题源头，找到罪魁祸首。

3.3.3　案例小回顾——分清问题的轻重

在前面的案例中，微信新用户数没有达到运营的目标，原因是“扫二维码及其他”来源渠道的用户增长呈下降趋势。那么“扫二维码及其他”这个来源渠道究竟重要不重要呢？有没有必要去深入分析这个渠道从而提高该渠道的用户关注数呢？这就涉及用户对微信公众号进行关注时使用方式的概率问题了。

如图3-18所示是速途研究院经过多方研究分析最后得出的用户关注微信公众平台的渠道数据。从中可以看到，“扫描二维码”这个渠道是用户关注微信平台的第二大渠道，这就说明不仅很多微信平台都会使用二维码引导用户进行关注，而且这样的方式由于其便捷性、时尚性，也被很多用户所接受。因此这个来源十分重要，是微信平台运营人员所不能放弃的重要渠道之一。

图3-18的调研数据只能作为参考，它显示的是所有微信平台的平均数据。例如，有的企业完全就是线上企业，从来没有开展过线下的扫描二维码的活动，那就不能因为整个大环境下的很多用户会通过扫描二维码关注微信平台，从而强行改变企业的微信运营策略，选择了并不符合企业微信平台特点的方式进行推广。所以，

分析企业微信平台各个渠道的粉丝增长占比就显示很有意义。一般来说，一个运营状态稳定且良好的微信平台，它的渠道粉丝增长占比也相对会比较稳定。

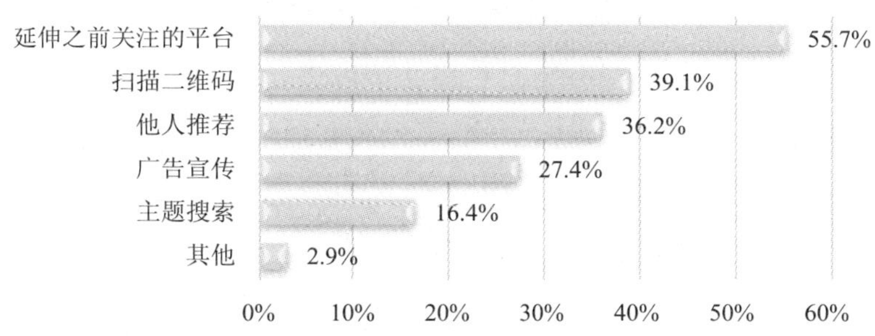

图 3-18　用户关注微信公众平台的渠道（数据来源：速途研究院）

微信目前暂时还没有提供直接的渠道来源粉丝占比，但是微信运营人员可以在同一时间段内统计不同渠道的粉丝增长数，从而制作成专业表达数据占比的图表——饼图，进而进行分析，如图3-19所示。倘若该微信平台长期以来都保持类似的占比，就说明平台的粉丝增长已经趋于稳定，一旦占比出现异常，就可能预示着企业推广出现了问题，这就需要微信运营人员进一步分析问题了。

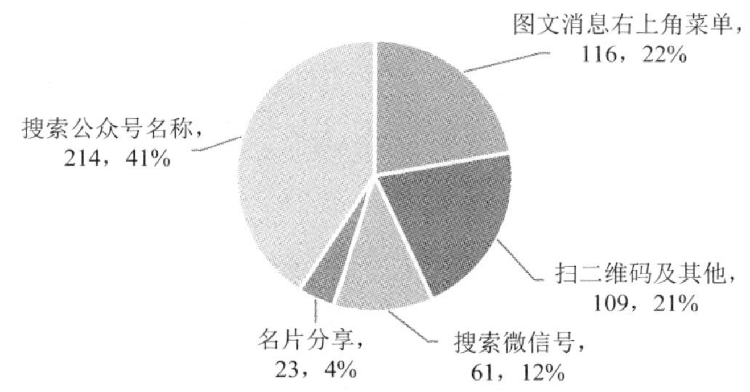

图 3-19　某微信平台最近 7 天各渠道增长粉丝数占比

3.4　取消关注人数——有多少人选择默默离开

对于微信运营人员来说，打开微信后台数据，却发现有多个粉丝选择取消关注微信平台了，无疑是一件让人担忧的事，更为可怕的是，连续多天情况都如此。这不仅仅是因为粉丝才是微信平台得以良好运营的基础，还因为维护一个老粉丝比增加一个新粉丝的成本要低很多。不论是从运营的角度来考虑还是从成本的角度来考虑，粉丝取消了对微信号的关注都不是一件好事。因此，对“取消关注人数”数据

进行监控，是分析微信平台数据必须要做的事情之一。

3.4.1 “取消关注人数”数据的查看与分析

如图3-20所示就是“取消关注人数”的数据趋势。和“新增人数”数据一样，我们可以自由地选择“7天”“14天”“30天”或者是自定义时间查看。

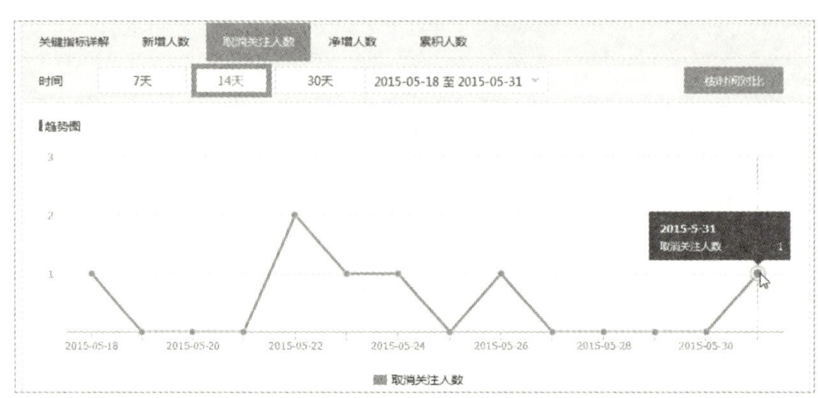

图 3-20 “取消关注人数”数据趋势

利用微信后台的数据可以查看每一天有多少用户取消关注微信平台，一旦发现取消关注的人数趋势有所增加，微信运营人员就需要注意，从而找出问题所在。对于微信平台的用户来说，取消关注微信号的原因不只一种。经过统计，总结了如图3-21所示的六大原因。

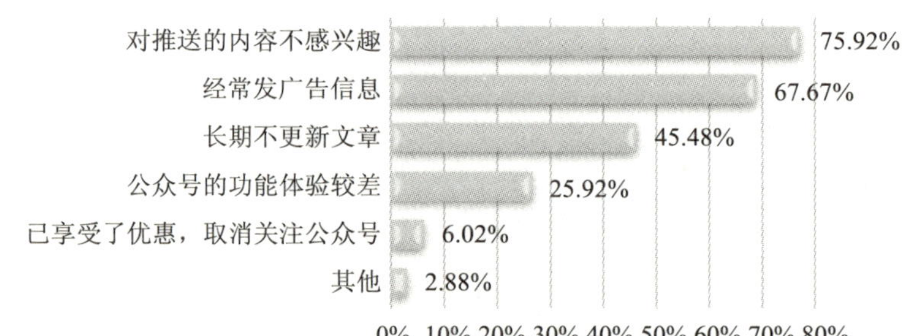

图 3-21 用户取消关注微信公众平台的原因（数据来源：点点客北京研究院）

3.4.2 利用“取消关注人数”找出推广活动问题所在

案例背景：某企业为了增加微信平台的关注粉丝数量，决定从5月1日劳动节这天开始进行一个为期10天的扫二维码关注微信号领赠品的活动。该企业是一家大型餐饮连锁店，活动的具体方式是让进店消费的顾客扫微信二维码关注微信公众平台

后，再将自己餐桌上的美食进行拍照并发朋友圈，集齐10个朋友点赞后就可以得到店内的秘制酸辣粉一盒。

由于企业运营了较长的时间，已经积累了良好的口碑，再加上活动开始的时间是劳动节，属于人流量较大的节假日，所以进店的很多顾客都踊跃参与。

活动结束后，微信平台的运营人员查看微信后台的数据时，发现在这10天活动期间内取消对微信平台关注的人数远远高于正常水平，如图3-22所示。

图 3-22　“取消关注人数”趋势

为了全面地找到粉丝取消关注微信公众平台的原因，微信运营人员仔细查看了4月15日到5月10日这段时间内的微信公众平台推送内容，发现负责平台内容推送的工作人员并没有更换，且推送的内容不论是在风格上还是质量上都没有什么改变，所以基本上可以排除是微信推送内容的影响而导致用户流失。

排除这样的原因后，最有可能是从5月1日到10日进行的活动出现了问题。微信运营人员查看了相应时段内的“扫二维码及其他”渠道的“新增人数”，如图3-23所示。

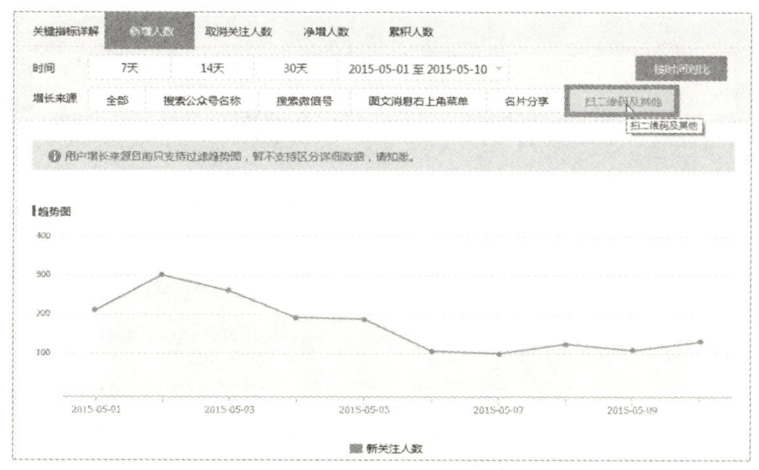

图 3-23　“扫二维码及其他”的新增用户数量趋势

观察图3-22和图3-23，可以发现数据趋势呈惊人的相似：当该渠道的新增人数多时，取消关注的人数也多；当该渠道的新增人数少时，取消关注的人数也减少。这再一次说明了粉丝取消对微信平台的关注与活动本身有很大的关系。

注：该微信平台在平时没有进行线下扫码活动时，由“扫二维码及其他”渠道来源的新增粉丝数量很少，所以排除了其他因素造成的该粉丝来源的数量波动，基本上可以肯定此次劳动节的活动效果是影响该来源粉丝数变化的重要原因。

为了进一步找出活动效果不佳的原因，微信平台运营人员调出了在活动期间每天送出的酸辣粉数量数据，如图3-24所示。

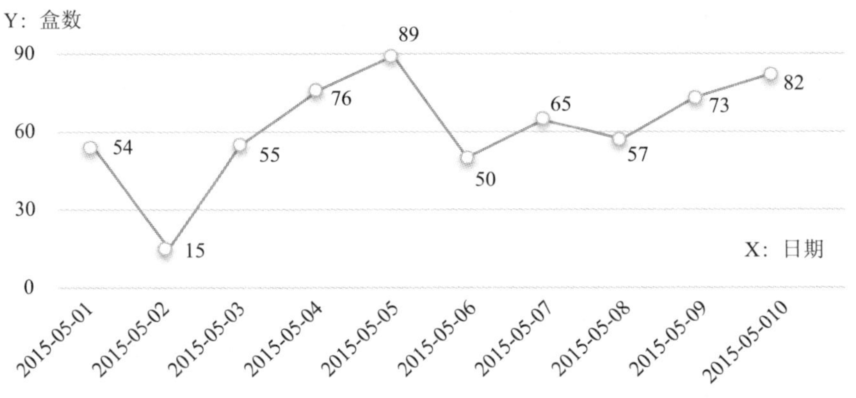

图 3-24　活动期间每天送出的酸辣粉盒数

对比每天酸辣粉赠送的数量及微信平台同一日期下新增的用户数可以发现，成功送出的酸辣粉少得可怜。

例如5月1日这天，新增用户数大于200人，而成功送出的酸辣粉数还不到60盒，这就说明实体店铺的工作人员在引导顾客关注企业微信公众号后，又导致很多顾客不能完成中间环节，从而不能获得赠品。

而站在顾客的角度来说，关注微信平台，目的就是为了得到赠品，既然最后没有得到赠品，那为什么还要关注？所以最后索性又取消了关注，这就说明该活动的中间环节出现了问题。

最后经过微信平台运营人员的分析发现，利用商品的方式引导顾客关注微信平台，本来是很普通的一个营销活动，但是执行过程设置得太过复杂，让顾客失去耐心，尤其是要求顾客拍照发朋友圈集齐10个赞。对于顾客来说，来店里消费，目的是为了享用美食，但是为了得到赠品，在享用美食期间还需要时刻关注有没有朋友点赞，如果没有，还要亲自发信息请求朋友点赞。这样一来，很多顾客肯定就不乐意了，自然就会取消之前已经关注的微信号。

但是单凭以上这一个原因，还不足以使如此数量众多的顾客取消关注微信平台。实体店铺中工作人员的引导方式也存在问题，他们对进店消费的顾客一开始就许诺说关注微信号可以得赠品，然后又要求顾客拍照发朋友圈，当顾客照做后，门店工作人员又说明需要集齐10个赞。

如果工作人员一开始就向顾客讲明白关注微信平台得商品的所有条件，反而不会让顾客产生如此大的反感，以至于非得取消已经关注了的微信平台不可。

最后，微信平台运营人员对活动方案进行改进，不再设置复杂的赠品获得程序，再实施到后面的吸粉活动中，效果果然明显了不少。

3.4.3　有多少用户取消了关注才是大事

通过前面的案例可以看到，当发现微信平台的用户取消关注平台时，可以通过多方面的数据进行分析，找出原因所在，但是不是只要发现有一个用户取消了平台关注，微信运营人员就需要高度重视，从而花大精力进行分析呢？

不论是对企业还是对企业的工作来说，都存在着“时间成本”“人力成本”的概念，并不是用户的每一次取消关注行为都值得进行分析，而需要根据客户流失率来进行判断。

对于微信平台来说，客户流失率=（取消关注微信平台的客户数/微信平台剩余的总客户数）×100%。

例如，A企业的微信平台客户数有5000人，某天内有30人取消了对微信平台的关注，那么流失客户率=｛30/（5000−30）｝×100%=0.6%。

而B企业的微信平台客户数有500人，某天内有30人取消了对微信平台的关注，那么流失客户率=｛30/（500−30）｝×100%=6.41%。

两个企业的流失客户率相差了10倍左右。自然，对于B企业来说，更需要分析客户流失的原因所在；而对于A企业来说，更需要将精力投入到其他重要性更高的事情上。

如图3-25所示是某公司微信平台运营人员根据4月份微信平台的取消关注客户数、累积客户数绘制的客户流失率图表。其中，“警戒线：3.00%”表示一旦客户流失率超过这条线就需要引起重视。警戒线的具体数值是公司根据自己长期的运营经验所总结出来的。有了这样的图表，就可以轻松知道什么时候值得去研究客户取消关注微信平台的原因了。

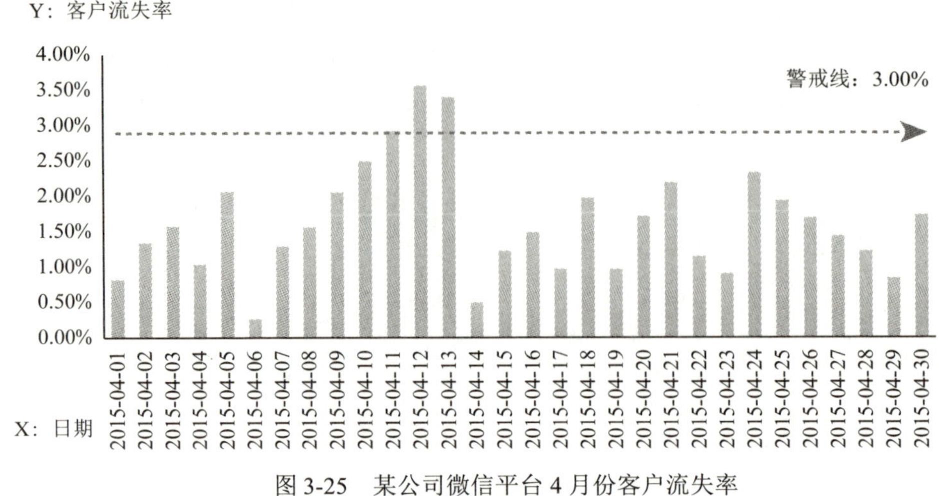

图 3-25　某公司微信平台 4 月份客户流失率

3.5　净增人数——衡量用户增长的指标

相信大家都明白这个道理——不论新增加的用户数有多少，取消关注的人数太多，微信平台的总用户数还是上不去。所以微信后台数据中的“净增人数”就成了衡量用户到底增长了多少的一个重要指标。

如图3-26所示就是微信后台数据的“净增人数”数据。微信运营人员可以选择时间段查看对应时段内的用户净增趋势。由于用户净增数据已经进行新增用户数及取消关注用户数的计算，所以微信平台运营人员可以直接通过观察这里的数据来判断微信平台用户的净增长状况。从图中显示的数据趋势来看，在5月3日到6月1日这30天内，该微信平台的净增人数有增有减，但是整体保持在正常波动范围内，没有太大的问题。

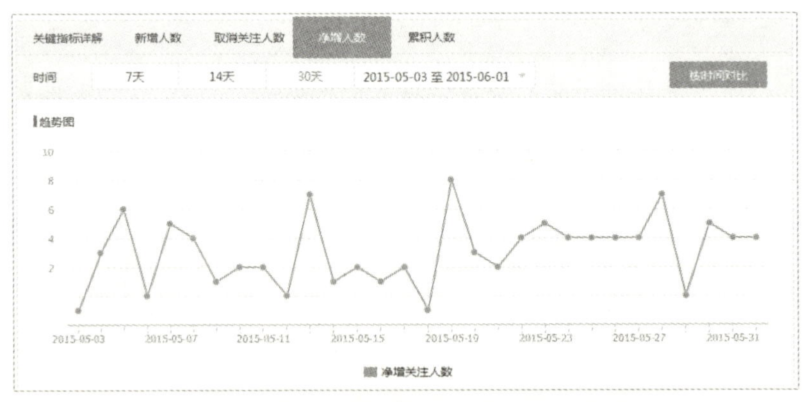

图 3-26　微信公众平台“净增人数”趋势

虽然“净增人数”数据已经是“提纯”了的数据，但是并不代表没有可分析之处。根据数据分析的知识可以知道，分析“净增人数”这样的折线图表，需要关注特别高/低的点与不同于其他时段的趋势，因为这些比较极端的数据状态往往预示着问题的存在。

在“净增人数”中，还可以进行时间对比。如图3-27所示，选择了4月份的11到20日与5月份的11到20日进行数据对比，假设企业在这两个时段内进行了不同的推广，而净增人数的大小无疑就是检验不同推广效果的指标之一。

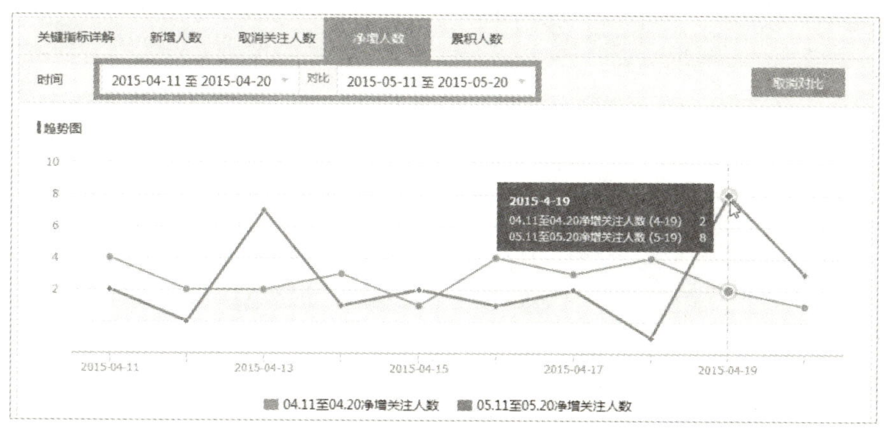

图 3-27 不同时段的净增用户数对比

3.6 累积人数——检验推广效果的数据

企业对微信公众平台的推广，其重要目的之一就是增加平台的关注用户数，因此“累积人数”就成了检验推广效果的数据利器。不仅如此，利用“累积人数”进行简单加工，还可以分析出更深层次的数据意义。

3.6.1 学会分析用户累积趋势

在看到用户累积趋势时，可能大家会觉得只要趋势是上升的就没问题，除此之外就没有什么好分析的了，其实不然。

例如，某企业在如图3-28所示的时间段内进行了推广，而推广结束后就得到了图中所示的用户累积数据趋势图。

该趋势图具有典型意义：当一个企业在进行微信公众号的推广活动之前，用户累积数是比较少；随着推广活动的进行，用户累积数开始呈大幅增长趋势；随着推广进入稳定期，用户累积数也趋于平衡；接着随着推广活动进入尾声，用户累积数开始保持稳定或者是小幅度下降。

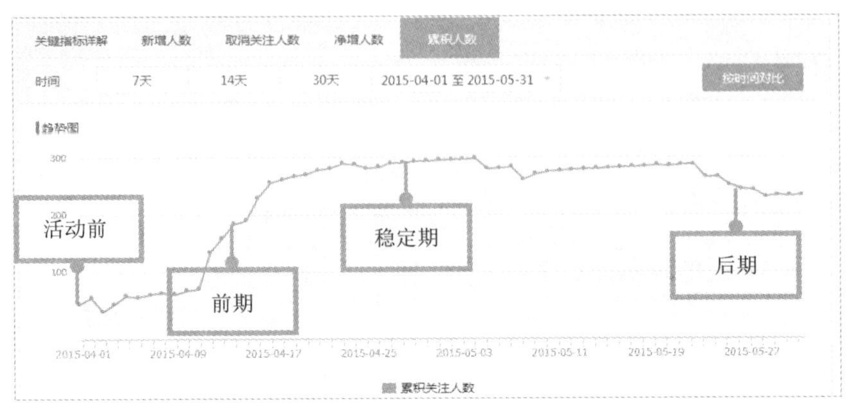

图 3-28 “累积人数”数据趋势

所以当某段时期在进行推广的时候，微信公众平台的用户累积趋势斜率的变化就能很好地反映推广效果是否良好、平稳。如果活动结束后得到的“累积人数”趋势图起伏不定，且有大幅度升降，就很可能说明该活动事先的策划方案不够完善，没有足够的预见性。

3.6.2 深层次地分析用户累积趋势

很多微信平台的运营人员在分析用户累积趋势时仅仅就是草草看一眼趋势是在增长还是在下降，事实上，用户累积趋势数据还可以进行简单的加工，从而分析出更有意义的信息。例如，可以将老用户数添加到图表中去，分析微信公众平台在进行活动推广涨粉时，是否顾及到了老用户的喜好，从而在涨粉的同时留住老用户，并且这样的图表也具有一定的预见性。下面请看详细讲解。

将微信公众平台的累积用户、老用户这两个维度的数据综合到一张图表中，首先要做的就是获取数据。

在“用户增长”选项卡页面的下方有一个“详细数据”表格，如图3-29所示，其中显示了“新关注人数”“取消关注人数”等4列数据。累积用户数据是现成的，但是老用户数据需要进行简单的计算：老用户数=累积关注人数-净增关注人数。

为了方便计算，微信平台运营人员可以单击“导出CSV”按钮，将数据导出到表格中。

成功导出表格后，将不需要的数据列，如“新关注人数”“取消关注人数”删除，并且添加上“老用户数”数据列。将输入法切换到英文状态下，在“老用户数”列的第一个单元格中输入公式“=c4-b4”，表示该单元格的数据等于“c4”单元格中的累积关注人数减去“b4”单元格中的净关注人数，如图3-30所示。

当输入公式后按下回车键，公式就会自动进行计算，然后将鼠标放到已经通过公式计算出数值的单元格右下角，当鼠标变成黑色十字形时，拖动鼠标向下进行复制，如图3-31所示，则“老用户数”列余下的单元格都会自动进行计算。

详细数据　　导出CSV

时间	新关注人数	取消关注人数	净增关注人数	累积关注人数
2015-06-01	4	0	4	279
2015-05-31	5	1	4	275

图 3-29　导出“详细数据”

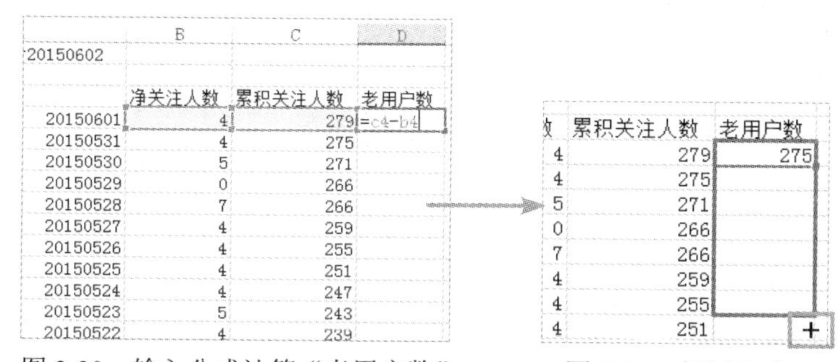

	B	C	D
20150602			
	净关注人数	累积关注人数	老用户数
20150601	4	279	=c4-b4
20150531	4	275	
20150530	5	271	
20150529	0	266	
20150528	7	266	
20150527	4	259	
20150526	4	255	
20150525	4	251	
20150524	4	247	
20150523	5	243	
20150522	4	239	

图 3-30　输入公式计算“老用户数”

数	累积关注人数	老用户数
4	279	275
4	275	
5	271	
0	266	
7	266	
4	259	
4	255	
4	251	

图 3-31　复制公式

选中“累积关注人数”和“老用户数”数据列，单击“插入”选项卡下“图表”组中“组合图”的下三角按钮，再从中选择“创建自定义组合图”选项，如图3-32所示。

这时就弹出了“插入图表”对话框，设置“累积关注人数”数据列为“面积图”，“老用户数”数据列为“折线图”，如图3-33所示，于是就成功地将两个维度的数据创建到同一图表中了。

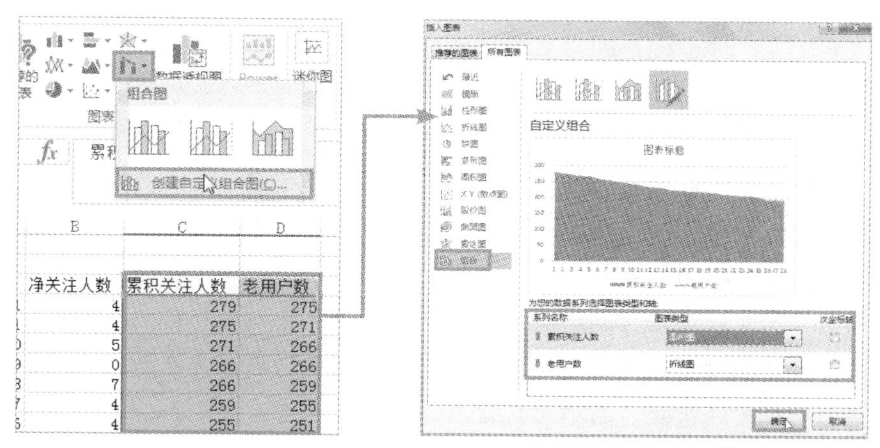

净关注人数	累积关注人数	老用户数
4	279	275
4	275	271
5	271	266
0	266	266
7	266	259
4	259	255
4	255	251

图 3-32　选中数据创建组合图表　　图 3-33　自定义组合图表的类型

事实上，创建好的图表可能出现不同的数据趋势，而不同的趋势所代表的意义也有所不同。因此，微信平台的运营人员可以选择恰当的时间段，例如一个完整的活动周期，从而分析该时间段内的“累积关注人数”和“老用户数”的关系。下面来看看比较典型的3种数据趋势。

1. 正相关型

例如，在一个微信公众平台活动的周期内，“老用户数”的趋势与“累积关注人数”的趋势基本上保持一致，如图3-34所示，“累积关注人数”量在增长时，“老用户数”也在增长，这就说明微信平台的活动十分有效地影响了老用户数量，随着活动力度的增加，老用户并没有减少。这样的活动是比较理想的活动，可以在吸引新用户的同时保留对老用户的吸引力，同时也可以预测活动结束后微信平台的用户数会趋于稳定状态，不会因为活动的结束大幅度下降。

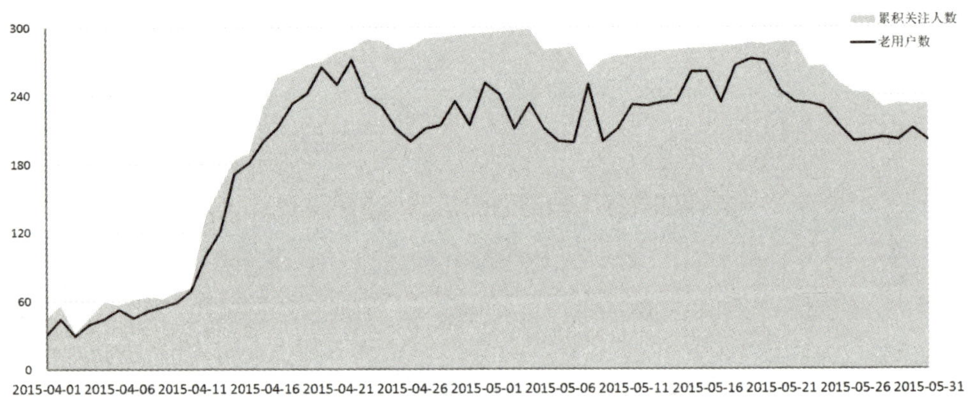

图 3-34　正相关型

2. 负相关型

有的微信平台活动结束后，会出现如图3-35所示的负相关型图表，即“老用户数”在随着“累积关注人数”的增加而减少。如果微信平台的运营人员在活动结束后，仅仅在微信后台中查看“累积关注人数”，可能就会误认为活动效果很好，因为单看“累积关注人数”确实是在增加。

但是，由于微信平台活动方案有疏漏，没有顾及老用户的喜好，或者是这样的活动根本就只能吸引用户短暂地关注微信平台，就会出现负相关型数据趋势。这样的数据趋势表明平台所举办的活动不仅不能长远地留住新用户，连已有的老用户也出现了取消关注的行为。一旦出现这样的趋势，微信平台运营人员就需要重新审视活动方案，注重长远发展，而不是只看一时的吸引。

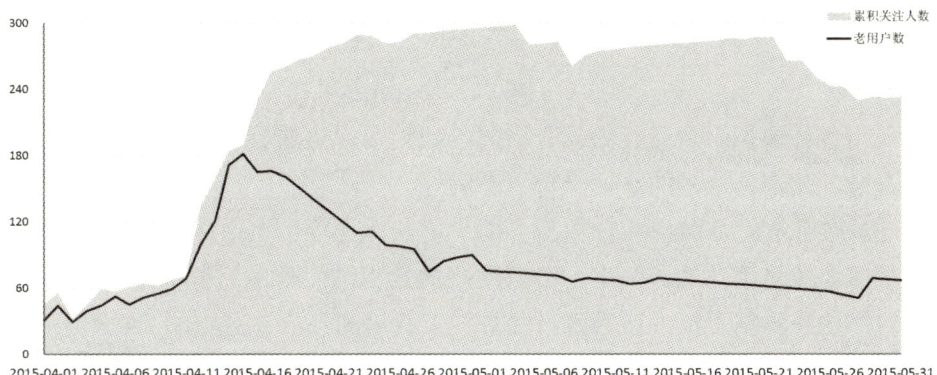

图 3-35　负相关型

同时，从图中的“老用户数”趋势也可以预测，在活动结束后，微信平台的总关注人数会出现较大的下降情况。

3. 稳定型

当然，并不是所有与微信公众号挂钩的活动都会让老用户数产生波动。如图3-36所示，当“累积关注人数”增加时，“老用户数”并没有随之增加或者是下降，这样的类型就称之为稳定型。

这样的数据趋势很可能说明这个与微信公众号挂钩的活动没有选择好目标人群，导致吸引的新用户在关注了微信平台后发现不符合自己的喜好，于是又取消了关注。活动也没有引起老用户的反感，所以就出现了老用户基本保持不变，新用户基本不增加的情况。因此，如果该活动的目的是增加用户数，那么可以说是一个无效的活动。同时可以预测，平台活动结束后，所有累积的关注人数会有所下降，直到下降到与活动前差不多数量的水平。

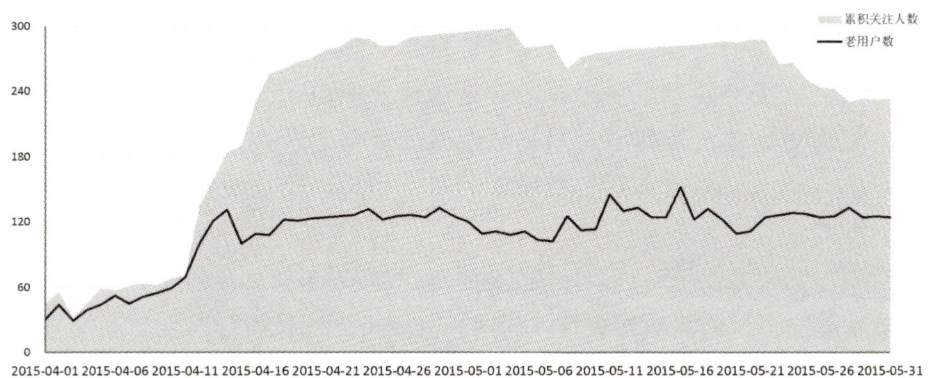

图 3-36　稳定型

3.7 详细数据——更全面地分析用户增长

在利用各种数据平台进行数据分析时，我们可以查看到详细的数据明细及下载源数据表格，微信公众号的数据平台也不例外。

如图3-37所示就是微信后台数据“用户增长”选项卡页面中的“详细数据”表格。本章前面计算用户的流失率、分析用户的累积趋势都用到了“详细数据”表格中的数据，这些数据不仅方便查看，还方便下载后的二次计算与加工。

详细数据　　导出CSV

时间	新关注人数	取消关注人数	净增关注人数	累积关注人数
2015-05-16	3	2	1	220
2015-05-22	6	2	4	239
2015-05-26	5	1	4	255
2015-05-04	4	1	3	189
2015-05-09	2	1	1	205
2015-05-10	3	1	2	207
2015-05-12	1	1	0	209

图 3-37　“详细数据”表格

不仅如此，在表格中，单击不同数据列上方的三角形按钮还可以对数据进行排序，方便微信平台运营人员对不同的数据列进行快速的分析。如图中就是对“取消关注人数”进行了从大到小的排序。

下面来看一个案例，看看如何利用“详细数据”表格发现有价值的信息点。

案例背景：天使宝贝是一家专门针对学前儿童的早教机构，机构的宗旨是让孩子学会独立思考，更加聪明、更加健康。随着微信的普及，天使宝贝早教中心也开始有了自己的微信公众号，目标用户自然是学龄前儿童的父母。这家早教机构运营微信公众平台的方案很简单，就是每天定期更新固定的儿童教育知识的图文，帮助父母更好地培养孩子。但是最近微信平台运营人员发现这样的方式会导致与用户的互动太少，也不利于发现新的潜在用户，于是设计出了一个与用户互动的活动方案。

该活动方案的主要思路是：每周三进行有奖问答活动，该活动的主题是“让您的孩子动动脑筋吧”。活动方式是：向用户推送一个画风童趣可爱的图文界面，界面包含一个益智的问答题目，让父母引导孩子回答问题。孩子回答正确后将出现热烈祝贺的动画界面，从而大大提高孩子的兴趣。并且，主办方会从每次活动中正确回答出问题的人群中随机抽出100名，赠送儿童益智丛书一本。

该活动在2015年5月份进行了一个月后，微信平台运营人员查看了“详细数据”列表，并对“净增关注人数”进行了从大到小的排序，结果如图3-38所示。从图中显示的数据可以看到，这个月有4天净增的关注人数比较多，分别是6日、13日、20日、27日。对照该月的日历可以发现，这4天正好是星期三，是微信平台举行益智活动的日子。

详细数据

时间	新关注人数	取消关注人数	净增关注人数	累积关注人数
2015-05-06	310	9	301	1309
2015-05-13	307	8	299	1305
2015-05-20	284	6	278	1259
2015-05-27	271	6	265	1216
2015-05-01	105	4	101	1104
2015-05-11	107	8	99	1094
2015-05-14	85	7	78	1069
2015-05-16	79	2	77	1065
2015-05-04	79	4	75	1030
2015-05-09	79	5	74	1032
2015-05-02	70	1	69	1022
2015-05-21	65	3	62	1019
2015-05-23	61	0	61	987

2015年 5月

一	二	三	四
27 初九	28 初十	29 十一	30 十二
4 五四青...	5 十七	6 立夏	7 十九
11 廿三	12 护士节	13 廿五	14 廿六
18 博物馆日	19 初二	20 初三	21 小满
25 初八	26 初九	27 初十	28 十一

图 3-38　天使宝贝微信后台 5 月份的“详细数据”

可见该活动不仅能起到与现有用户的互动，还推动了新用户的增加。

为了确定每周三举办的益智问答活动是否具有传播效果，微信运营人员又查看了5月份“新增人数”的各来源渠道波动趋势，结果发现“图文消息右上角菜单”来源的新增用户波动趋势十分特别，如图3-39所示。

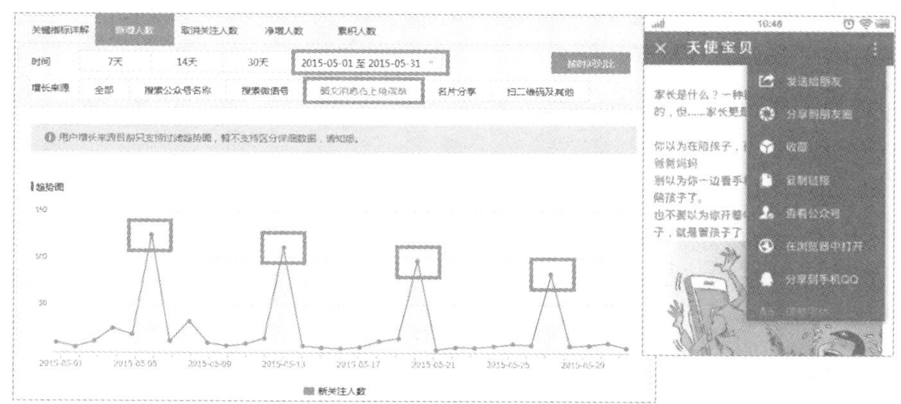

图 3-39　5 月份“图文消息右上角菜单”数据趋势

图中的数据在5月份有4个高峰点，而这4个高峰点所对应的日期正好是周三。在微信平台界面中“图文消息右上角菜单”可以进行的操作有“发送给朋友”“分享到朋友圈”“复制链接”“查看公众号”等，而这些操作对于微信公众号的传播有着十分重要的意义。从这个来源渠道的数据趋势可以看出，每周三天使宝贝的益智微信问答有相当大的分享次数，而接受分享的新用户也会被吸引，从而点击关注。有了这样的启发，天使宝贝微信平台运营人员决定增加每周该益智活动的次数，改为每周一、周三、周五，进一步增加与用户的互动，且加强宣传效果，吸引更多的潜在用户。

3.8 用户增长渠道的拓展分析

在微信后台的用户增长数据中，可以知道用户增长的来源渠道，从而知道有多少用户是通过搜索微信公众号而关注平台，又有多少用户是通过名片分享以及其他方式关注了平台。但是，渠道的含义并不是单指关注途径这一种，还包括用户是在什么地方、什么时间点关注了微信平台。而用户关注微信公众平台的空间与时间的交叉点就构成了另一种关注渠道。

微信公众平台的运营人员可以通过开发者中心获取到用户关注微信公众平台时的空间数据、时间数据，从而让粉丝的增长变得更具策略性、高效性。

3.8.1 结合地理位置分析用户增长

微信订阅号升级为服务号后，通过微信认证就可以通过开发功能获取到用户的地理位置。在微信后台的“开发者中心”选项卡下，“用户管理”组中有“获取用户地理位置”的选项如图3-40所示。

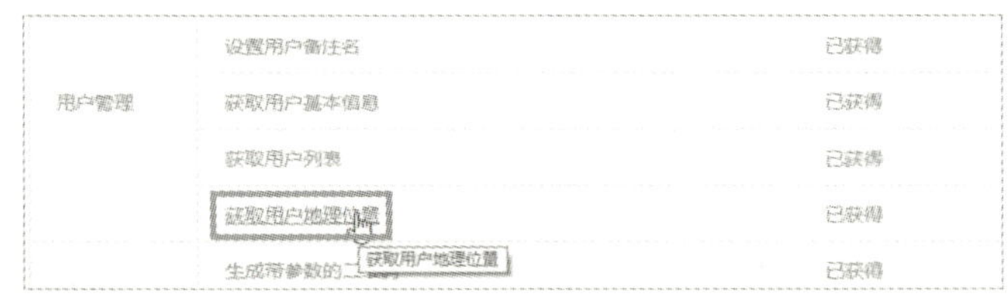

图 3-40 “获取用户地理位置”的功能

开通此功能后，用户在关注后进入公众号会话时，会弹出对话框让用户确认是否允许公众号使用其地理位置，一旦用户确认微信平台可以获取到自己的地理位置，用户关注该微信号的地理位置就会以经度和纬度的方式被记录下来。

用户同意上报地理位置后，每次进入公众号会话时都会上报地理位置。上报地理位置以推送XML数据包到开发者填写的URL来实现。

如图3-41所示就是推送的XML数据包示例，从中可以看到“Latitude（纬度）”数据和“Longitude（经度）”数据。

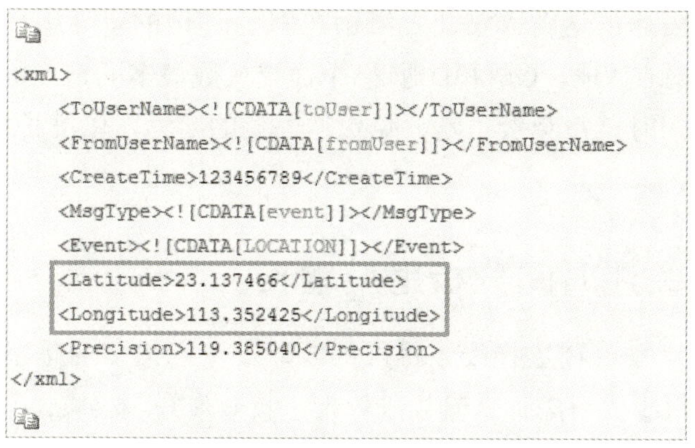

```xml
<xml>
    <ToUserName><![CDATA[toUser]]></ToUserName>
    <FromUserName><![CDATA[fromUser]]></FromUserName>
    <CreateTime>123456789</CreateTime>
    <MsgType><![CDATA[event]]></MsgType>
    <Event><![CDATA[LOCATION]]></Event>
    <Latitude>23.137466</Latitude>
    <Longitude>113.352425</Longitude>
    <Precision>119.385040</Precision>
</xml>
```

图 3-41 推送的 XML 数据包示例

获取用户关注时的地理位置有什么用呢？下面通过一个案例了解一下具体的作用。

某家快餐店想要跟上微信营销的脚步，获得大量用户群体，从而实现订餐量的增加。该店铺要做的第一步就是增加用户量，并且在增加用户量的同时找出潜在客户群体最多的地方，进行免费试吃、免费送外卖的推广。该快餐店的微信运营人员很清楚，不同区域内人群的消费能力不同，而消费能力的不同就很可能决定这个区域的人群是否会倾向于订购店内的食品。而如果没有进行潜在消费者的地域分析，就盲目投入推广的人力和物力，很可能会以失败告终。

快餐店的微信运营人员选择了A、B、C、D、E、F、G一共7个试点（这7个试点的经纬度已经获知），每个试点安排一位兼职人员举着店铺微信公众平台的二维码，引导过路人群的扫码关注。

半个月后，店铺微信运营人员通过比较用户关注地点的经纬度与试点的经纬度，成功统计出不同试点的新增用户数量。

统计结果如图3-42所示，从图中可以看到，除去关注了公众号最后又取消的用户，最终留下的净增人数中，A地、C地和D地是净增人数最多的3个试点，而E地和F地则相对增加人数较少。

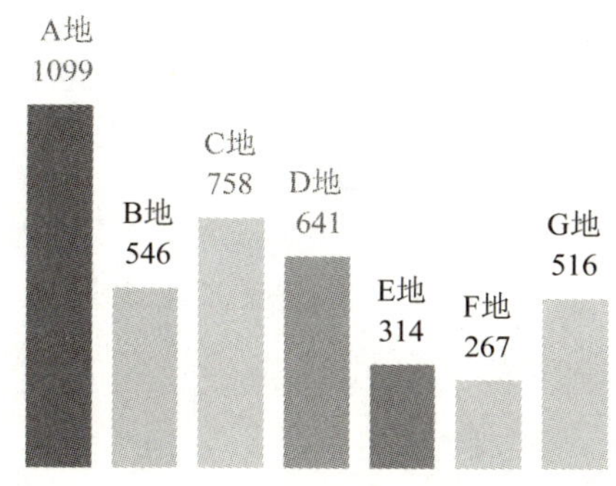

图 3-42 不同地点半个月后的净增人数统计图

因此，该快餐店的运营人员决定撤销在E地和F地的引导用户扫码兼职人员，以节约成本，同时在A地、C地和D地这3个净增人数最多的地点加派人手，在引导用户扫码关注的同时试行免费试吃、免费送外卖的活动，以维护好这3个地方的客户人群。

3.8.2 结合关注时间分析用户增长

很多微信公众平台在进行线下推广的时候，考虑最多的是不同地段的消费水平、人流量，却很少去考虑什么时候进行推广收效最好。其实，只要站在用户的角度去思考问题，就会发现，由于工作或生活等环境的不同，用户的作息时间也是有所区别的。在同一个地点进行微信公众号推广以增加用户量，在不同的时间段得到的关注者数量也是不相同的。

由于用户常常具有从众心理，也就是说，用户看到很多人聚集在一起了解某事物时，自己的兴趣也会陡然骤增。如果微信公众平台的运营人员选择了一个大家都有空闲的时间开展关注微信号送小礼品这类活动，收到的响应会更好。

在微信公众平台的后台不可以直接获取到用户关注平台的时间数据，但是可以通过开发者中心获取到所需数据。在“开发者中心”选项卡的“用户管理”组中，有“获取用户基本信息”的功能如图3-43所示。开通此功能就可以获取到用户的基本信息，这些信息包括昵称、头像、性别、所在城市、语言和关注时间。

图 3-43 “获取用户基本信息”功能

开通“获取用户基本信息”功能后，正常情况下，微信就会返回如图3-44所示的数据包到微信公众平台。数据包中的“subscribe_time”这一项数据代表用户关注的时间，如果用户多次关注并取消关注微信平台，则以最后一次关注时间为准。


```
{
    "subscribe": 1,
    "openid": "o7Lp5t6n59DeX3U0C7Kric9qEx-Q",
    "nickname": "方倍",
    "sex": 1,
    "language": "zh_CN",
    "city": "深圳",
    "province": "广东",
    "country": "中国",
    "headimgurl":
"http://wx.qlogo.cn/mmopen/Kkv3HV30gbEZmoo1rTrP4UjRRqzsibUjI9JClPJy3gzo0NkEqzQ9yTSJzErnsRqoLIct5NdLJgcDMicTEBiaibzLn34JLwficVvl6/0",
    "subscribe_time": 1389684286
}
```


图 3-44 微信返回的数据包

需要注意的是，开通“获取用户基本信息”功能后得到的数据包中的用户关注时间是以时间戳格式显示的，需要进行转换才能得到北京时间。例如，将图3-44中的时间戳转换成北京时间，利用Unix时间戳转换工具得到如图3-45所示的结果。

图 3-45　利用时间戳转换工具转换时间

在数据量大的情况下，利用时间戳转换工具一个一个地转换时间显示十分麻烦，这时，微信公众平台的运营人员就可以将固定时间段内关注用户的时间戳数据导入到Excel中，利用Excel工具进行批量转换。

在Excel中批量转换时间戳十分简单，下面来看具体步骤。

将用户关注的时间戳数据导入到Excel表中，并且新建一列数据为“北京时间”，如图3-46所示，选中“北京时间”这一列数据单元格，然后单击“开始”选项卡下“数字”组中的对话框启动器，如图3-47所示。

	A	B
1	时间戳	北京时间
2	1431316035	
3	1431392772	
4	1431324372	
5	1431332052	
6	1431390312	
7	1431510432	
8	1431573912	

图 3-46　选中“北京时间”数据列

图 3-47　单击“数字”组的对话框启动器

在打开的“设置单元格格式”对话框中选择数据格式，如图3-48所示。

完成格式设置后，在“北京时间”列的第一行中输入公式，如图3-49所示。公式中的“A2”代表的就是“B2”单元格中的北京时间对应的时间戳数据。公式输入完成后，按下回车键，就可以完成“A2”单元格的时间戳数据转换。

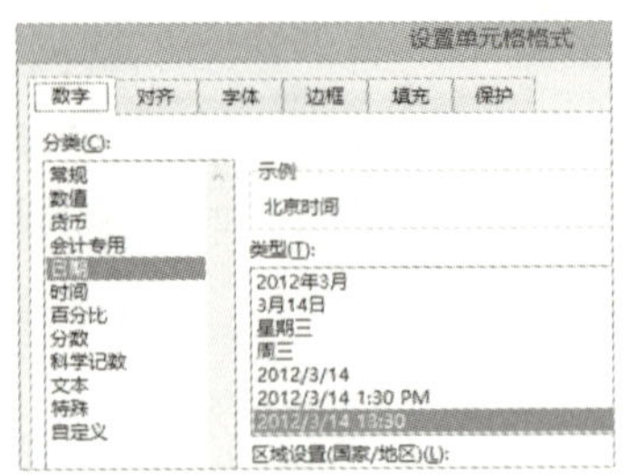

图 3-48　选择数据格式

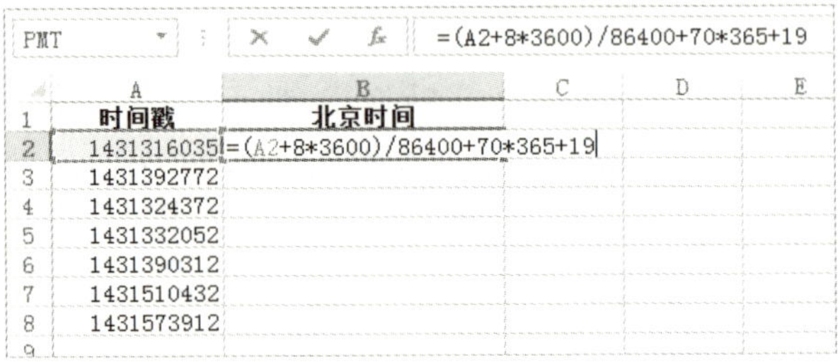

PMT　=(A2+8*3600)/86400+70*365+19

	A	B	C	D	E
1	时间戳	北京时间			
2	1431316035	=(A2+8*3600)/86400+70*365+19			
3	1431392772				
4	1431324372				
5	1431332052				
6	1431390312				
7	1431510432				
8	1431573912				

图 3-49　输入公式

完成第一行时间戳数据转换后，将鼠标放到单元格右下方，拖动鼠标，如图3-50所示，直到覆盖完所有的“北京时间”数据，结果如图5-51所示。至此时间戳数据的转换完成了。

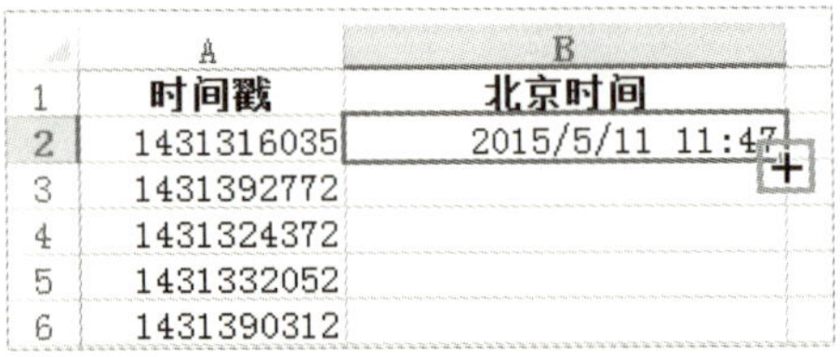

	A	B
1	时间戳	北京时间
2	1431316035	2015/5/11 11:47
3	1431392772	
4	1431324372	
5	1431332052	
6	1431390312	

图 3-50　复制公式

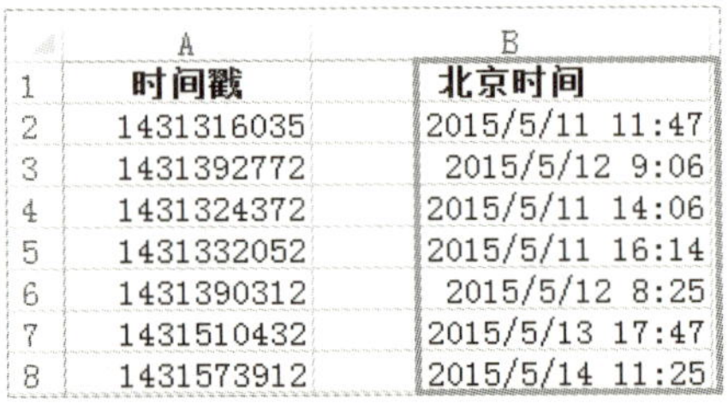

	A	B
1	时间戳	北京时间
2	1431316035	2015/5/11 11:47
3	1431392772	2015/5/12 9:06
4	1431324372	2015/5/11 14:06
5	1431332052	2015/5/11 16:14
6	1431390312	2015/5/12 8:25
7	1431510432	2015/5/13 17:47
8	1431573912	2015/5/14 11:25

图 3-51　完成时间戳的转换

利用统计好的用户关注时间数据可以清楚地看到微信公众平台新增的用户都是在什么时间点进行关注的，从而把握某类用户的节奏，找到最佳推广时间点。

例如，某公司营业多年，过去一直没有微信公众号，最近该公司申请了微信公众号，并且将二维码放在实体店内，让营业员引导进店顾客进行扫码关注。试行一周后，该公司微信平台用户从最开始的0变为1542人。为了更好地了解顾客会在什么时候进行关注，该公司的微信平台运营人员决定将数据做成图表。

如图3-52所示是该公司微信平台运营人员统计出来的用户关注时间部分数据。该数据将一周内每天同一时间点的关注人数进行求和计算，按住Ctrl键单击数据列的最上方，同时选中这两列数据。

然后单击“插入”选项卡下“图表”组中的“散点图”图标，如图3-53所示，将数据创建成散点图。

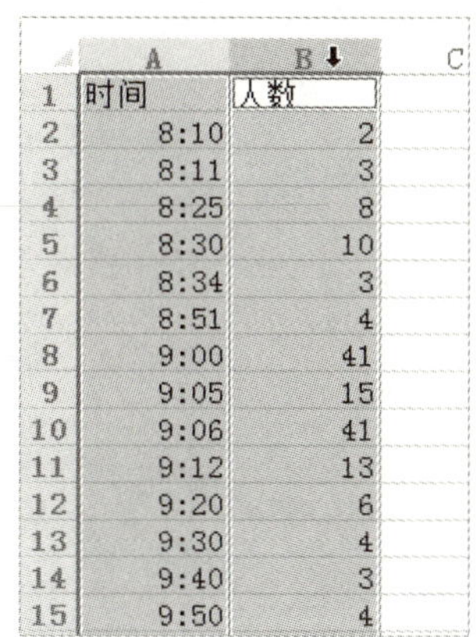

	A	B
1	时间	人数
2	8:10	2
3	8:11	3
4	8:25	8
5	8:30	10
6	8:34	3
7	8:51	4
8	9:00	41
9	9:05	15
10	9:06	41
11	9:12	13
12	9:20	6
13	9:30	4
14	9:40	3
15	9:50	4

图 3-52 选中数据

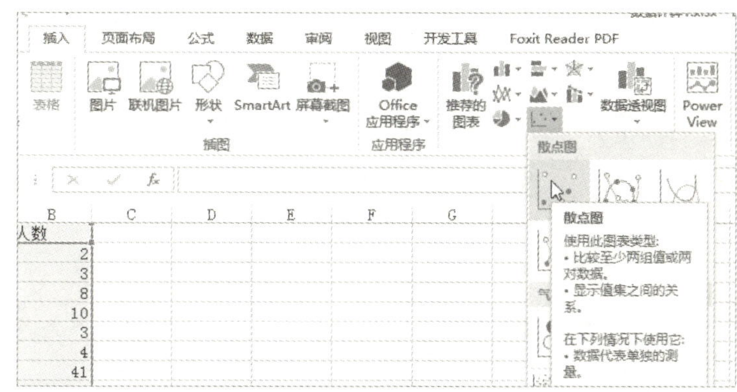

图 3-53 选择“散点图”图标

散点图创建好后，稍微调整一下图表的格式，就得到了如图3-54所示的散点图。从图中可以十分轻松地看到，在这一周内，每天的11：12～13：12以及17：12～19：12是用户关注量最密集的两个时段。那么这两个时段就应该加派人手引导更多的用户关注平台，同时要想开展微信平台的推广活动，也最好选择这两个时段。

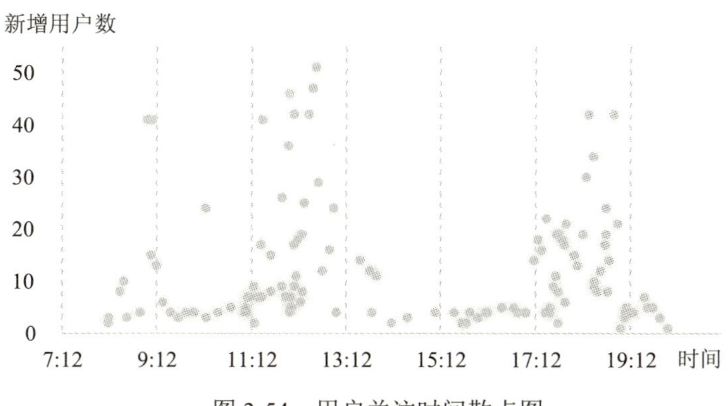

图 3-54 用户关注时间散点图

第 4 章

微信数据的用户分析：用户属性

在微信后台“用户分析”功能模块下的“用户属性”页面中，微信平台的运营人员可以知晓用户的性别数据、语言数据、地区数据等，这些数据汇聚在一起就组成了用户的属性。

用户的属性对于微信平台运营人员来说有着非同一般的意义。只有了解自己的用户，才能更好地策划营销方案，从而最大限度地迎合用户的喜好，解决用户的需求，让营销方案取得最大化的成效。

4.1 谁最了解粉丝谁就抢占了先机

在商业竞争还不激烈的时代，大多数商人都不会去琢磨自己的客户群体都是些什么样的人、有什么样的行为习惯，那时候的商人会花时间研究商品的质量、价格或者门店的客流量。随着经济的快速发展，各种各样的商家犹如雨后春笋般地冒出。为了吸引更多的消费者，商家不断地推陈出新，并利用各种营销手段，想要在“硝烟弥漫”的商业战争中抢夺一席之地，于是就有了客户群体研究这一做法。

研究客户群体的目的在于通过了解自己的目标客户人群，找到有效的营销策略，或者是找到客户的潜在需求，从而在减少时间、人力、资金成本的前提下提高企业产品的销量。

4.1.1 客户属性研究在商业中的应用

在商业中，往往需要在不同的时期采取不同的销售策略。研究客户人群属性后采取的商业销售策略往往具有精准度高、成本小、效果好的特点。

举个简单的例子：大部分商家都认为向客户推送商品广告短信的做法不仅收效甚微，还很容易引起客户的反感。其实换一个角度想，这些商品广告之所以会引起客户的反感，在很大程度上是因为这些广告商品根本就不是客户人群所需要的。

如果商家在推送广告前对客户人群进行分类及特性研究，从而尽可能地为客户推送需要的商品广告，结果又会如何呢？

例如，在酷暑天，女性消费者普遍都希望能有一些透气性好、轻便又时尚的服装，这时商家手中的商品又恰好是一款森女风的亚麻长裙，其透气性非常好。但是，商家并没有盲目地将这款商品广告推送给所有的女性客户，而是经过数据分析再结合经商经验，判断出这款商品的精准客户群体是具有文艺气质、喜欢小清新装扮的女性客户。于是商家对客户进行筛选，然后推送广告。果然，最后的结果显示由广告带来的订单十分可观，并且商家也免除了对其他客户的打扰。

4.1.2 客户属性研究在微信公众平台的应用

从上一小节中可以看出，了解客户群体的特征可以帮助商家提高营销的精准性，那么转换到微信营销层面上来，了解微信平台的客户群体同样可以帮助微信平台的运营取得更大的收益。为了帮助读者将客户群体分类的思维嫁接到微信公众平台上，下面将通过另外一个小实例进行讲解。

众所周知，微信公众平台的粉丝可以说是微信营销的命脉，没有粉丝，一切营销都等于零。可是粉丝真的就越多越好吗?微信平台的运营人员如果不了解平台的粉丝，不知道这些特性，后面的营销效果可能就不会太理想。

A、B两个店铺销售的商品相同，这些商品的特点是价格比较便宜，比较受学生等收入水平相对较低的人群欢迎。换句话说，这两家店铺的商品如果向学生群体推荐，可以得到较多的订单。

现在两个店都开始了微信营销，两个店的工作人员最开始都知道要不停地为微信公众号涨粉。不同的是，A店的工作人员没有特定的目标，他们花了大量的力气引导每一个进店或者是路过店铺的人关注店铺的微信公众号，并且让关注者填一份简单的资料，资料中包括“职业”一项。辛勤工作一周后的效果如图4-1所示，总共有4065位粉丝。

而B店则在引导入店人员关注店铺微信公众号的同时还派出了工作人员到店铺所在城市的大学、中专院校轮流设点，通过赠送礼品的方式让学校学生关注店铺微信公众号，同时统计关注者的职业。在这个工作环节中，B店把重点放在了学校粉丝人群的吸引上。同样是一周后，结果如图4-2所示，B店粉丝只有2451人，比A店少了1614人。

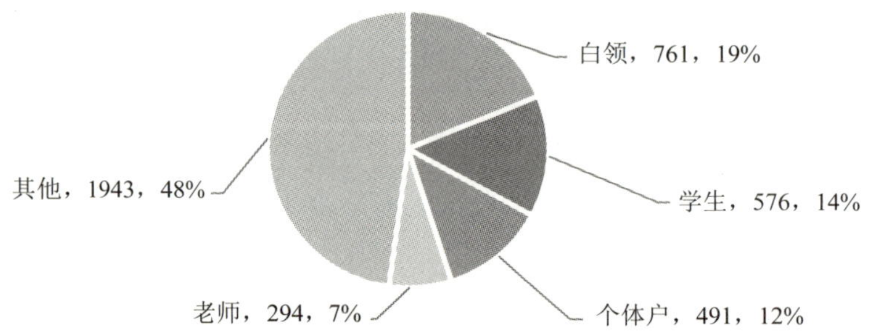

图 4-1　A 店微信平台的粉丝构成（粉丝合计 4065 人）

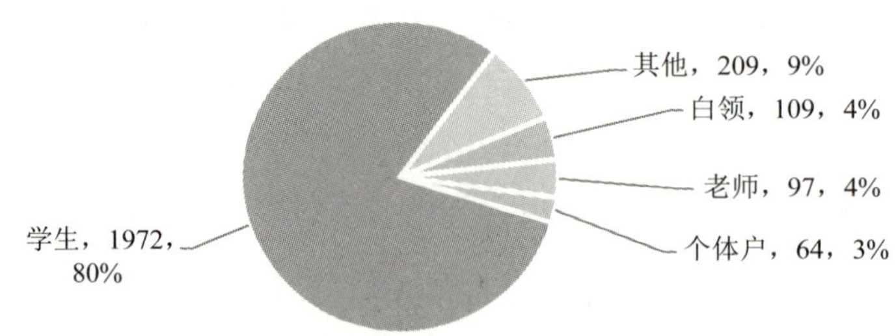

图 4-2　B 店微信平台的粉丝构成（粉丝合计 2451 人）

此时，由于A、B两店粉丝量的悬殊，可能很多人都会以为在接下来的微信营销中，A店必胜无疑。

假设A、B两店在运营微信平台时营销水平不相上下，而经过统计又已经知道该商品面向不同类型的客户群体时的订单转化率，且A、B两店相同。例如学生群体的订单转化率为6.12%，代表向每100个学生推荐该商品，平均可以得到6个人的订单转化。

最后数据统计结果如图4-3所示。从中可以看出，虽然A店的微信平台粉丝人数远远多于B店，但是在最后的营销环节中，B店却得到了更多的订单。由于B店在前期吸引粉丝时针对性强，浪费在其他客户群体上的精力也比较少，从而节省了时间、人力等成本。

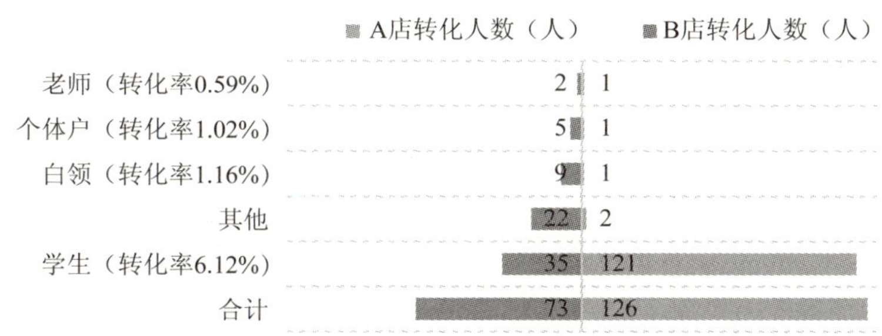

图 4-3　A、B 两店通过微信平台转化成订单的人数

在过去，商家可能没有那么多的数据进行客户群体的研究，但是现在，微信公众平台已经有专门分析粉丝形象的功能模块，微信平台的运营人员必须懂得利用这些数据了解平台粉丝，才能将微信营销做得更好、更精准。

4.1.3　案例小回顾——利用高级条形图进行微信数据统计

读书的最终目的就是学以致用，请各位读者翻阅到前一小节的案例中图4-3所显示的数据图表，大家有没有发现该图表的表现形式和常规的图表不太相同？大家是不是也想学会制作这样的图表，从而在整理公司微信平台的数据时能做出新颖的报表？且看下面分解。

图4-3的图表本质是条形图，只不过该图表经过了格式上的设置，达到了更美观和更实用的效果，经过修改后的条形图因为外观看起来像旋风，所以又被称为旋风条形图。那么在统计微信后台数据时，什么时候该选择旋风条形图进行表现呢？答案如图4-4所示。

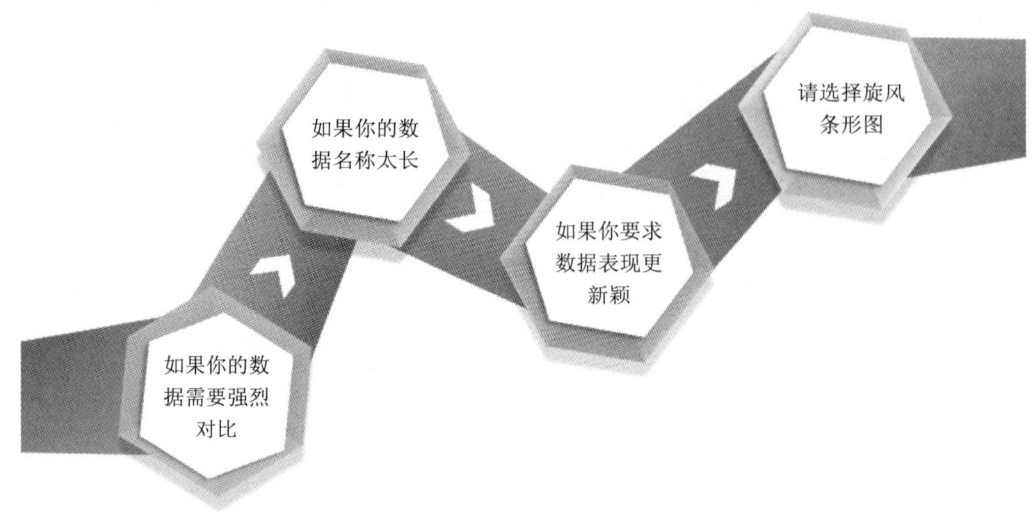

图 4-4　什么时候该选择旋风条形图

在Excel中制作旋风条形图，要点在于变换数据系列所在的坐标轴，并调整坐标轴的格式。下面来看要点图示，以Excel 2013为例。

在Excel 2013中利用数据创建好一个常规的“簇状条形图”后，条形图中的数据条显示方向统一向右，双击需要改变显示方向的数据条，如图4-5所示，就会打开相应的“设置数据系列格式”窗格，选择将该数据条绘制在“次坐标轴”上，如图4-6所示。这样进行设置后的数据条就由次坐标轴控制了，方便后面进行单独修改。

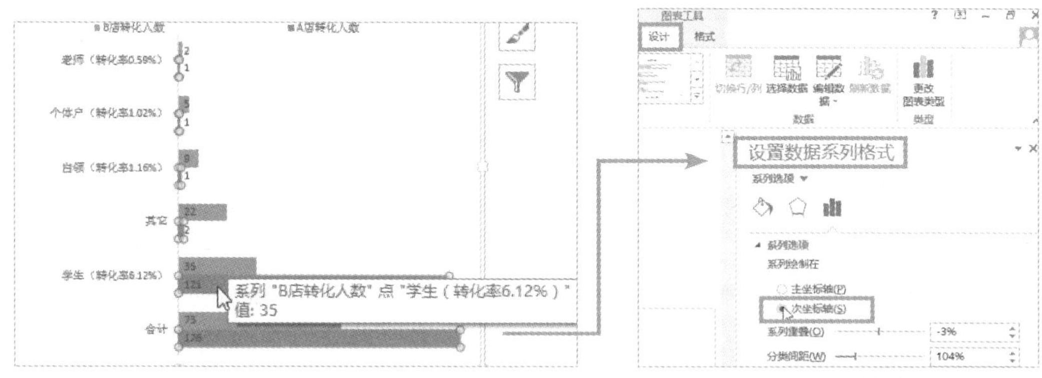

图 4-5　双击需要改变方向的数据条系列　　图 4-6　改变数据系列所在坐标轴

这时在图表上方会出现次坐标轴，双击打开次坐标轴的设置窗格，如图4-7所示。这里主要设置的地方有两个，第一个如图4-8所示，设置坐标轴的边界值，例如图表中的数据最大为126，那么边界值就可以是“-130，130”。总之，要在包括图表数据范围的前提下让边界的绝对值尽量靠近图表数据的最大值。按照同样的方

法，把主要坐标轴的边界值设置成与次要坐标轴边界值一致。

第二个需要设置的地方如图4-9所示，勾选“逆序刻度值”复选框的目的在于改变次要坐标轴的数值顺序，将其从原来由负值到正值的显示方式调整为由正值到负值的显示方式，从而改变相应数据条的方向，而主要坐标轴保持不变。

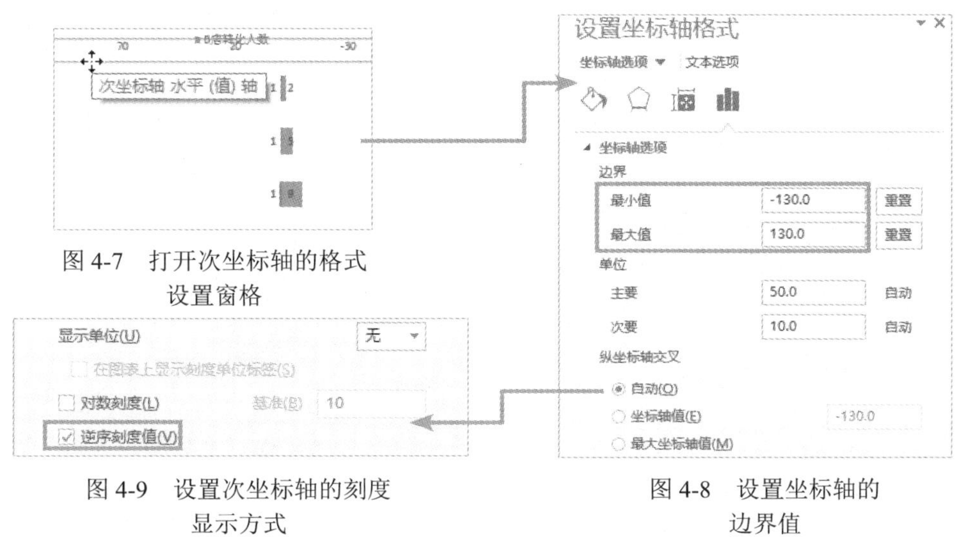

图 4-7　打开次坐标轴的格式设置窗格

图 4-9　设置次坐标轴的刻度显示方式

图 4-8　设置坐标轴的边界值

4.2　微信用户的性别比例数据研究

营销领域内有一种营销理念叫作“个性化营销”，简单理解就是量体裁衣，为不同类型的消费者制定不同特性的营销方案，从而提高服务质量和营销效率。对于微信平台来说，因为不同性别的用户思维模式存在相当的差异，所以针对不同性别的用户进行“个性化营销”迫在眉睫。

微信后台数据中有一个功能模块专门显示了微信平台用户的性别，微信平台运营人员可以利用这个部分显示的用户性别数据找到有价值的营销点，部分思路如图4-10所示。

例如，判断公司产品的定位是否精准。每一款产品在进入市场前都应该有一个完善的定位，以便为其量身定制推广方案，这个定位包括目标客户人群的定位，当然也就包括了定位目标客户人群主要是以男性/女性客户为主，或者是不分性别。如果公司对产品的定位是女性客户，结果在运营微信公众平台时发现男性客户居多，或者是男性客户的活跃度比较高，说明公司产品的目标客户性别定位存在偏差，需要重新考虑。

微信客户群体的性别比例还可以决定产品在线下的推广形式，毕竟男性客户和女性客户所接受的推广方式是不同的。同时还能高效地设计出微信公众平台图文信息的风格，例如服务男性客户的平台图文信息就不要设计成粉红色的小女生风格，等等。

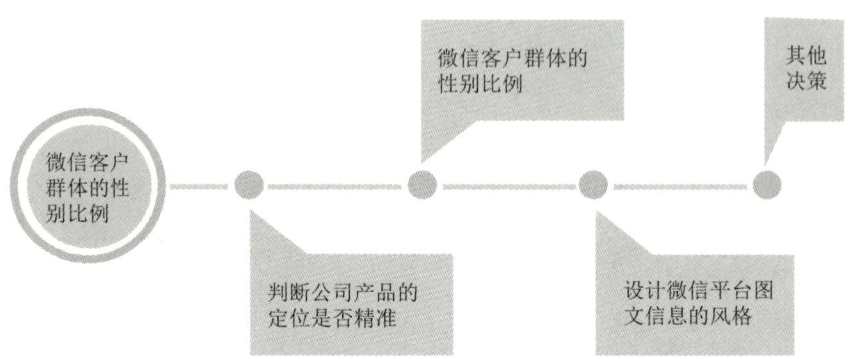

图 4-10　分析用户群体性别数据的部分思路

4.2.1　让数据来告诉你用户是男还是女

要利用微信平台的用户性别来找营销金点子，读懂数据自然是第一个前提。

在微信后台的“用户分析”功能选项卡下，切换到“用户属性”选项卡页面下，首先看到的就是“性别分布”数据内容显示，如图4-11所示。

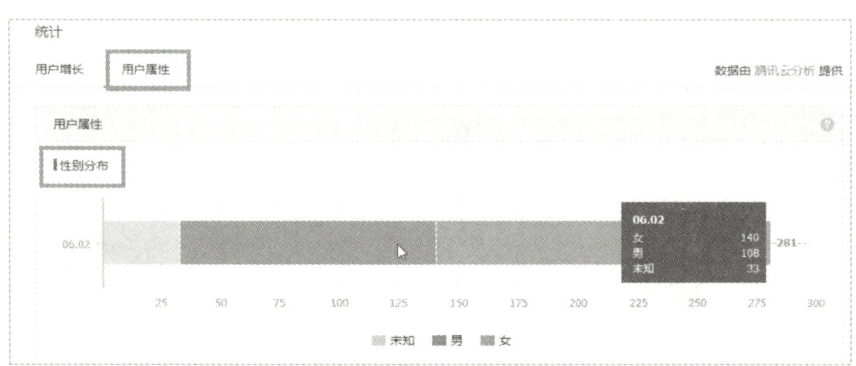

图 4-11　微信后台数据中的“性别分布”

将鼠标放到代表不同性别的颜色条上，还会显示出具体性别的用户数量，如图中显示该微信公众号的用户中有140位用户是女性，有108位用户是男性，而33位用户的性别是未知的。由此可知该微信平台用户女性略多于男性，同时也可以计算出该微信公众号的用户男女比例是108∶140=27∶35。

这样的男女用户比例表示，该微信公众号所吸引的用户并没有很大的性别倾向，比较适中，在群发图文信息时最好是兼顾男性用户和女性用户的思维模式。

在微信后台中，微信运营人员可以在消息群发时选择用户性别进行消息群发。然而，现在的营销方法越来越多，各大微信营销商都开始对用户进行个性分析，力求对每一位用户都有一套相应的营销方案，这也正是当下为什么会有不法分子销售用户信息的原因。用户的每一条信息都是用户的一个标识，多条信息汇聚就可以将这个用户描绘得越来越清楚。

微信平台运营人员可以养成定期整理用户资料的习惯，例如每天将新增的用户进行备注“男”或“女”，以便进行后面的个性化营销。这里提一下，对用户的备注信息不仅仅包括性别的标识，任何与该用户个性有关的信息都可以进行标注，如：男、线下老客户、喜欢篮球、对金钱敏感。

这时问题又出现了，因为微信平台上的具体每一位用户的性别是保密的，不能像用户的签名一样在详细资料中显示。

那么换一个角度思考，微信与微博、QQ有一个本质上的不同，那就是在微信上注册的用户都是基于真实信息注册的，所以很多微信用户并不会像玩微博、QQ那样刻意隐瞒自己的很多信息。在微信平台上，大部分用户都会比较真实地根据自己的喜好选择头像，设计签名，而这些信息都在很大程度上反映了用户的性别。下面来看一些例子。

前面说过，微信用户的真实度非常高，所以很多用户会直接使用真实的头像和姓名来填写资料。如图4-12所示就是很典型的例子，该用户的头像是生活照，很可能是自己的照片，再加上姓名填写的是“*毅”，而这个名字又是常见的男性名字，所以这位用户是男性的可能性非常大。

性别特征明显的用户不一定都会使用自己真实的生活照、名字进行资料填写，有的女性用户头像可能是自己孩子的照片、可爱的卡通形象、小动物照片等，而对应的名称也比较女性化，如“小萌萌”“棉花糖”之类的。而男性用户的头像则倾向于选择男性化、带有理性色彩的图片，如篮球球星、大海、长桥等，与之对应的名称也常常会显示男性特征，如“龙城飞将”“申哥”等。

当然，也会出现一些无论是头像还是名称都没有足够性别信息的用户，如图4-13所示，该用户的头像是风景，名称是“Wy”，而拼音首字母是“Wy”的名称有很多，可男可女。单从这两项信息不足以判断这位用户的性别，这时就要继续进行信息挖掘，分析用户的签名。签名中出现了一个词“瘦身”，通常情况下，女性会更加热爱瘦身，再加上这句签名读起来充满了女性色彩，所以基本上可以肯定这位用户是女性。

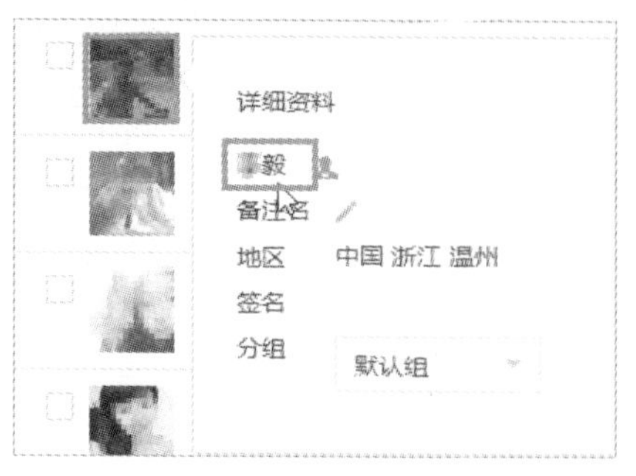

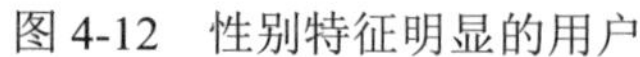
图 4-12 性别特征明显的用户

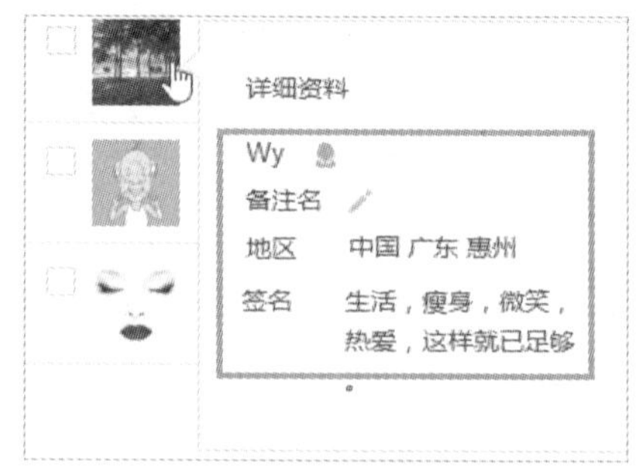

图 4-13 需要进行性别推测的用户

并不是所有的用户都可以依靠上面的方法进行性别判断，有的用户非常注重自己的隐私保护，不在任何社交工具上留下自己的信息。这类用户的微信头像和资料信息都很中性，或者是没有头像也没有资料信息。对于这类用户，可以暂时不标注性别。

如图4-14所示是经过性别备注整理的部分用户信息，其中第三个用户的性别暂时不能判断出来，所以备注上填写的是“待定”。

图 4-14 部分用户性别分组及备注示例

为每一位用户添加个性化的备注信息看起来比较费力，但只要微信平台的运营人员有条有理地对用户进行备注，并逐一完善个性化信息，就会在后面的个性化营销中起到极大的帮助。

4.2.2 性别营销的数据分析

男性和女性的思维模式有着很大的不同，正是因为这样，男性和女性在面对不同的营销信息时才会产生不同的反应，做出不同的行为。

下面是之前网上热传的两组关于男女有别的趣味数据，因为这两组数据十分传神地描绘了男女在购物时不同的思维模式，引起了广大网友的共鸣，所以产生了大量的转发。

从图4-15的数据显示中可以看出，女性在购买洗发水这类生活用品时会考虑很多因素，不论某品牌的洗发水质量有多好，女性消费者却很有可能因为它的包装颜色不好看而打消购买的念头。而男性消费者通常不会考虑那么多，往往会速战速决，看到商品是洗发水就决定购买。

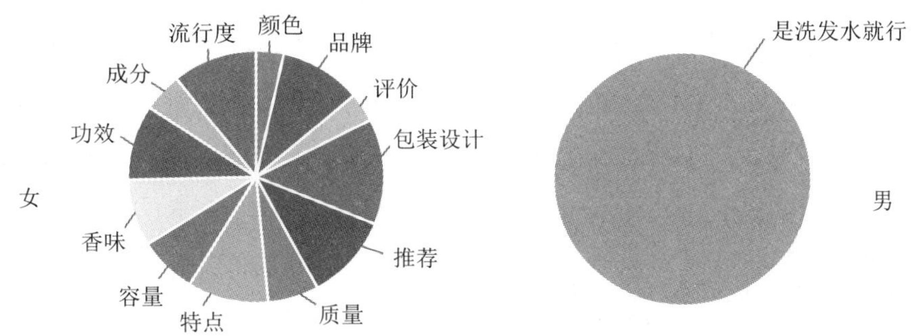

图 4-15　男女在买洗发水时的不同

再从图4-16中可以看出，在购买手机这类电子产品时，男性考虑的因素反而会很多，例如材质、硬件配置、价格等，而女性考虑到的因素则只有外观和自拍功能等。

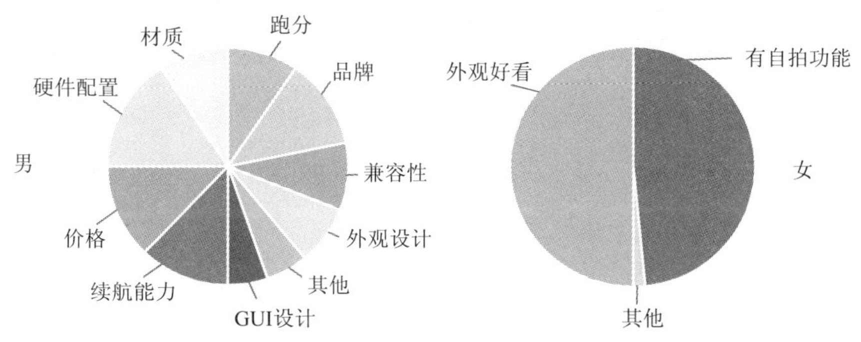

图 4-16　男女在买手机时的不同

虽然这两组数据不是百分之百准确，但是依然具有很大的普遍性，说明了男性和女性消费者在购买普通生活用品和电子类产品时不同的思考层面。

由于各企业开设微信公众平台的目标侧重点有所不同，有的是为做营销，有的是为宣传品牌，所以不仅需要研究男女用户在面对不同商品时的购物思维模式，还要研究男女用户对于其他事物的偏好及想法。如图4-17和图4-18所示就是某微信平台想要开发微信小程序时研究的男女用户在使用手机时的偏好，结果发现女性使用手机更倾向于购物，而男性则更倾向于看视频。那么在开发面向男用户和女用户的小程序时，交互方式也可以有所不同。

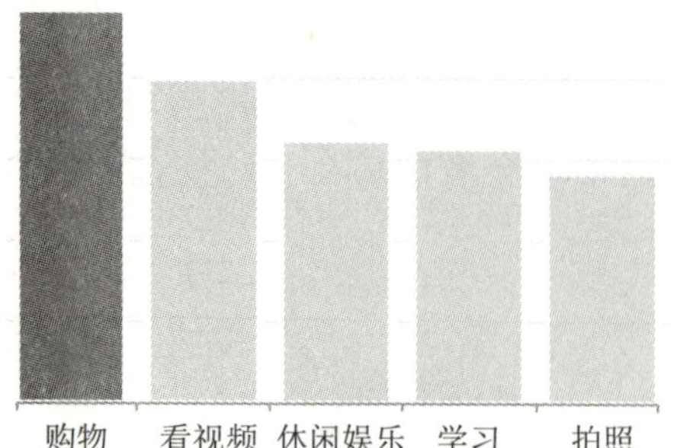

图 4-17 女性用户使用手机的偏好

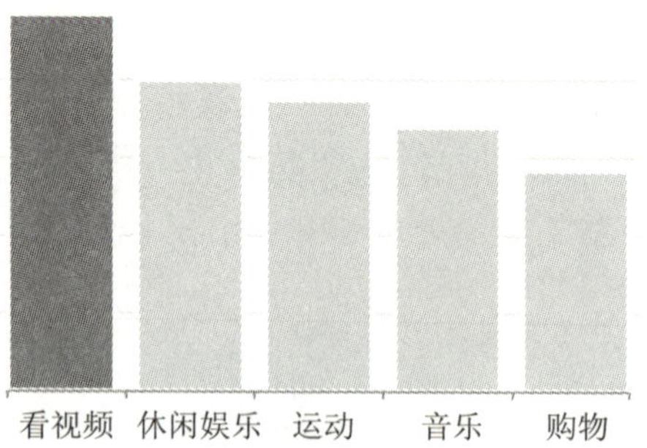

图 4-18 男性用户使用手机的偏好

下面来看一个完整的男女用户思维模式数据分析的例子。

案例背景：A公司是一家房地产公司，该公司运营了较长时间的微信平台，用户数有13000人，但始终存在一个问题，就是平台推送消息后，阅读量低，平均只有3210次的阅读量。最近公司的微信平台主推下个月即将开盘的一处新楼，希望宣传效果较之前能有明显的提升。

公司微信平台的运营人员想通过个性化营销向不同性别的用户推送侧重点不同的图文信息，达到提高宣传效率的效果。首先，微信平台的运营人员做了一个有奖问卷，调查了男性和女性用户在买房时不同的思维模式。部分调查结果如下。

如图4-19和图4-20所示分别是男性和女性买房时的动机。从这两组调查数据中可以看出，男性消费者买房的动机较多，其中最大的动机是结婚，而女性则是因为安全感。那么由以下两组数据可以得到的启发是：向男性消费者推送的图文消息主题可以是“×××（楼盘名称），让您马上有媳妇”；向女性消费者推送的图文消息主题则可以是“×××（楼盘名称）带给您十足的安全感”。

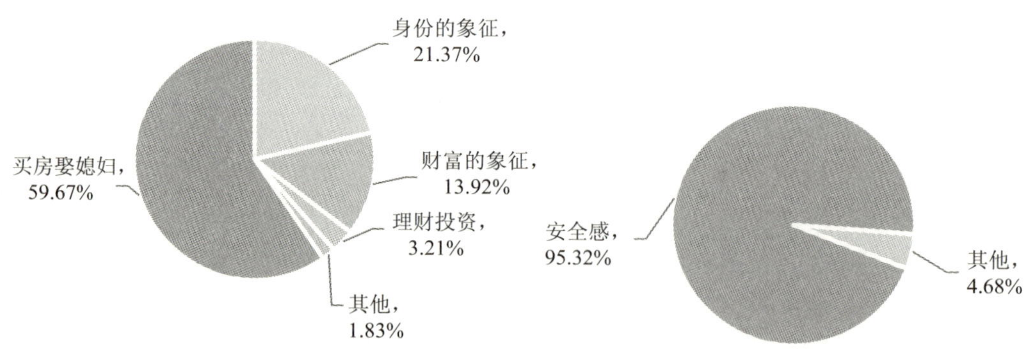

图 4-19 男性买房动机

图 4-20 女性买房动机

又如图4-21和图4-22所示分别是男性和女性消费者买房时会考虑的因素，从中可以看出，不同性别的消费者关注点是不同的，那么与此相关的微信推送内容和

主题方向也可以不同。例如，向男性消费者推送的图文消息主题可以是“×××（楼盘名称）告诉您什么是高性价比”；向女性消费者推送的图文消息主题可以是“×××（楼盘名称）让您置身于华府官邸”。

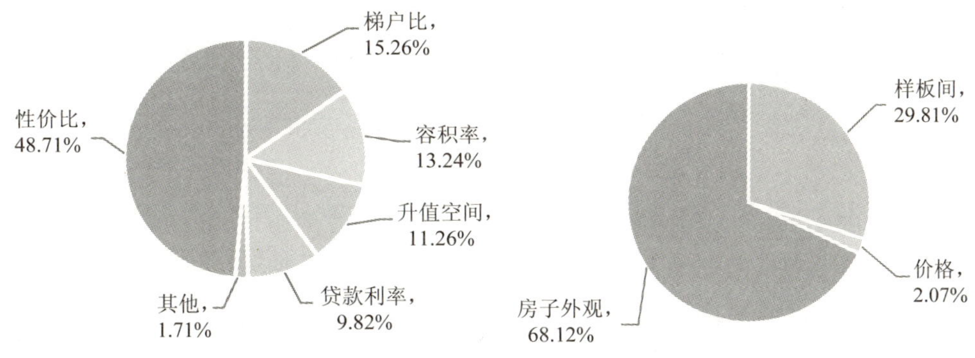

图 4-21　男性买房考虑的因素　　图 4-22　女性买房考虑的因素

如图4-23和图4-24所示，是通过调查得出的男性和女性消费者对户型要求的数据。从图中可以看到，不同性别的消费者侧重点也不相同，在向不同性别的用户推送图文消息时就需要注意侧重点的问题。向男性消费者推送的图文消息应该更注重对房子实得面积、朝向、赠送面积方面的描写，而向女性消费者推送的图文消息则需要更注重对衣帽间、户型的大气感受方面的描写。

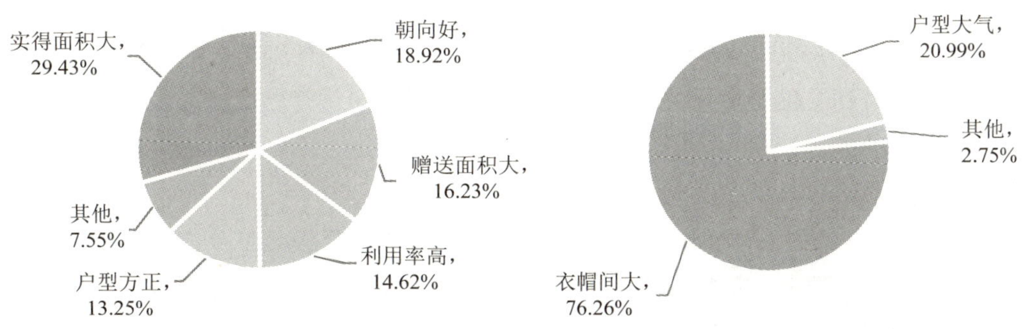

图 4-23　男性对户型的要求　　图 4-24　女性对户型的要求

又如图4-25和图4-26所示同样是对男女买房消费者进行调查后的数据。从数据中可以看出男女消费者在买房时对物业管理的要求有较大的差别，因此在推送描述楼盘物业的图文消息时，面向男性消费者就需要强调车位收费合理、设施维修及时、地面整洁度高、门禁系统全面、保安执勤到位等方面的优点，而面向女性消费者时则需要重点强调物业收费便宜、门禁系统全方面的优点。

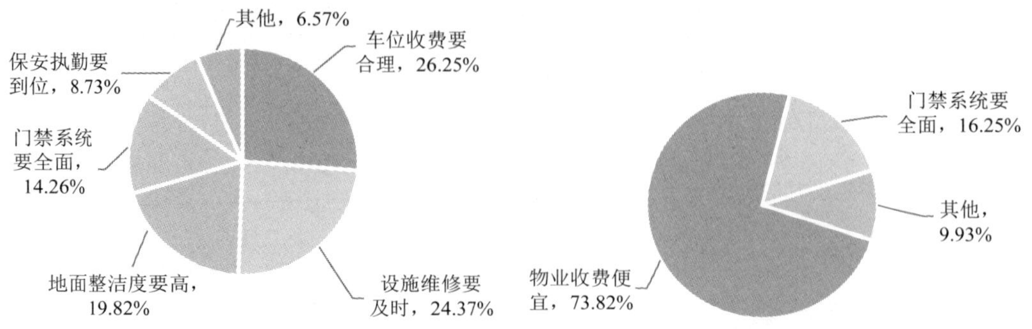

图 4-25　男性对物业管理的要求　　　　图 4-26　女性对物业管理的要求

在上述调查数据的基础上，微信平台的运营人员对数据进行了分析，设计出了不同营销点、不同侧重点的微信推送图文消息。

这样做的依据是：用户每天接收到的信息量是庞大的，所以如果微信平台的文章信息量比较多，就会造成用户不去阅读或者是不认真阅读的后果，从而影响了信息的传播效率。但是对不同性别的用户偏好进行分析后，仅向用户发送相应的重点突出且简洁的消息，可以大大提高用户的阅读效率。具体的实施过程及结果如何，且看下一小节分解。

4.2.3　性别营销案例的执行和结果

在A地产公司的性别营销案例中，事先调查好了不同性别用户的偏好，并且根据这些偏好找到了推送文章的侧重点，让微信文案人员进行相应的编写。文章编写好后，具体的推送策略为：同一内容的文章分两天推送，第一天推送面向男性用户的文章内容，第二天推送面向女性用户的文章内容。

推送的方式是手动群发，如图4-27所示，在“功能”模块下单击“群发功能”选项，然后在“群发功能”页面下添加好“图文消息”后，手动选择接收文章消息的用户性别即可。

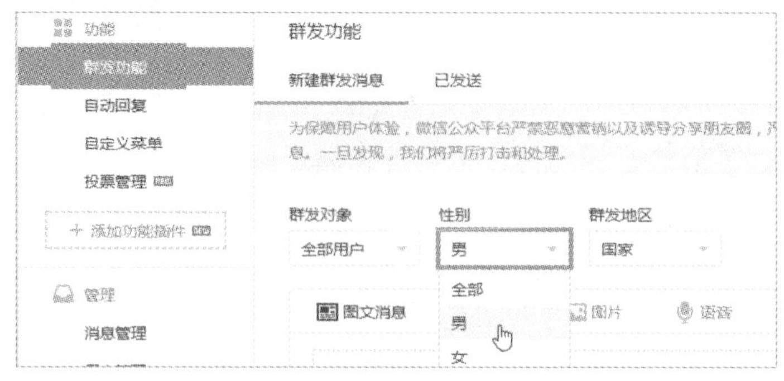

图 4-27　选择用户性别进行手动群发

当此方案执行一周后，微信平台的运营人员统计了每天的微信文章阅读量：面向男性用户的图文消息平均阅读量为4276人，而面向女性用户的图文消息平均阅读量为3759人。阅读量的明显提高表明这样的性别营销起到了作用。

4.3　微信用户语言分布数据研究

在微信公众号的后台数据中，“用户属性”功能页面下有“语言分布”内容显示，微信平台的运营人员可以查看用户使用的语言分布，如图4-28所示，将鼠标放在代表不同语言的色条上还会显示出具体使用每种语言的用户数量。从图中可以看到，该微信公众平台的用户中有251人使用的是简体中文，有15人使用的是英文，有7人使用的是繁体中文，而有14人使用的语言是未知的。

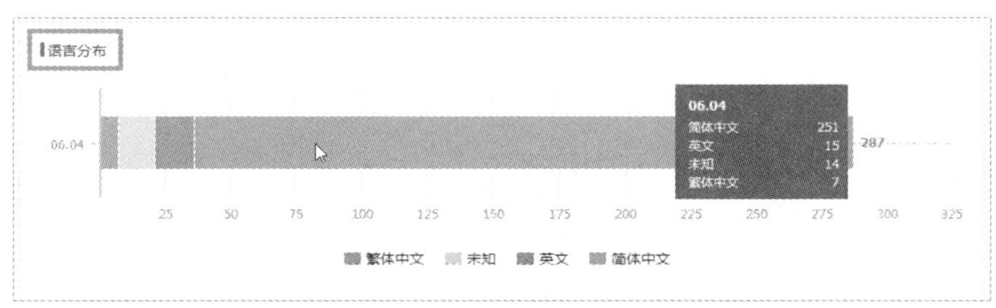

图 4-28　微信后台数据中的“语言分布”

根据用户的语言分布数据能得出什么潜在的信息呢？或许很多微信平台的运营人员会觉得语言分布数据太抽象，不能获得有用的信息。

来看看一组由腾讯公布的2015年微信用户数据报告，其中有这样的一些数据：在2015年第一季度末，微信每月活跃用户已达到5.49亿，覆盖国家200多个，覆盖语言20余种。

因为微信使用范围的广泛，用户所使用的语言也不会仅仅局限于一种，而微信平台的运营人员可以根据用户的语言分布大致推断这些用户可能来自什么地方。例如，使用简体中文的用户很可能来自中国的大陆地区，使用繁体中文的用户很可能来自中国的香港、澳门、台湾地区，使用英文的用户则很可能来自欧美国家。

根据这些推理方向，再去分析图4-28所示的微信用户语言分布，可以推断出该微信平台的用户基本上是大陆地区人，有少数的欧美国家人，还有极少的港澳台地区人。为了照顾大多数人的阅读语言习惯，微信文章需要使用简体中文。同样，如果用户语言分布显示为使用英文的用户比较多，那么微信文章可能就要考虑使用英文了。

4.4 微信用户地域分布数据研究

在这个通信发达的时代，很多大型企业的微信平台都不仅仅是面向一个地区，而是面向全国甚至是多国的。地区与地区之间在气候特点、经济水平、风俗文化等方面的差异，导致不同地区的用户有着不同的消费观念、需求与喜好。正是因为这些不同，微信平台的运营人员在设计营销方案时才需要考虑到平台用户所处的地区。

研究微信公众平台的用户地域分布，可能会让很多微信平台的运营人员没有头绪，不知道如何进行思考，那么可以看看图4-29，这是部分思路启发。

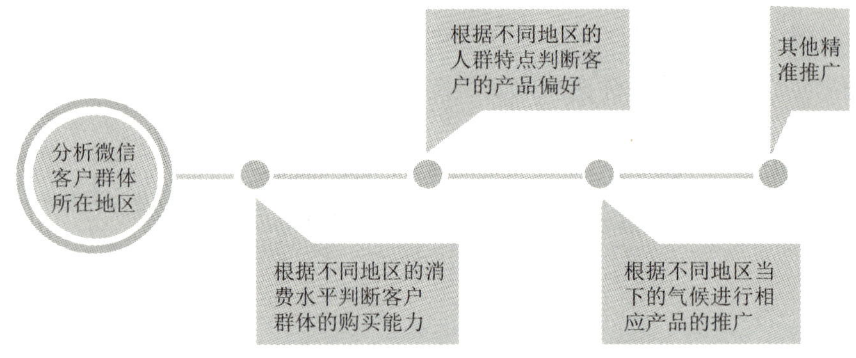

图 4-29 分析客户群体所在地区的思路

首先，微信平台的运营人员可以分析不同地区的经济状况，判断该地区微信用户的消费水平，从而向这些用户推荐价位合理的产品。

其次，还可以去研究不同地区的风俗习惯及人群偏好，从而向特定地区的微信用户推荐相应的产品。

最后，不同地区的气候条件也不相同，在同一时间段里，有的地区可能会比较湿润，而有的地区会比较干燥，那么这两种地区所需要的商品类型可能也不相同。这时，微信平台的运营人员就可以制定相应的营销推广设计，向不同的地区推荐不同类型的商品，以达到事半功倍的效果。

当然，微信公众平台的用户地域营销不仅限于上面提到的点，还可以进行其他很多方面的精准度更高的营销。

4.4.1 正确地查看用户的地区分布数据

微信平台的运营人员在利用平台用户的地区分布数据设计营销方案前，需要学会正确地查看用户的地区分布数据，以便在后面要用之时能够做到手到擒来。

1. “省份分布”数据

在微信后台数据的“用户属性”选项卡页面下，会看到“省份分布”数据内容。如图4-30所示是某个微信公众平台的用户“省份分布”数据，从中可以看到，在全国范围内的具体每个省份分别有多少用户。将鼠标指向其中的一个省份，还可以显示出该省份的用户数量。单击“用户数”旁边的三角形按钮，还可以进行省份用户数量的升序或者降序排序。图中显示的是降序排序，排序后的数据可以方便运营人员快速选择出用户数量较多/较少的省份。

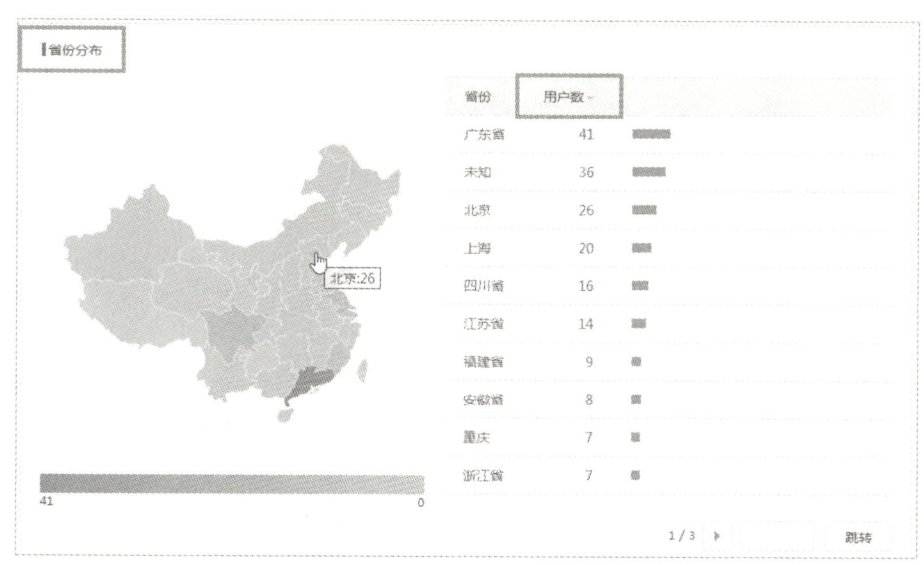

图 4-30　某微信公众平台的用户“省份分布”数据

微信公众平台的运营人员可以将用户在全国范围内的省份分布数据与全体微信用户的省份分布数据进行对比，看看自己微信平台的用户是否分布在微信用户数量较多的地区。

如图4-31所示是统计出来的在全国范围内微信用户最多的前10个省份分布图。从中可以看到，北京、广东、上海这3个经济比较发达的地区微信用户也最多。将此图与图4-30进行对比，可以发现该微信公众平台用户分布最多的也正好是这3个省市。

当然，如果经过数据对比，发现自己的微信公众平台在微信用户较多的地区反而用户较少，就说明微信平台在这些地区的宣传不到位，或者是发展的客户数太少。

2. 全国范围内的“城市分布”数据

对于微信公众平台来说，如果只知道用户在每一个省份下的分布就想进行精准营销，似乎略有不足，毕竟一个省份包含多个城市，同一省份不同城市的消费水平及用户习惯也可能大有不同。这时，微信平台的运营人员就可以进一步查看用户的城市地区分布，以获取更小范围的数据。用户的城市分布数据同样是在“用户属性”选项卡页面下。

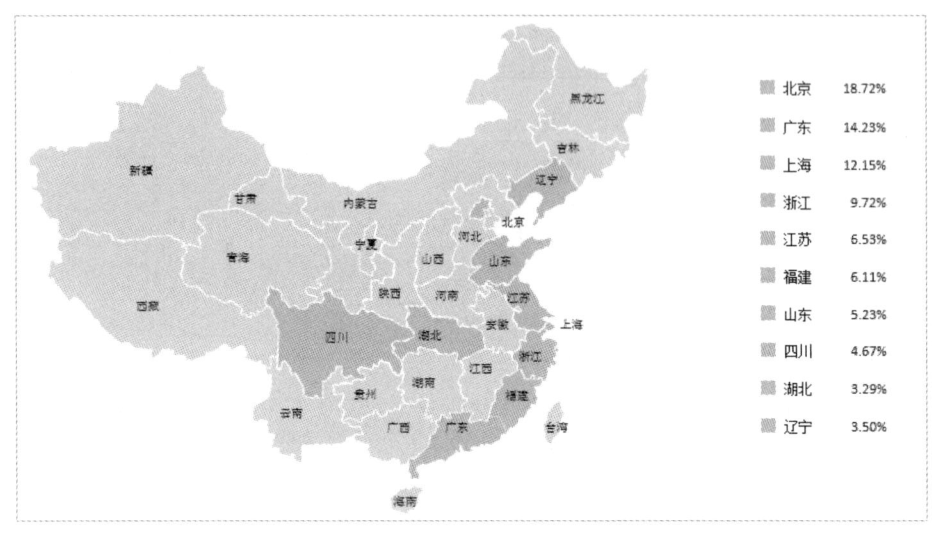

图 4-31　微信用户前 10 位省份分布

如图4-32所示就是某微信公众平台的用户“城市分布”数据显示，从中可以看到全国范围内具体每一个省份分别有多少用户数。单击“用户数”旁边的三角形按钮，还可以对城市用户数进行升序或降序排序。图中显示的是降序排序，运营人员从排序后的数据结果中可以快速找出用户数量最多的城市。

城市分布　全国

城市	用户数
未知	66
北京	26
上海	21
广州	17
深圳	13
成都	12
重庆	7
苏州	6
武汉	6
杭州	6

1 / 9　跳转

图 4-32　用户在全国的“城市分布”

3. 全省范围内的“城市分布”数据

不仅如此，微信后台的用户地区分布数据还可以精确到具体某一个省份的城市。如图4-33所示就是某微信平台的用户在广东省的“城市分布”数据，并且还对“用户数”进行了降序排序。这样一来，运营人员就能清楚快速地知道在广东这个省份的隶属城市中，用户数分布最多的城市和最少的城市分别是哪些。

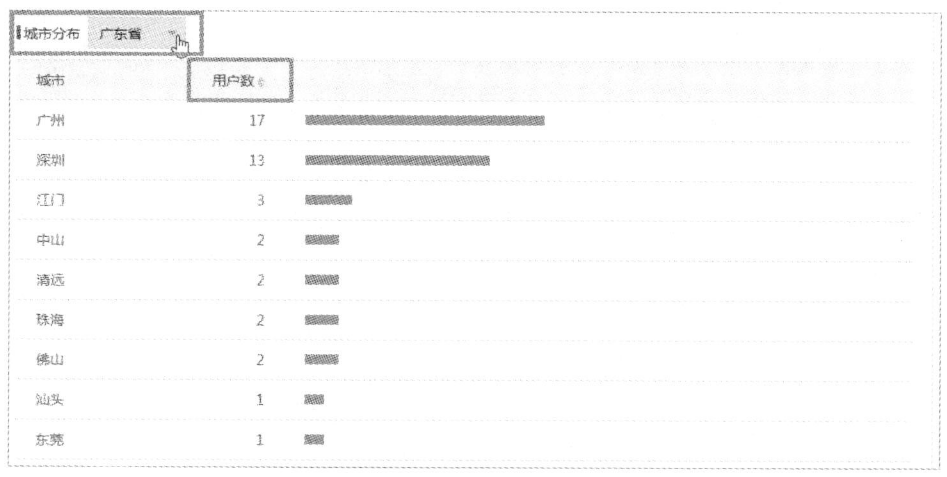

图 4-33　用户在广东省的“城市分布”

4.4.2　迎合地区用户关注度的营销案例

微信营销有一个十分重要的原则就是利用当下的热点来吸引用户的关注从而进行文章阅读，如此一来就能大大提高文章的传播效率，达到营销目的。但是从营销的精准度来讲，很多时候微信营销往往需要考虑营销的地区。下面来看一个案例。

案例背景：某公司是一家线下知名的成人技能教育培训机构，现在想利用当下的热门电影作为营销点抓住用户的眼球，提高公司知名度并且刺激用户消费。活动方案大致为：公司要在不同城市的固定时间点举办一场免费的办公技能培训会，凡是关注公司微信公众号并且报名参加的用户均可以获得电影票一张。如果用户介绍自己的亲朋好友一起来听办公技能培训会，那么用户的亲朋好友关注公司的微信公众号后可以用半价购得电影票一张。

为了最大限度地吸引用户关注，公司决定选用当下最热门的电影。如图4-34所示是百度风云榜的“娱乐”选项卡下的“电影”页面，从中可以看到“热映电影”榜单，《末日崩塌》和《我的个神啊》是榜单上排名靠前的两部电影。从榜单上看，《末日崩塌》的搜索指数更高。

图 4-34 “百度风云榜”显示的热门电影

大众对电影的关注趋势可能会发生变化，为了确定《末日崩塌》的关注指数是否会一直领先于《我的个神啊》，微信平台的运营人员决定在百度指数中分析这两部电影的搜索趋势。

如图4-35所示是两部电影在最近7天的搜索趋势比较。从数据趋势中可以看出，《我的个神啊》在前面两天的搜索指数是高于《末日崩塌》的，但是进入6月份以后，《末日崩塌》的搜索指数就一路飙升，远远超过了《我的个神啊》，而且还有上升的趋势。由此可见，如果只选择一部电影的电影票进行赠送的话，那么《末日崩塌》这部电影是不错的选择，因为它的大众关注度最高。

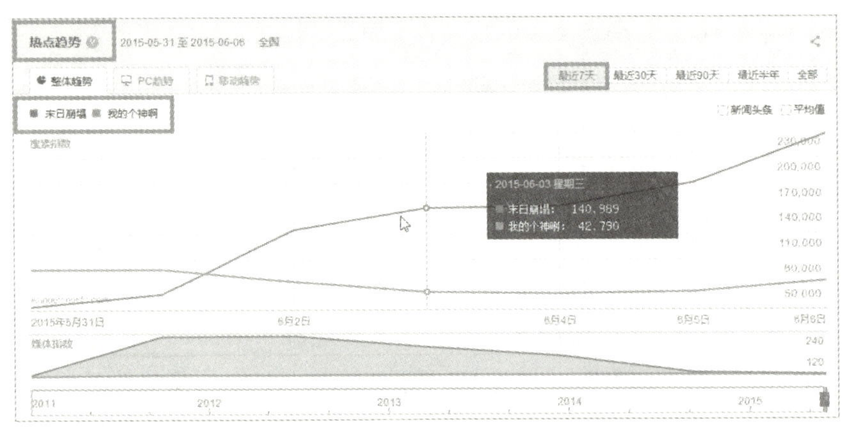

图 4-35 分析用户对不同热点的关注度

有了目标电影后，问题又出现了—由于公司的人力、财力有限，不可能在全国所有地区进行电影赠票活动，而且《末日崩塌》的关注度高是基于全国平均水平的数据，并不代表全国所有地区的人群都很关注这部电影，所以接下来要进行地区数据研究。

如图4-36所示是百度指数中显示的《末日崩塌》关注人群的省份地域分布。从中可以看出，广东、浙江、江苏、北京、上海是最关注这部电影的5个地区。那么如果在这5个省市开展电影票赠送活动，用户的积极性会更高。

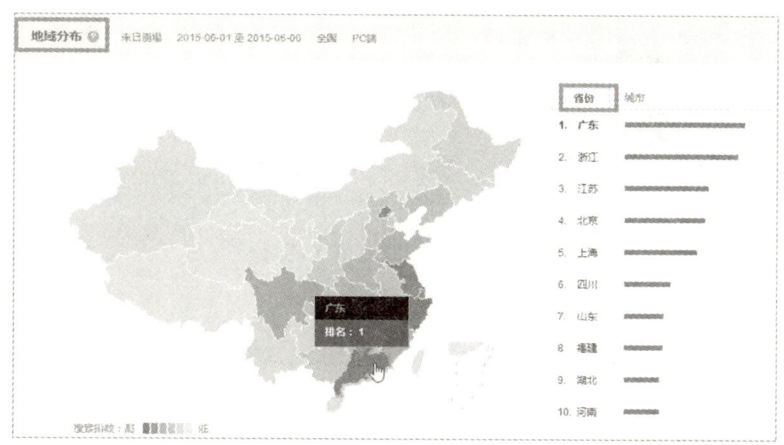

图 4-36　分析热点在不同省份受到的关注度

但是该公司又考虑到，就算是一个省份，也包含了多个城市，例如在某省份的A城开展线下培训会及赠票活动，那么对于B城的用户来说，专程赶到A城就显得不太现实，而公司由于各方面条件的限制又不可能在同一省份的多个城市都开展活动，所以再三思考，公司决定选择对电影《末日崩塌》关注度较高的城市作为活动开展城市。

如图4-37所示是百度指数中《末日崩塌》关注人群的城市地域分布。从中可以看到，北京、上海、广州、杭州、成都是5个对该电影关注度最高的城市。但是，由于微信公众平台每天发送信息的限制以及公司活动经费的限制，公司最终只选择了其中的两个城市。

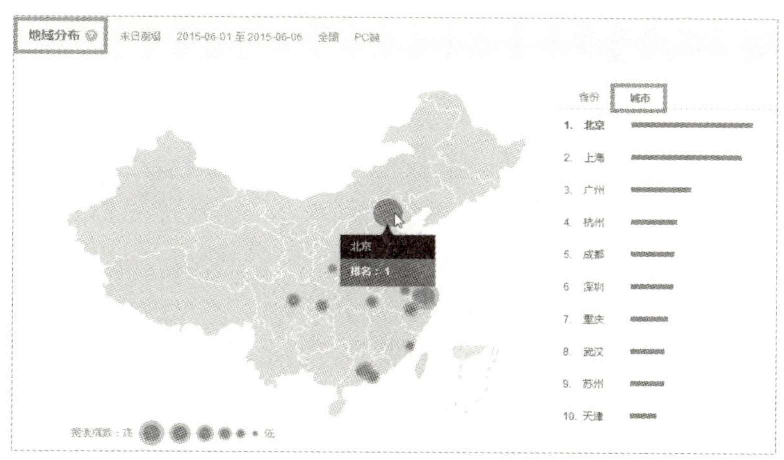

图 4-37　分析热点在不同城市受到的关注度

目标城市选择好后，公司再将相应的活动信息编辑完成，推送给目标城市用户即可。如图4-38所示是发送到“北京”用户的设置。

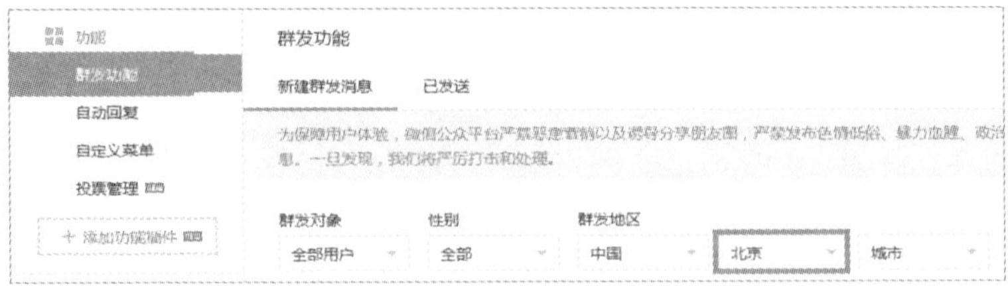

图 4-38　目标城市用户的选择

4.4.3　案例小回顾——解决问题的方法不只一种

在前面一小节的案例中，该公司在活动开展的地域问题上进行了多方考量，最后结合自身条件选择了部分城市，但是同样的问题放到不同的公司，可能需要不同的解决方法。本小节就来探讨一下关于上一小节的活动开展城市选择还可以有哪些解决方法。

首先，该公司由于各方面的限制，只选择了一部电影的电影票来进行赠送。其实，对于限制没有那么多的公司，或者是在全国多个城市都有分店的公司，那么可以选择两部电影的电影票进行赠送，会取得更好的效果。因为可能在这个城市这部电影受欢迎，而在另外的城市又是另一部电影受欢迎。在这种情况下，微信平台的运营人员就可以利用百度指数查看不同电影在不同城市的受欢迎程度，然后实施不同的策略。

如图4-39所示是两部电影在不同城市的关注程度。从图右边的色条长短对比可以看出，在大多数城市都是《十二生肖》比较受欢迎，但是在郑州市和天津市却是《赌神》比较受欢迎。那么公司的微信平台就可以发起在郑州市和天津市《赌神》电影票的赠送活动，而在其他城市发起 《十二生肖》电影票的赠送活动。

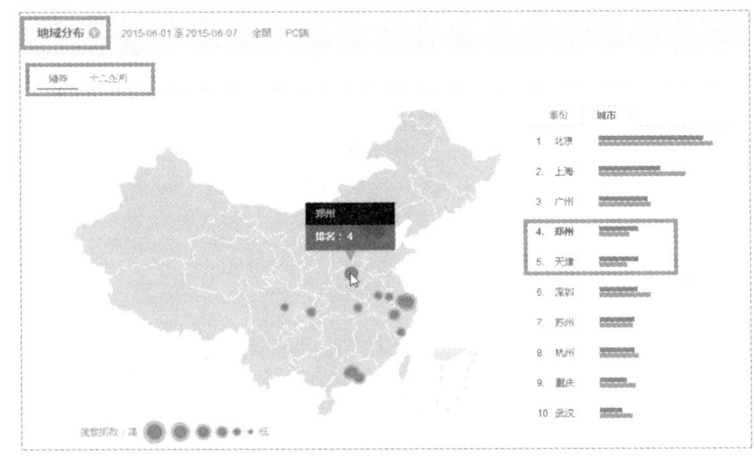

图 4-39　不同的城市对电影的关注度不同

当然，微信公众号利用当下的热点进行营销，不一定都要用热映电影，也可以换成热点新闻事件等。

其次就是在微信公众号中选择地域进行消息发送的问题。对于有的公司微信公众平台来说，由于一天只能群发一条消息，选择不同的地区发送消息就显得费时费力，此时可以向所有的用户都发送同一条消息，不过在消息后面注明活动开展的地区，如："由于各方面条件的限制，此次电影票赠送活动仅针对于北京市、上海市和广州市，其他地区暂不开展。还望大家谅解，以后的优惠将陆续开展到其他城市。"

4.4.4 迎合地区用户需求度的营销案例

大家都知道，对于产品的销售来说，定位十分重要。如果某种产品仅仅是在A地的需求量大，但是对它的定位却是全国，从而进行全国范围内的微信营销，那么除了A地区的用户外，其他地区的用户都不感兴趣，这样一来就会降低营销的效率与精准度。

前面的案例利用百度风云榜和百度指数可以发现事件在不同地区的受关注程度，但是对产品的需求却很难在百度风云榜和百度指数上反映出来。如果某公司销售的是实实在在的商品，又该如何分析这些商品适合进行微信营销的地区呢？下面就来看一个案例。

案例背景：某公司是销售食品的知名公司，最近公司开发出了一款新零食，该零食有3种口味，分别是甜味、酸味和辣味。想要结合地域人群的喜好制定不同的推广方案，如喜欢辣味的地区，就将商品海报、卖点设计得突显"辣感"。

微信平台的运营人员在分析不同地域的用户喜好时，用到的工具是淘宝指数，因为淘宝指数中可以显示各地区用户对淘宝上不同商品的关注指数。

首先，微信平台的运营人员在淘宝指数中输入能代表商品特点的关键词，"甜""酸""辣"，然后进行搜索指数查看，结果如图4-40所示。从中可以看出，代表"甜""酸""辣"的3条搜索指数趋势线界限很分明，有高有低，其中"辣"的搜索指数最高，其次是"酸"，最后是"甜"。由此可见，对于全国地区的消费者来说，辣味的食品比较受欢迎，那么微信平台的推广就可以考虑多推广辣口味食品。

当微信公众平台的运营人员对甜味、酸味和辣味的搜索指数有了一个大体的了解后，就可以开始分析不同口味受欢迎的地区分布。如图4-41所示是在淘宝指数的"地区细分"功能模块中显示的关键词的搜索区域，从中可以快速地获知代表不同口味的关键词，分析在哪些省份、城市的搜索量最大，某关键词搜索量大的地区也正是对应口味的目标销售区域。

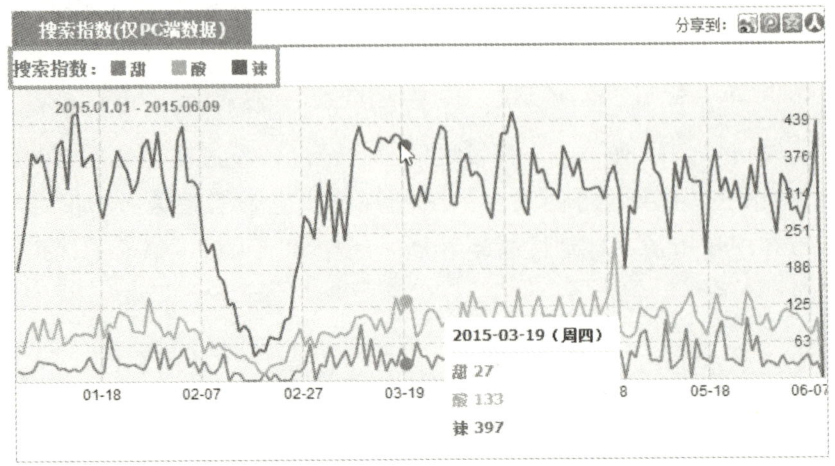

图 4-40　不同关键词的搜索指数对比

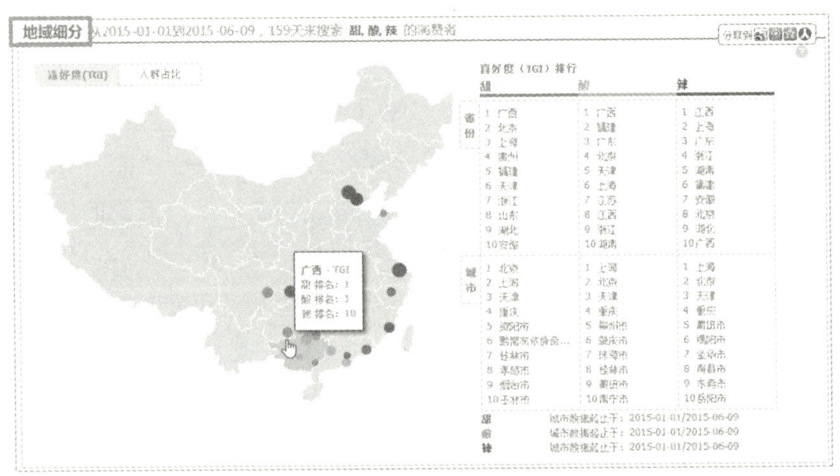

图 4-41　不同关键词的搜索区域显示

该食品公司的微信平台运营人员分析清楚这3种不同口味的食品受欢迎的地区后，就可以为3种口味的商品编写不同的微信文章，然后选择地区进行投放，从而有效地将某地消费者的关注点引向当地最受欢迎的口味，达到刺激消费者购买的目的。

4.5　从用户的手机数据中挖掘信息

微信后台的数据中还显示了与用户手机相关的终端分布数据和机型数据。看起来仅仅是两项简单的数据显示，究竟会有什么用呢？带着这个疑问，我们先来看看

一个十分有趣且强大的数据挖掘案例——为安卓先生画像。让这个案例来说明从手机相关的数据中都能挖掘到什么。

4.5.1　超级强大的手机数据挖掘案例

Bluestacks是一个能让Android应用在Windows系统下运行的团队，这个团队通过分析与手机相关的数据绘制出了Android系统用户的画像，该画像甚至还精确到了用户的穿着打扮。如图4-42所示就是该团队绘制的安卓先生画像。对该画像的信息解读如下。

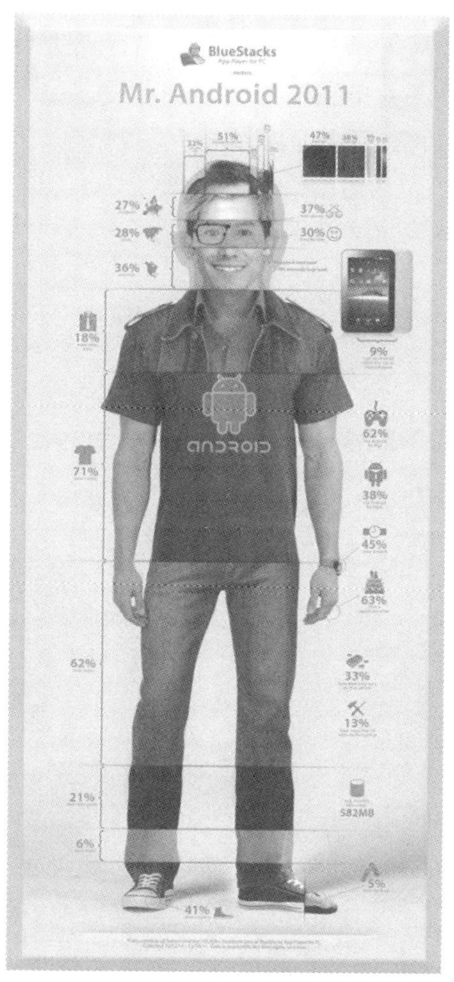

图 4-42　安卓先生的画像

（1）地区：欧洲用户占27%，亚洲用户占28%，美洲用户占36%。

（2）发型：32%的用户头发很短，51%的用户头发是中等长度，6%的用户是长发，5%的用户是卷发，还有3%的用户有刘海。

（3）头发颜色：47%是黑发，38%是棕发，9%是金发，3%是红发，剩下3%是其他颜色。

（4）其他：37%的用户戴眼镜；30%的用户脸上有雀斑。

（5）穿着：衣服方面，18%的用户穿衬衫，71%的用户穿T恤；裤子方面，62%的用户穿牛仔裤，21%的用户穿西裤，还有6%的用户穿卡其裤；鞋子方面，41%的用户穿帆布鞋或旅游鞋，5%的用户穿拖鞋。另外，45%的用户佩戴手表。

（6）生活习惯：9%的用户使用Android平板而不是智能手机；62%的用户使用Android设备打游戏，38%的用户用于工作；33%的用户设备中没有付费应用；13%的用户设备中有超过50款应用；而“安卓先生”的月平均使用流量能达到582MB。

看了安卓先生的画像与数据解读，大家就会发现，原来数据只要通过挖掘就可以发现许多隐藏的信息。再回到微信后台的手机数据中，虽然这里只显示了十分有限的两项与手机终端及机型相关的数据，且微信平台的运营人员并没有Bluestacks团队这样的专业知识，但是同样可以从这些数据中找到有用的信息点。

4.5.2 用户手机的终端分布数据分析

在微信后台数据的“用户分析”功能模块下，切换到“用户属性”选项卡页面，可以看到“终端分布”数据显示。如图4-43所示就是某微信公众平台的用户终端分布数据，将鼠标指向其中的一块色条，就会显示具体终端的用户数量。

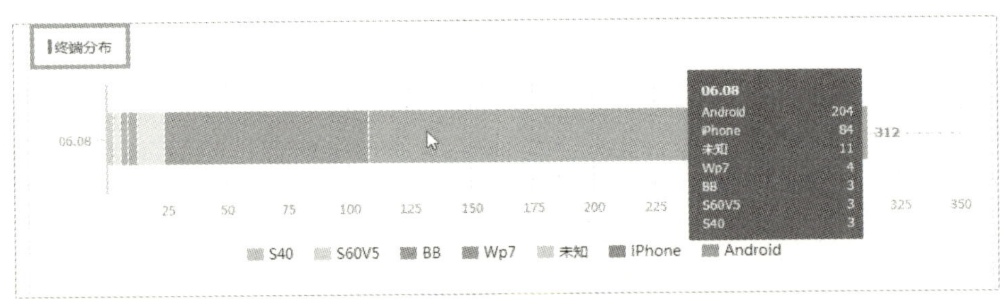

图 4-43 “终端分布”数据

分析该微信公众平台用户的终端分布数据可以发现，大多数的用户都使用Android终端，占65.38%，其次就是使用iPhone终端的用户，占26.92%，而使用Wp7、BB、S60V5、S40终端的用户则相对较少。

因为不同的手机终端在硬件、系统集成和操作界面风格等方面也不相同，而这些差异的存在，就导致用户会根据自己的喜好进行选择，当然，不同类型终端的用户其消费行为也不相同。如图4-44所示是某公司根据调研数据发现的5种使用范

围较多的机型终端用户在使用手机消费时的单次购物金额。从中可以发现，使用iPhone终端的用户单次购物金额普遍高于使用其他终端的用户，其次是使用Android终端的用户。因此，如果某公司的微信公众平台中使用iPhone终端的用户占大多数，就很可能说明该公司积累了一批消费能力比较强的用户。

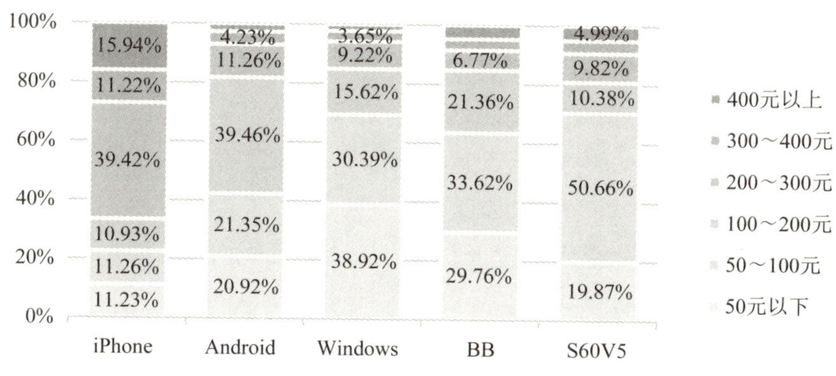

图4-44　5种终端用户单次购物金额统计

根据用户所使用的手机终端的不同，除了可以分析出用户的消费能力外，还可以分析出这些用户在手机应用方面的不同。经过研究统计发现：

使用S60V5终端的用户手机应用最多的是QQ和小说，说明这些用户比较注重互联网的沟通和娱乐；

使用iPhone终端的用户手机应用最多的是游戏，说明这些用户更注重休闲娱乐；

使用Android终端的用户则比较爱用获取资讯的App，说明这些用户更注重娱乐、资讯。

微信公众平台的运营人员就可以抓住用户的这些特点来进行营销。例如，某个微信公众平台的大多数用户使用的都是iPhone终端，那么由于这些用户比较喜欢游戏类应用，微信营销的小活动就可以设计成游戏的方式，从而提高用户的积极性和参与度。

在对微信公众平台用户的终端类型进行分析后，接下来进行用户机型的分析。在“终端分布”数据的下方可以看到“机型分析TOP 10”数据，如图4-45所示，将鼠标指向代表某一机型数据的扇形色块，就可以显示出该机型具体的占比数据。

从图中显示的信息可以看到，由于该微信公众平台的用户大多是使用Android终端，而Android机型的版本又编码复杂，所以导致系统难以合并Android机型的不同版本，从而让“未知”机型占比较大。但是从图中的用户机型数据中同样可以推测出一些信息。该微信公众平台的用户中使用iPhone手机的用户较多，然而使用iPhone手机的用户不一定消费能力就强，这些用户可能是比较理智的人，在充分了解了iPhone手机的优点后才决定购买使用的；这些用户也可能是比较好面子，想通过使用iPhone手机来显示自己的档次。

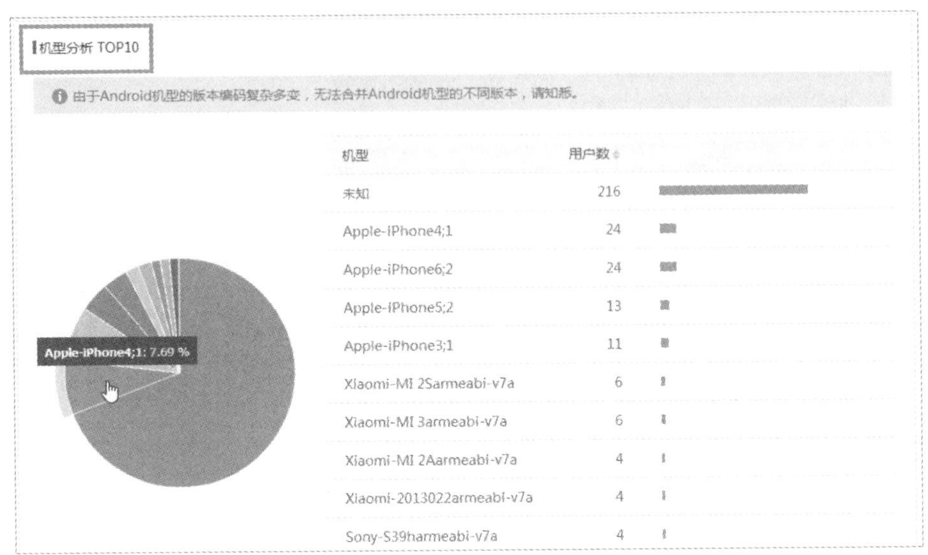

图 4-45　用户的“机型分析 TOP10”数据

从机型发布的时间长短来看，使用发行时间较短机型的用户特质很可能是“年轻”“追求时尚”“超前消费”等，例如使用iPhone 6的用户。那么相反，使用发行时间较长机型的用户很可能就不太注重电子产品的更新，这些用户的特质就可能是“成熟”“大龄”“守旧”等。

分析好了微信公众平台的用户特质后，就很容易根据这些用户的特质设计个性化营销方案。例如，使用较新机型用户多的微信公众平台就需要注意多推送比较新颖、活泼的文章，而营销活动也要符合年轻新潮用户的喜好。

4.6　利用数据表轻松做汇报

分析完微信后台的数据，很多时候需要将分析的结果进行汇报，此时就免不了要制作报表，我们可以利用“用户属性”页面最下方的“详细数据”表来制作高可视化的数据报表。

如图4-46所示是“用户属性”页面的“省份-详细数据”报表，其中显示了用户省份的详细数据。拖动鼠标直接选中需要的数据，然后进行复制，再将复制好的数据粘贴到Excel表格中，并根据所要表达的重点选择表现数据的图表形式，就可快速完成图表的制作了。

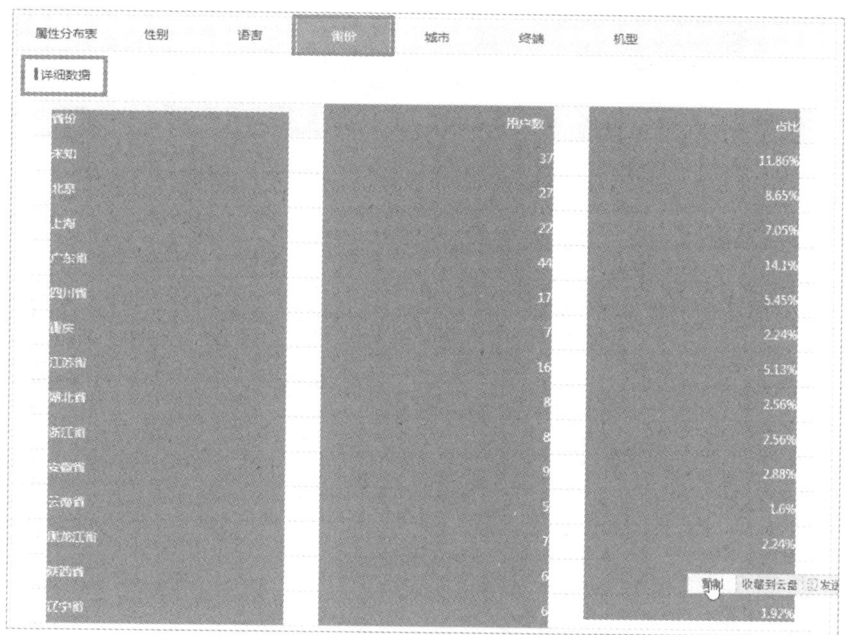

省份	用户数	占比
未知	37	11.86%
北京	27	8.65%
上海	22	7.05%
广东省	44	14.1%
四川省	17	5.45%
重庆	7	2.24%
江苏省	16	5.13%
湖北省	8	2.56%
浙江省	8	2.56%
安徽省	9	2.88%
云南省	5	1.6%
黑龙江省	7	2.24%
陕西省	6	
辽宁省	6	1.92%

图 4-46　“用户属性”的“详细数据”报表

如图4-47所示就是将表中的详细数据复制到Excel表格中后制作出来的用户省份分布的汇报表。该表的表现形式是柱形图，相比较于“用户属性”中原来的“省份分布”数据，图表更能帮助人们对数据信息进行理解。这也正是数据汇报时数据表现形式的重要性体现。

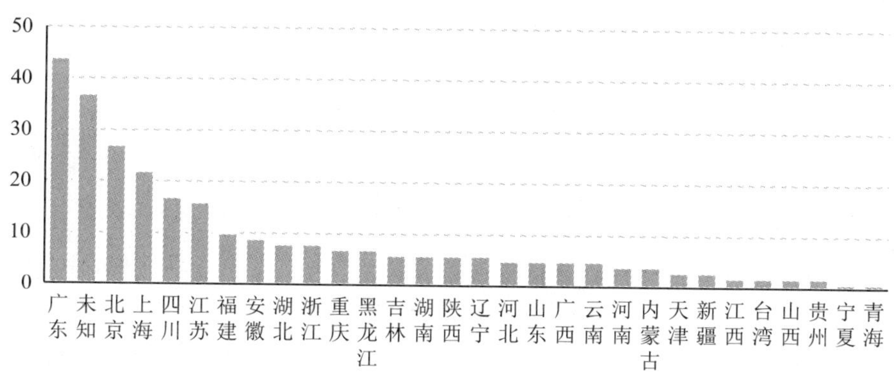

图 4-47　用户省份分布汇报表

第 5 章

微信数据的图文分析：图文群发

当微信公众平台吸引了大量的用户关注后，就必须重视向用户推送的图文消息了。如果向用户推送的消息不能迎合用户的喜好，用户就很可能会渐渐流失。

评估图文消息能否得到用户认可的重要根据无疑就是图文消息发送后的数据反馈。

微信后台有“图文群发”功能页面，其中显示了固定时间段内的所有图文消息发送后的数据反馈，也显示了单条图文消息发送后的数据反馈。

分析这些数据不仅能掌握整个微信公众平台图文消息的传播效果，也能有针对性地分析出单条图文消息的传播效果，而这一切都是为了更好地进行微信营销。

5.1　一眼看清图文群发的效果

图文消息的发送是微信公众平台必做事项之一，因为向用户推送图文消息可以达到信息传播的目的。但是图文消息发送出去以后，用户是否收到了、有没有阅读、阅读效果如何，还得落实到数据分析上。

5.1.1　厘清数据项间的逻辑关系

观察微信后台的数据功能模块，可以发现“图文分析”功能模块是紧接着“用户分析”的。这样的模块位置安排也从侧面反映了微信公众平台运营时的先后逻辑顺序：首先要有用户群，有了用户群就需要向用户推送消息，以达到信息传播的目的。

在进入图文消息发送数据分析前，十分有必要厘清“送达人数”“图文页阅读人数”“原文页阅读人数”“转发人数”“收藏人数”这几个数据项之间的逻辑关系。这几个数据项间的关系可以用图5-1来表示。

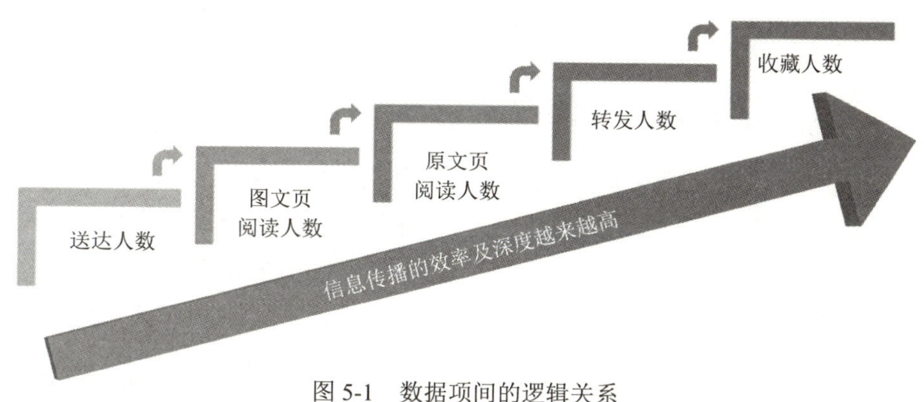

图 5-1　数据项间的逻辑关系

“送达人数”仅仅代表微信公众平台的图文消息究竟送到了多少用户的手中。微信有一个十分强大的功能就是能做到信息100%地传达，但这就能说明信息的传播效率是100%吗？当然不能，用户收到消息不代表会去阅读消息，因此这个时候需要进一步分析“图文页阅读人数”数据。

“图文页阅读人数”数据代表的是点击进入图文消息页面的用户数量，但这同样不是衡量一条图文消息传播效率是否良好的终极指标，因为想要收获阅读量并不困难，只需要一个抢眼的标题就行，但是，在每一个阅读量的背后是否也包含了用户的一次深刻阅读就不一定了，检验用户有没有深刻阅读，还要看“原文页阅读次数”。

“原文页阅读次数”在很大程度上能够说明用户是否对文章进行了深度阅读，并且很感兴趣，继而才会产生单击“阅读原文”链接的念头，想要找到更多类似的信息。但是有的时候，很多微信公众平台为了提高原文页的阅读次数，也会采取“单击原文页阅读获取资料”的方法，这时再深入进行数据分析，转向“转发人数”的数据研究。

在没有使用“转发有礼”这样的诱导方法诱使用户转发微信文章的前提下，图文消息的“转发人数”非常能说明一篇文章的传播效率，因为用户在主观意识上自发地进行微信文章的转发，一定是因为这篇文章打动了他，或者就是这篇文章是与他密切相关的。但是，要想分析图文消息传播的深度，光靠“转发人数”一个指标来衡量还不够，还得看“收藏人数”。

如果说用户转发图文消息说明他对这篇文章的评价为“好”，那么用户收藏图文消息就能说明他对这篇文章的评价为“非常好”。站在用户的角度来看，用户收藏微信公众平台推送的文章，一定是想要在将来的某一天再打开进行阅读。这就说明这篇文章的影响深远，信息传播的深度远高于没有用户收藏的文章。

说到这里，想必大家已经明白这几个数据项之间的逻辑意义，同时也明白为什么要分析这些数据项了。下面就正式进入微信后台对“图文群发”的数据进行分析。

5.1.2 对“图文群发”的数据信手拈来

通过本书前面章节的数据分析知识点的学习可以发现，数据分析的首要前提就是正确查询分析所需要的数据，而“图文群发”中的图文数据查询会显得稍微复杂一些。

如图5-2所示就是“所有图文”数据查询时可以进行的条件设置。

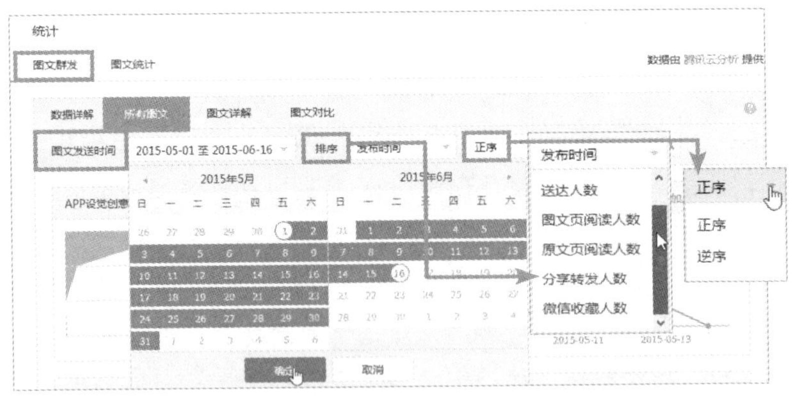

图 5-2　设置条件查询“所有图文”数据

首先是“图文发送时间”的设置，只需要单击时间设置下三角按钮，再从弹出的日历中选择数据开始的日期和结束的日期即可。

其次是“排序”条件的设置，单击该条件设置下三角按钮，就会看到“发布时间”“送达人数”“图文页阅读人数”等6个设置选项。选择其中一个选项就代表需要以该数据指标的大小进行排序，如选择了“发布时间”，就代表查询到的图文信息要按照发布时间的先后顺序来进行排序。

最后是“正序”或者是“逆序”的条件选择。“正序”代表按照排序指标进行从前到后或者是从大到小的顺序来排序，而“逆序”则代表按照排序指标进行从后到前或者是从小到大的顺序来排序。如设置的“排序”条件是“发布时间”、排序规则是“逆序”，则出现的符合查询的图文信息是按照发布最晚的消息到发布最早的消息来进行排序的。

设置好数据查询条件后，就会看到符合条件的图文消息数据了。例如，在固定时间段下设置图文消息按照图文页的阅读人数从大到小的顺序进行排序显示，如图5-3所示。这样一来，就可以查看到固定时间段内，微信公众平台推送的图文消息中哪些文章的阅读数最多，哪些文章的阅读数最少，并且还能看到具体每一条图文消息的阅读数随着时间的变化而变化的趋势。

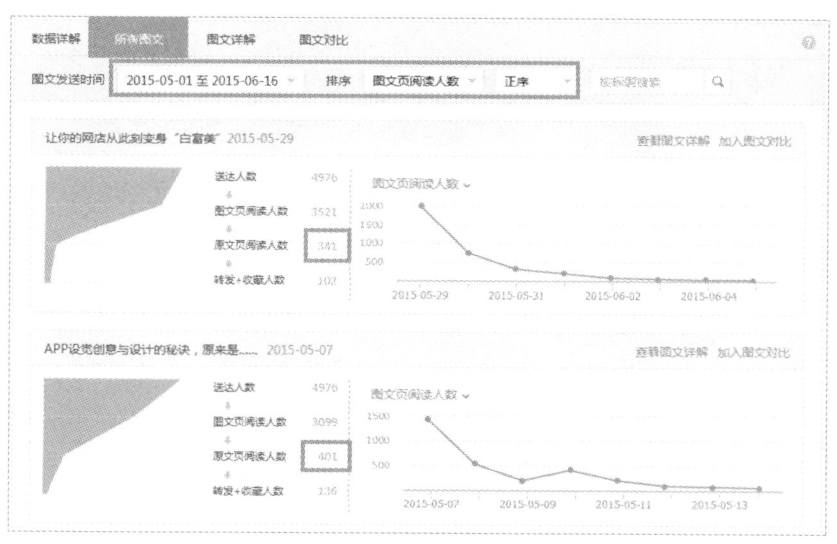

图 5-3　设置条件后查询到的“所有图文”数据

5.1.3　“图文群发”数据让你轻松发现商机

学会快速而准确地查看“图文群发”中的“所有图文”数据后，很多人不知道这些数据有什么用。的确，数据分析的最终目的是帮助微信公众平台或企业本身运营得更好。本小节就来探讨一下如何利用“所有图文”中的数据。

值得提醒的是，在进行数据分析时，要想最终得出一个有用的信息，就要不断地思考这个数据指标是否可以帮助微信公众平台的运营人员发现商机。

例如，图文消息的转发量就是十分有意思的一项数据。因为转发量高的文章不仅能说明有很多用户对其感兴趣，还说明这些文章传播的范围比较广。对于很多用户来说，他会在自己的朋友圈内转发某篇文章，多多少少说明了他希望这篇文章被自己的朋友看到，这就说明他的朋友多少与这篇文章中的信息是有关系的，也就是将文章有选择性地推广到恰当的人群中。

下面来看一个分析图文消息转发量发现商机的案例。

案例背景：K教育在线是一家知名培训机构，该机构顺应时势开设了微信公众平台，常常在平台上推送一些知识技能类的文章。最近，该机构想要多开设一门课程，并且在微信公众平台上进行宣传，但是不知道选哪门课程好。毕竟职位不一样，从业人员需要的技能也不一样，况且目前还不知道微信公众平台的用户是否会对新开的课程感兴趣。

于是，微信公众平台的运营人员进行了如图5-4所示的思考。

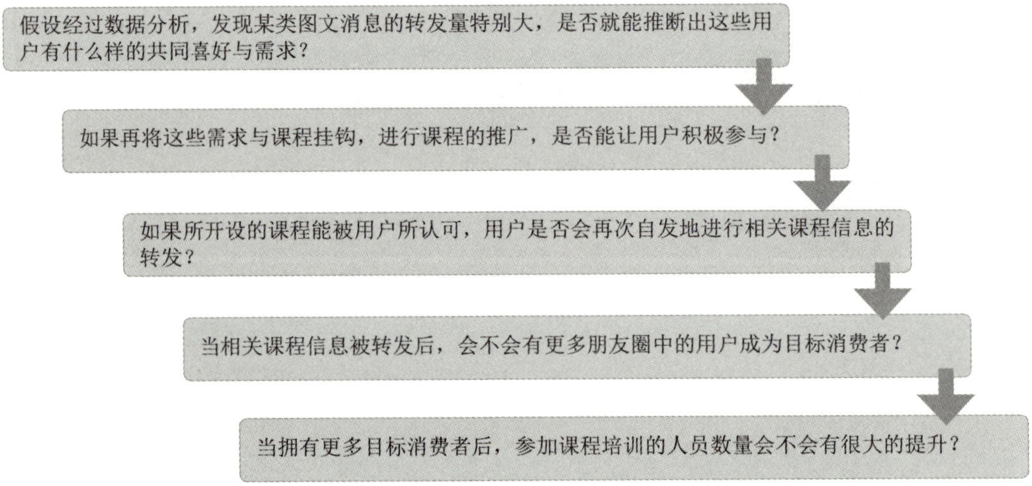

假设经过数据分析，发现某类图文消息的转发量特别大，是否就能推断出这些用户有什么样的共同喜好与需求？

↓

如果再将这些需求与课程挂钩，进行课程的推广，是否能让用户积极参与？

↓

如果所开设的课程能被用户所认可，用户是否会再次自发地进行相关课程信息的转发？

↓

当相关课程信息被转发后，会不会有更多朋友圈中的用户成为目标消费者？

↓

当拥有更多目标消费者后，参加课程培训的人员数量会不会有很大的提升？

图 5-4　对图文消息转发量数据指标的思考

K教育在线的运营人员查看了最近2个月内在微信公众平台推送的图文消息，并设置文章的显示是按照“分享转发人数”这个指标数据从大到小来进行排序。排名前5位的图文消息如图5-5和图5-6所示。

观察图5-5和图5-6所示的转发量排名前5的图文消息的“图文页阅读人数”趋势线，可以发现它们有一个共同点：他们的阅读量并没有像常规的微信文章那样随着时间的推移而保持下降趋势，反而都在中途有上升趋势。

例如，排名第4的这篇文章，它的阅读量在6月3日这天又出现了上升，这就说明在消息发出几天后，又有用户看到了文章，当然，这很可能是文章转发的原因。

为了验证这一猜想，将这条图文消息的“分享转发人数”数据趋势调出来进行查看，如图5-7所示。数据显示在6月3日这天，这条消息的转发量确实出现了明显的上升趋势，这能在很大程度上说明用户对该文章感兴趣的程度。

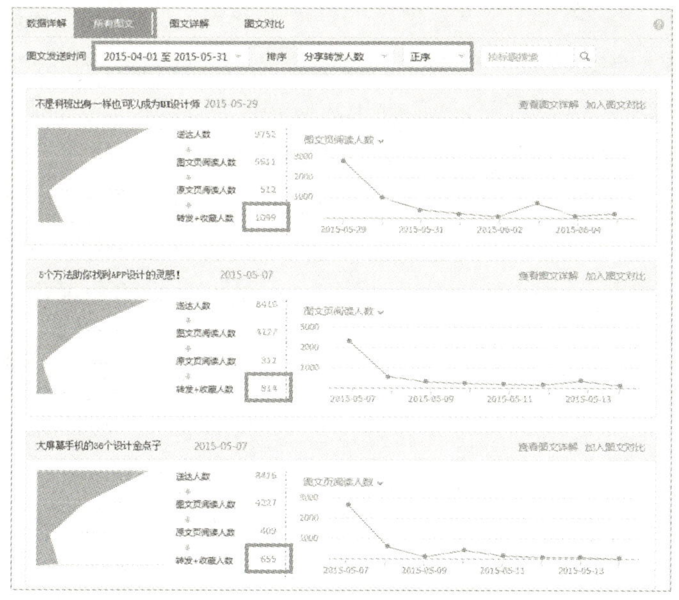

图 5-5　排名前 3 的图文消息

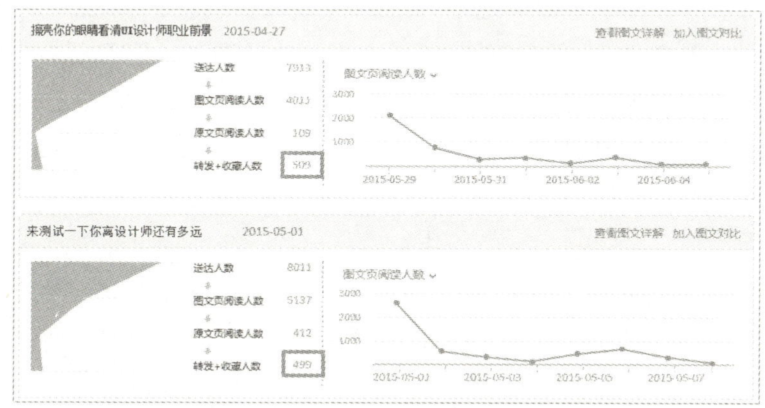

图 5-6　排名第 4 和第 5 的图文消息

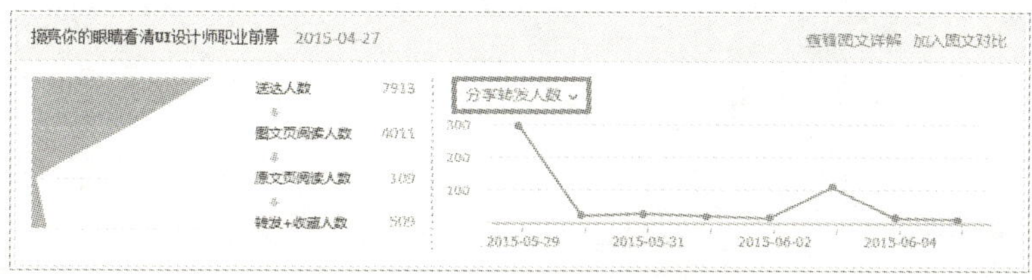

图 5-7　图文消息的转发量变化趋势

当找出用户比较感兴趣的图文消息后，K教育在线的运营人员就开始分析这些消息的特点，以求找出用户的需求。

第一条消息的标题是“不是科班出身一样也可以成为UI设计师”。K教育在线的运营人员查阅了这条消息的内容，讲的是如何在没有上过正规院校设计课程的前提下，由浅到深地学会设计，再到精通UI设计。该消息的转发量排名第一，这就说明这条消息的内容与K教育在线的部分用户有很大的关系，这些用户很可能都不是设计科班出身，同时还希望自己能成为一名UI设计师。

第二条和第三条图文消息的内容比较接近，都讲解了一些非常实用的设计点子。这两条消息的转发量不错，就说明K教育在线的一部分用户非常想在设计领域有所建树。这些用户之所以转发这些文章，很可能是希望将知识传递给与自己有相同想法的朋友。

第四条消息的内容是UI设计师的前景。分析到这里，K教育在线的运营人员发现“UI设计师”这个关键词已经在转发量排名前5的文章标题出现两次了，是比较高的频率，说明用户很关注与UI设计师相关的信息。再加上这条消息讲的是UI设计师的职业前景，基本上能肯定有一部分用户正徘徊在该职位的边缘，他们不确定这条路未来的发展趋势。倘若能让他们明白该行业前景十分乐观，他们很可能就会有所行动，而行动的第一步自然就是学习。

再分析第五条消息的内容，这是一个逻辑缜密的小测试，该测试的特点就在于它是一项精心设计的测试，测试的问题十分专业，且测试结果有很强的说服力。K教育在线的运营人员推测这或许是让该条消息获得大量转发的原因之一。

分析到这里，K在线教育的运营人员对信息进行了整合，最后得出了一个结论，如图5-8所示。

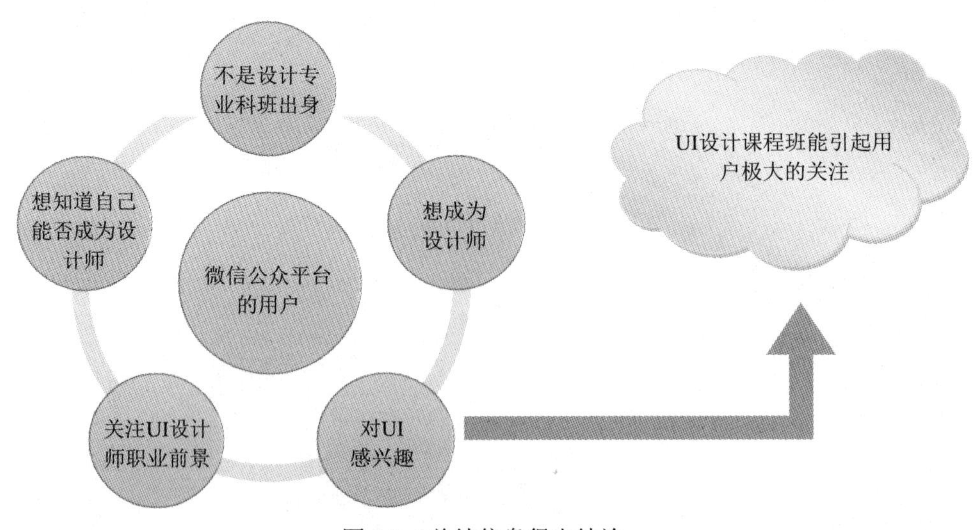

图 5-8　总结信息得出结论

当K教育在线的运营人员经过分析微信图文消息数据得出上面的结论后，再将关于UI课程班开设提议做成了一份策划书，在公司大会上进行讨论，最后领导决定开设此班。

于是，K教育在线的运营人员初步在微信公众平台上推送了与培训班相关的招生简章，该图文消息推送8天后的数据如图5-9所示。

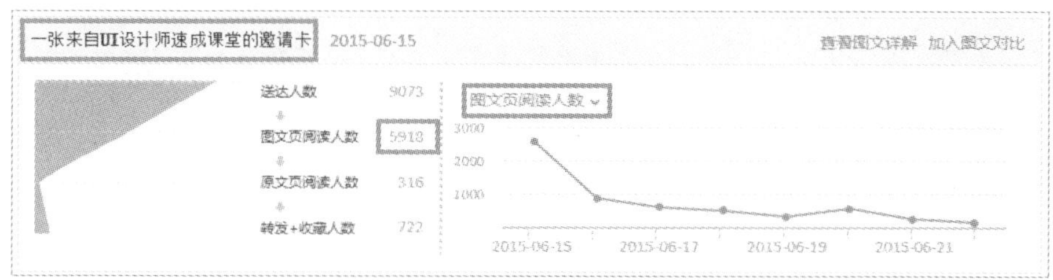

图 5-9　微信图文消息的阅读数趋势

从图5-9中可以看到，这条标题名为“一张来自UI设计师速成课堂的邀请卡”的图文消息的阅读量与平台过去的消息阅读量相比是比较高的，并且转发量也创历史新高。再看阅读量的变化趋势，和其他图文消息的阅读量变化趋势有所不同，它的阅读量下降趋势相对比较缓慢，并且在后期也有所上升，可见这条信息的内容引起了用户持续性较长的关注。

再来看看这条消息的转发量趋势，如图5-10所示。通常情况下，很多微信公众平台推送的消息转发量会在1天或者是2天后迅速下降接近于0，但是这条消息没有，它甚至在消息推送后的第5天还有所上升，可见不断有新用户看到，并且进行了转发。

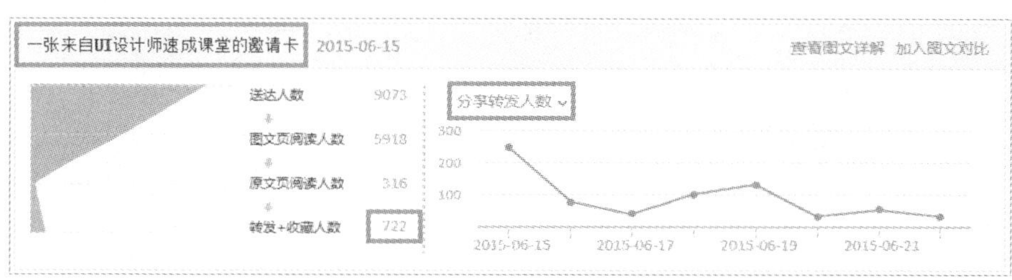

图 5-10　微信图文消息的转发数趋势

分析到这里，基本上可以肯定，K教育在线微信公众平台有很多用户对UI设计师课堂开设表示感兴趣。

随后，K教育在线的UI设计师速成班正式进入了报名阶段，最终的报名人数超出了公司的预估值，也远远超出了公司的其他教育课程的报名人数。

回顾本案例，K教育在线之所以能精确找到用户的需求，一是因为该公司的微信公众平台运营得十分良好，有大量的粉丝做基础；二是平台推送的图文信息都是与当下职场发展密切相关的信息，所以能吸引用户的关注；三是进行数据分析后，公司在确定新课程类型的同时还锁定了大批精准的潜在客户；四是公司微信公众平台的用户对图文消息的转发同时又吸引了更多的“圈外”用户，在无形中扩大了公司新课程的宣传范围。

5.2 对图文消息进行针对性更强的分析

分析“图文群发”数据，可以知道微信公众平台中所有图文消息在推送后的效果如何，但是这还不够，对图文消息的数据分析还需要针对性更强。

毕竟微信公众平台的运营很可能会直接关系到平台背后的企业，微信公众平台的运营人员只有将数据分析做到极致，才能提高整个平台的营销效率，为企业立下汗马功劳。

本节就来分析“图文详解”及“图文对比”数据，来看看具体每一篇文章背后的数据都代表了什么，从这些数据中又能找出什么价值点。

5.2.1 “图文详解”中都有些什么

“图文详解”中有多项数据指标，均是针对单条图文消息的数据分析。它相当于一个学生的各科成绩汇总，对学生的各科成绩进行分析就能评估出一个学生的综合水平，并且发现学生的强项以及弱项。分析“图文详解”的好处是既可以掌握单条图文消息的传播效率，又能找到它的优点与不足，从而取其精华，去其糟粕。

在“图文群发”中进行所有图文的数据查询，当想要查看某条图文的“数据详解”时，只需要单击其上方的“查看图文详解”链接即可。

如图5-11所示就是在某条图文消息的“图文详解”数据页面首先看到的内容。图中显示了该图文消息的整体数据状况，让运营人员对这条图文的传播效率有一个基本的了解。分析图中的数据可以得知，这条图文推送到用户端后，有40.90%的用户进行了阅读，其中有1.91%的用户查看了原文，又有12.12%的用户进行了转发。

接着再往下看，就可以看到该条图文消息的“图文页阅读”“原文页阅读”“分享转发”“微信收藏”的详细数据趋势，如图5-12所示。

在前面“图文群发”的“所有图文”数据中查看到的单条图文数据并没有这里的详细，如前面只能查看某条图文消息的阅读人数，但是并不能查看到阅读次数。

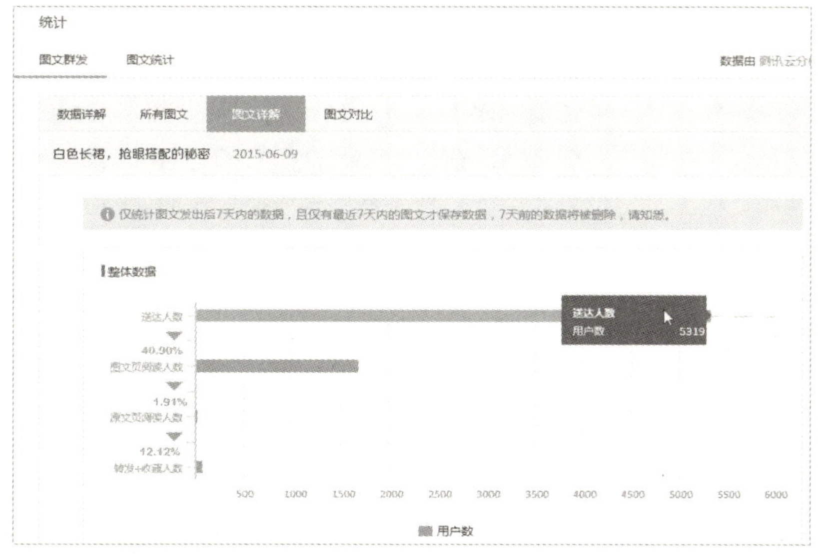

图 5-11 单条图文消息的“整体数据”显示

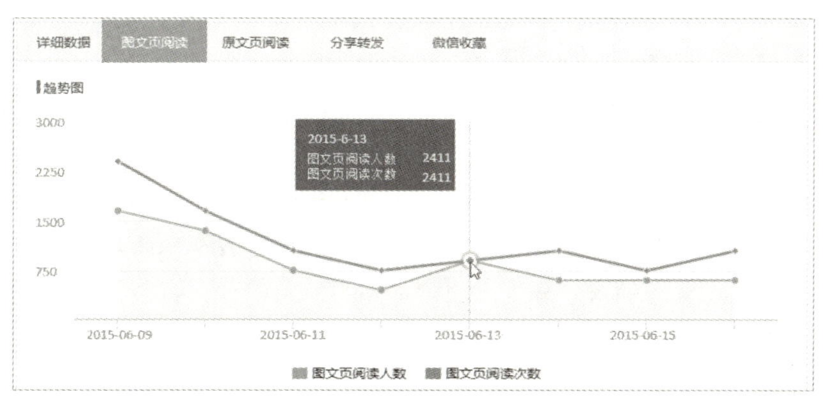

图 5-12 单条图文消息的“详细数据”

然而，阅读人数和阅读次数实际上是意义不同的两个数据指标。如果某条图文消息的阅读次数是远远大于阅读人数的，就说明它的信息传播比较有深度，能让用户多次打开进行阅读。对于这样的图文消息，需要引起微信公众平台运营人员的重视，因为分析这条图文消息就很可能找到用户的需求。

在“图文详解”页面的最下方有“详细数据”表格，其中包括了图5-12所示的所有数据指标具体每一天的数据值大小。关于这个表的使用方法将会在后面讲解图文对比时讲到。

在单条图文消息的“图文详解”页面中，不仅有这条图文消息的阅读量、转发量等数据，还有阅读这条消息的用户数据分析，可以帮助运营人员弄清楚是什么样的人群在阅读、关注这条图文消息。

如图5-13所示就是“读者性别分布”数据，从中可以看到女性读者远远大于男性读者。再回顾一下，看看图5-11，可以发现这条图文消息的标题是“白色长裙，抢眼搭配的秘密”，是一个性别倾向十分明显的标题，所以女性用户较多是情理之中的。也就是说，在发这条图文消息前，微信公众平台的运营人员就应该已经做好了这条消息的目标人群定位，其中就包括了性别的定位。在图文消息发布以后，查看它的读者性别分布有助于检验之前的定位是否精准，又是否达到了预期目标。

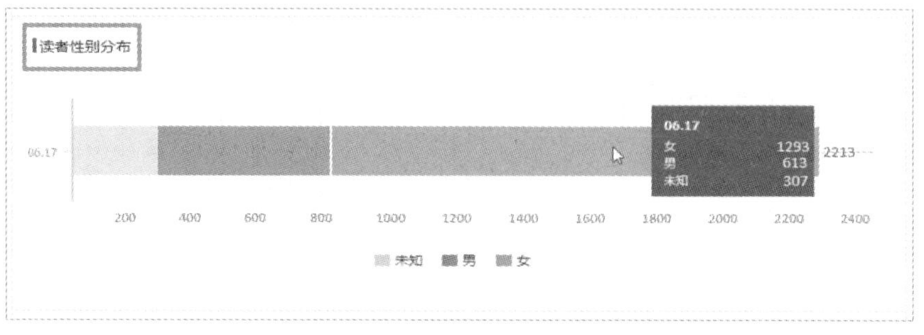

图 5-13　单条图文消息的“读者性别分布”

在前面的“用户分析”和“用户属性”功能模块中有整个微信公众平台的用户性别数据，但是分析用户性别数据和分析单条图文消息的用户性别数据有不一样的意义，因为一个微信公众平台会有一个固定的类型，这个固定类型下又会有许多细分类型的内容信息可以推送。

在单条图文消息数据中还有“读者省份分布”，如图5-14所示，这个地方的数据显示了阅读这篇文章的读者分别来自哪些地方。有时候，特别是当微信文章是与某类商品相关时，读者的地域分布与消费者的地域分布会有一定的契合度。

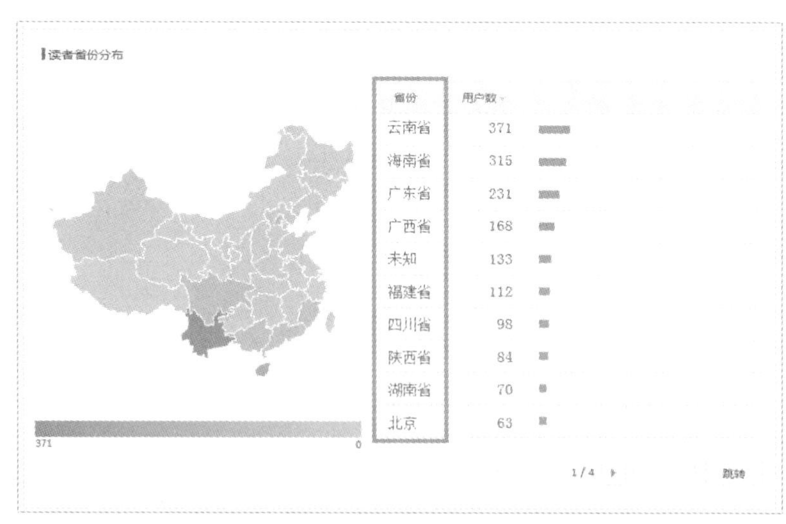

图 5-14　单条图文消息的“读者省份分布”

图5-14的这篇文章的标题中有“白色长裙”4个字，凡是具有一点商业意识的人都知道这4个字代表了白色裙子，于是到淘宝指数中去查询搜索“白色裙”的消费者的地域分布，结果如图5-15所示。

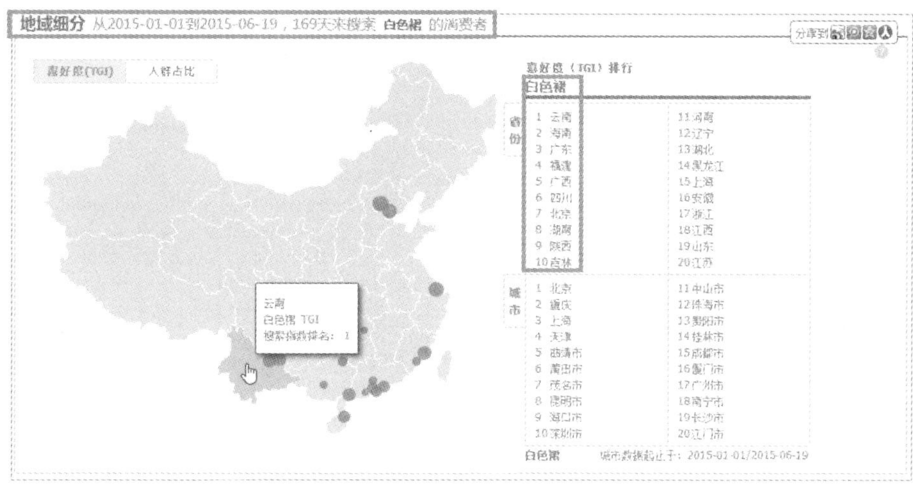

图 5-15　搜索“白色裙”消费者的地域分布

对比图5-14和图5-15可以发现，读者的省份分布和消费者的地域分布十分相似，可见微信营销实际上与商品的销售有相通的地方。微信公众平台的运营人员在某篇文章中推广了某件商品，再根据读者的省份分布就能分析出目标消费者的地域分布。

在单条图文消息的“图文详解”页面中，还会看到读者的“阅读终端分析”和“机型分析TOP10”数据，如图5-16和图5-17所示。

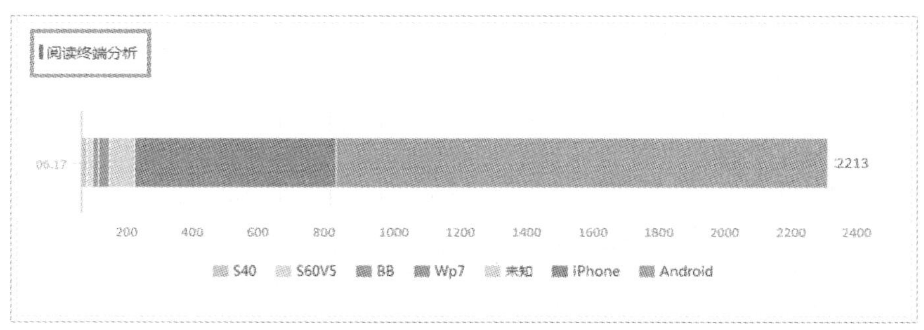

图 5-16　单条图文消息的“阅读终端分析”

在这里可以分析阅读了某篇文章的读者终端分布、机型分布，从而找到有用的信息，尤其是发现一些与现实状况不太相符的数据时，就更应该引起注意了。例如，当下的手机终端以Android端居多，如果发现某篇文章的读者终端以iPhone端或其他终端居多，就说明这篇文章有“筛选”用户的功能，它能将具有某种共同点的读者筛选出来。接着微信公众平台的运营人员再去分析这些读者的共同特质是什么，利用这些特质进行个性化营销，想必会有不小的收获。

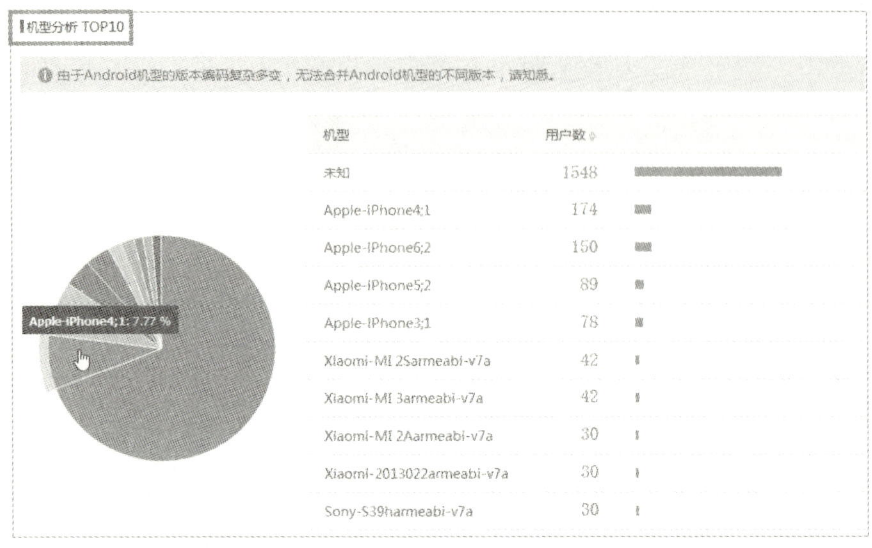

图 5-17　单条图文消息的“机型分析 TOP10”

5.2.2　“图文对比”究竟如何对比

在学生时代学习理科知识时，老师常常会强调“参照物”的概念，数据分析也是如此。评估一条图文消息传播的效果好不好，不是它的阅读量高或者是其他指标指数高就能评估它为优秀的，微信公众平台的运营人员常常需要将图文消息的数据进行对比，才能评估微信营销的状态。

例如，将图文消息放到整个微信营销界去与其他微信公众平台的图文消息数据进行对比，可以知道自己的实力和水平。将同一个微信公众平台中的图文消息进行对比，可以知道用户对不同图文消息的接受程度。本小节讨论的就是对同一个微信公众平台图文消息的对比。

要想进行图文消息的对比，首先将需要进行对比的图文消息加入到对比页面中。在“图文群发”的“所有图文”功能模块页面中，找到需要进行对比的图文，然后单击其上方的“加入图文对比”链接就能成功将这条图文消息加入对比，如图5-18所示。

在将所有需要进行对比的图文消息加入对比后，再切换到“图文对比”选项卡页面，就能看到需要对比的图文消息，如图5-19所示。

事实上，在这个页面中显示的内容与“所有图文”中显示的内容基本上是一样

的，但是“图文对比”页面可以帮助排除不相关的图文消息，以便让运营人员进行目标集中的数据分析。

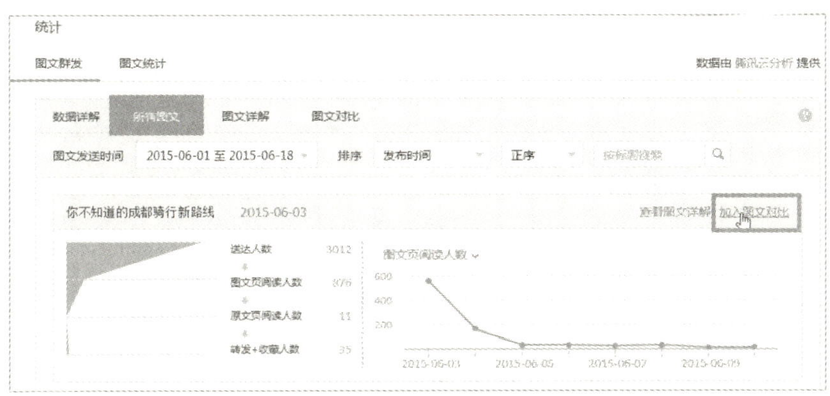

图 5-18　将图文消息加入图文对比

在图5-19所示的图文对比数据中，可以看到这两条图文在发送后7天内的阅读人数变化趋势十分相似。这说明该微信公众平台的运营状态比较平衡，图文消息发布以后能保持一定的阅读量。在图中单击“图文页阅读人数”数据指标，还可以选择其他指标进行趋势查看。

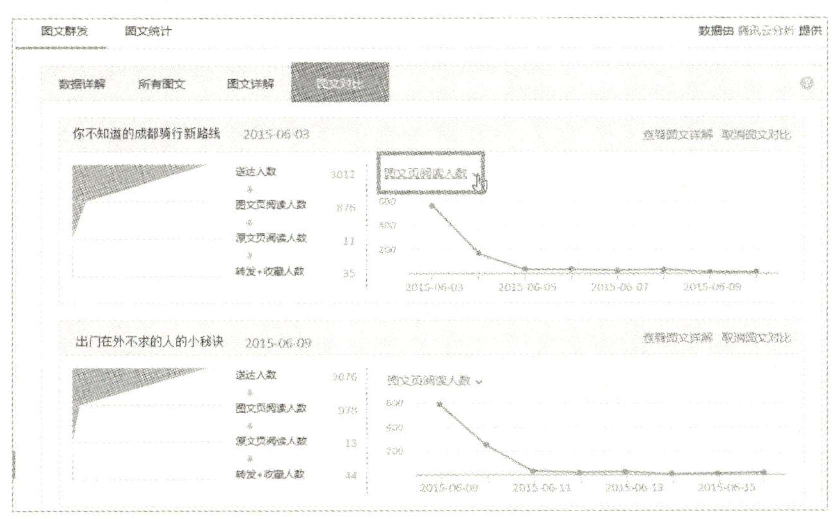

图 5-19　图文消息的数据对比

5.2.3　图文数据的另一种对比法

前面提到过在单条图文消息的“图文详解”页面最下方有一张数据表格，其中包括了单条图文消息在发布后7天内的阅读人数和次数等数据，如图5-20所示。

详细数据

时间	图文页阅读		原文页阅读		分享转发		微信收藏人数
	人数	次数	人数	次数	人数	次数	
2015-06-05	872	901	23	23	78	78	42
2015-06-04	561	571	12	12	45	45	29
2015-06-03	123	154	14	15	12	13	12
2015-06-02	99	100	15	16	36	38	10
2015-06-01	45	45	12	17	2	2	9
2015-05-31	81	90	6	6	1	1	4
2015-05-30	24	24	10	10	4	5	6
2015-05-29	12	12	5	5	5	5	8

图 5-20　单条图文消息的“详细数据”

表格中的数据除了可供查看单条图文消息具体某一天的数据指标值外，还可以让运营人员方便地更改数据的表现形式，以此来分析出更多有用的信息。

只需要按住鼠标左键不放，选中这些数据，进行复制后再粘贴到Excel工作表中，就能随心所欲地更改数据的表现形式了。

下面就来看看如何获取更改图文详细数据的表现形式，进行另一种方式的图文对比。按照常规的思维来思考，这种时间连贯性强的数据通常会做成柱形图，突出数据随着时间变化的增长或者减小状态；也可能会做成折线图，突出数据随着时间变化而变化的趋势。但是现在，我们将会利用“详细数据”表格中的数据做成饼图，来对比分析不同图文消息的影响力。

分析思路是这样的：饼图能十分优秀地突出数据项的占比情况，而图文消息在发布后的7天内阅读人数、次数等数据指标会有一个固定的总值，其中每一天的数据指标会占据总值的一部分。如果分析图文消息在发布后各项数据指标每一天的占比情况，就能判断图文消息在这一天的影响力。

例如，某图文消息发布后7天内的总阅读人数为300人，发布当天的阅读人数为150人，占到总值的50%，那么我们可以说该图文消息在发布当天的影响力较大。而在发布的第3天，阅读人数是10人，占比为3%，我们就可以说该图文消息在发布的第3天影响力已经很小了。图文消息的影响力同样是衡量其传播效率的一大指标。

下面进入分析环节。

首先将A图文消息“详细数据”表格中的数据复制到Excel工作表中，在“时间”数据列后面插入新数据列，并取名为“发布时长”，且在该列中填入相应的发布时长，如图5-21所示。

	A	B	C	D	E	F	G	H	I
1	时间	发布时长	图文页阅读		原文页阅读		分享转发		微信收藏人数
2			人数	次数	人数	次数	人数	次数	
3	2015/5/29	发布当天	872	901	23	23	78	78	42
4	2015/5/30	第1天	561	571	12	12	45	45	29
5	2015/5/31	第2天	123	154	14	15	12	13	12
6	2015/6/1	第3天	99	100	15	16	36	38	10
7	2015/6/2	第4天	45	45	12	17	2	2	9
8	2015/6/3	第5天	81	90	6	6	1	1	4
9	2015/6/4	第6天	24	24	10	10	4	5	6
10	2015/6/5	第7天	12	12	5	5	5	5	8

图 5-21　复制“详细数据”表格中的数据到工作表并进行调整

然后选中“图文页阅读人数”及对应的“发布时长”数据，单击“插入”选项卡下“图表”组中的“二维饼图”选项，如图5-22所示，就能成功地将A图文消息的阅读人数用饼图来进行表示了。

为了让饼图信息表述得更清楚，还需要为其添加数据标签，方法是单击“图表工具-设计”选项卡下“图表布局”组中的“添加图表元素”下三角按钮，再从中选择“数据标签-最佳匹配”选项即可。添加完数据标签后，双击标签，进入到“设置数据标签格式”窗格，通过如图5-23所示的设置调整好数据标签的显示格式。

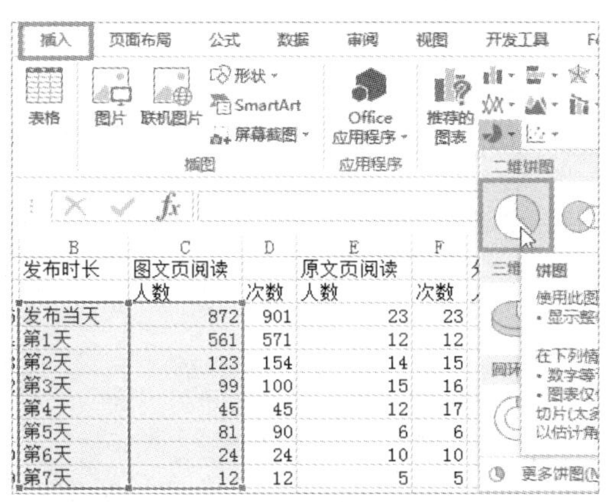

图 5-22　将数据转换为饼图

图 5-23　设置饼图的数据标签格式

按照上面讲解的方法，可以将A、B两条图文消息发布后的阅读人数分布都做成饼图进行比较，如图5-24和图5-25所示。从饼图的扇形面积分布来看，B图文消息的扇形分布明显比A图文消息的扇形分布更均匀，这就说明B图文消息的传播延续性更好。

前面将A、B两条图文消息发布后的阅读人次分布做成了饼图，同样，我们也可以将原文页阅读人数和次数、分享转发的人数和次数、收藏人数都做成饼图来进行分析。对于微信公众平台来说，如果需要在未来的一段时间内进行某项内容的推广，无疑需要策划出传播延续性更好、影响力更长远的图文消息。

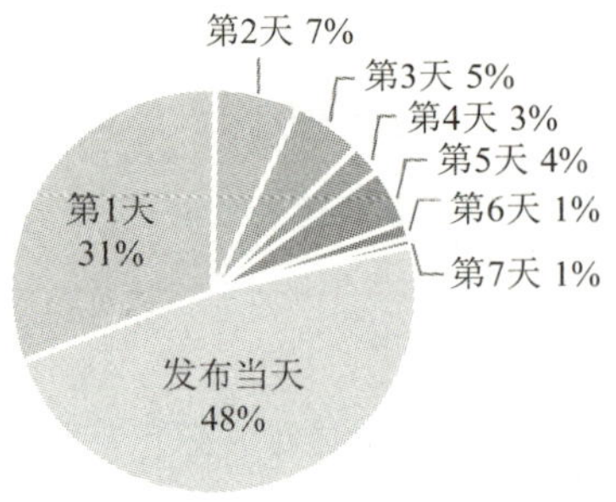

图 5-24 A 图文消息阅读人数分布

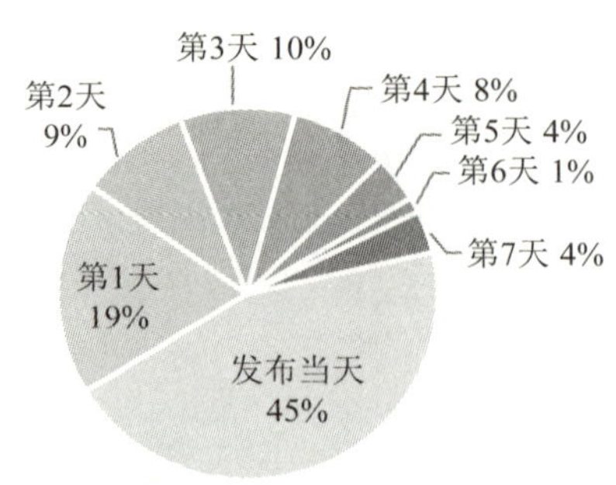

图 5-25 B 图文消息阅读人数分布

此外，分析图文消息的占比数据还能判断微信公众平台的文案人员是否为“标题党”。为微信文章取一个吸引人的标题并没有错，但是如果只追求标题的吸引力，而不注重实际内容的可读性，就会导致用户对微信公众平台失望。如果一篇微信文章的内容是有可读性的，那么它能在较长时间内进行传播，它的阅读量、转发量、收藏量数据都会呈比较均匀的扇形分布。反之，如果一篇微信文章的内容没有可读性，那么用户在点击阅读后，不会转发或者是再次阅读，造成其阅读量、转发量、收藏量呈直线下降，呈非常不均匀的扇形分布。

现在将图文消息的数据指标做成了饼图，问题又来了——饼图可以很方便地分析数据的大小分布，但是所有饼图的总占比都是100%，并不能比较两条图文消息的数据总和。有没有什么方法既能看出数据指标的分布，又能看出总值的大小？答案当然是有的——利用面积图吧！如图5-26所示，将A、B图文消息的阅读人数导入到一张数据表中，再全部选中，然后单击“插入”选项卡“图表”组中的“二维面积图”按钮，就能成功将数据转换为面积图了。

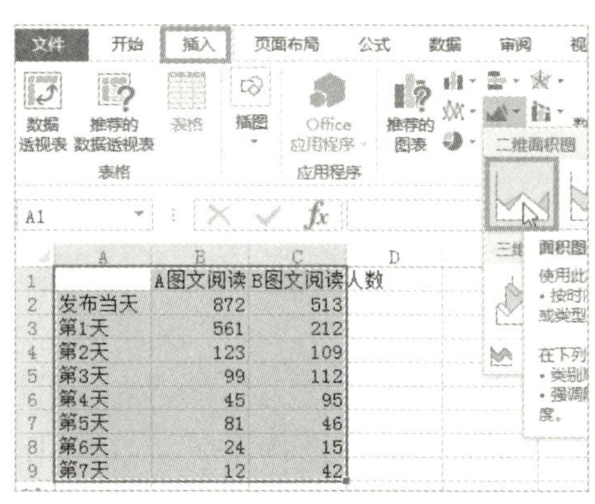

	A	B	C
1		A图文阅读	B图文阅读人数
2	发布当天	872	513
3	第1天	561	212
4	第2天	123	109
5	第3天	99	112
6	第4天	45	95
7	第5天	81	46
8	第6天	24	15
9	第7天	12	42

图 5-26 将数据转换为面积图

如图5-27所示就是将A、B两条图文消息的阅读量转成面积图并调整了图表格式后的效果。在面积图中虽然不能像在饼图中那样精准地判断数据的占比，但是根据高低起伏的程度就能判断阅读量的大小变化。根据不同图文消息的面积，还能对比不同图文消息的阅读总量大小。由此可以分析出，A图文的消息的传播延续性不如B图文消息，但是它的面积是大于B图文消息的。B图文消息发布后，面积的起伏程度没有那么陡峭，说明它的影响力比较长远，它的总阅读量比较小，可能是因为它的标题不够吸引人。

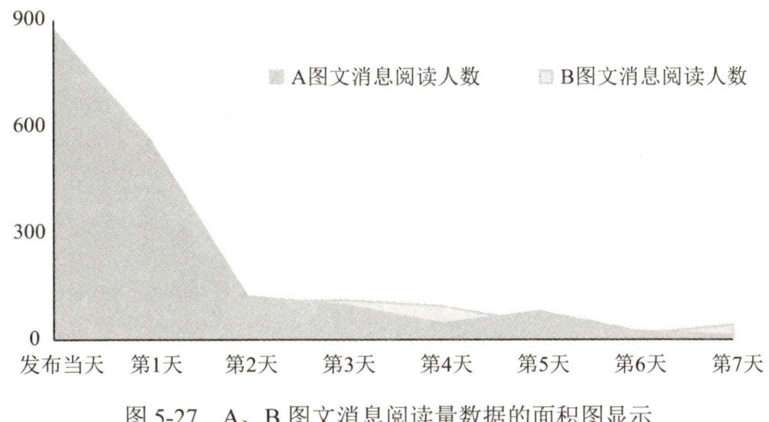

图 5-27　A、B 图文消息阅读量数据的面积图显示

5.3　分析图文数据，人性化运营餐厅

在微信公众平台中，很多运营人员更注重图文消息的发送，而不注重图文消息的分析。其实向用户推送高质量的图文消息没有错，如果能在图文消息发送后分析用户的阅读量、转发量、收藏量的变化，从而找到企业更人性化的运营方法，对企业的长远发展来说是大有裨益的。

本节就来看看一家运营状态良好的餐厅是如何利用微信公众平台的图文数据找到更人性化的餐厅经营模式，在节约成本的情况下又让顾客更加满意的。

和大部分餐厅一样，A餐厅有自己的微信公众号，并且会在公众号上定期向用户推荐一些菜品。为了找到更人性化的经营方式，该餐厅微信公众平台的运营人员连续一个月都向用户推送了与不同菜品相关的图文消息，然后对这些图文消息数据进行分析。如图5-28所示，就是该餐厅运营人员分析菜品图文消息的思路。

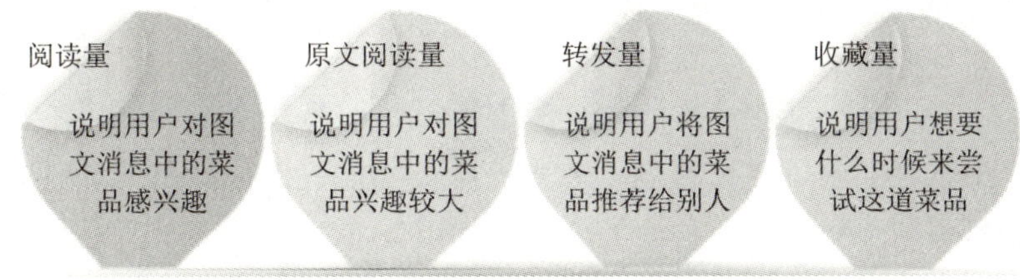

图 5-28　餐厅图文消息的分析思路

运营人员统计这一个月内的图文消息数据的方法如下。

首先分别找到目标月份中推送的图文消息，然后进入“图文详解”页面，找到页面最底端的详细数据，将数据选中并复制到Excel表中。接着输入求和计算公式，计算出不同的图文消息在推送后的6天内的各项数据总和，如图5-29所示。

将不同的图文消息各项数据指标的求和计算结果统计到一张表中，如图5-30所示。在这张表中，不同图文消息已经用相应的菜品编号进行了代替，并且删除了“图文页阅读-次数”这类不需要的数据项。（注意，“人数”和“次数”选择其中一个维度即可。）

B9 =SUM(B3:B8) 求和公式

	A	B	C	D	E	F	G	H
1	时间	图文页阅读		原文页阅读		分享转发		微信收藏人数
2		人数	次数	人数	次数	人数	次数	
3	2015/8/1	2145	2245	12	14	426	479	100
4	2015/8/2	1067	1104	41	41	215	224	87
5	2015/8/3	1038	1240	24	24	197	210	74
6	2015/8/4	564	669	10	10	98	100	64
7	2015/8/5	214	240	9	9	54	57	51
8	2015/8/6	111	150	8	8	32	41	49
9	合计	5139	5648	104	106	1022	1111	425

图 5-29　计算每一篇图文消息的数据总和

	A	B	C	D	E
1-2	菜品编号	图文页阅读人数	原文页阅读人数	分享转发人数	微信收藏人数
3	菜品1	5139	104	1022	425
4	菜品2	4125	104	1099	124
5	菜品3	4615	215	1241	136
6	菜品4	7541	421	1351	415
7	菜品5	4125	125	3099	100
8	菜品6	4512	415	2978	197
9	菜品7	6541	455	1222	154
10	菜品8	1245	651	1340	122
11	菜品9	1542	421	977	98
12	菜品10	3512	451	654	74

图 5-30　部分图文消息的计算结果

当运营人员统计出目标月份所有图文消息的数据指标总和后，只需要进行简单的排序和标注，就可以轻松找出用户关注度较高的一些菜品了。

如图5-31所示，首先选中“图文页阅读人数”数据项的字段名，然后单击“数据”选项下“排序和筛选”组中的“降序”按钮，就能将不同图文消息的阅读人数进行排序了。

当完成“图文页阅读人数”数据列的排序后，可以对阅读数最多的前10项数据进行标注，如图5-32所示。

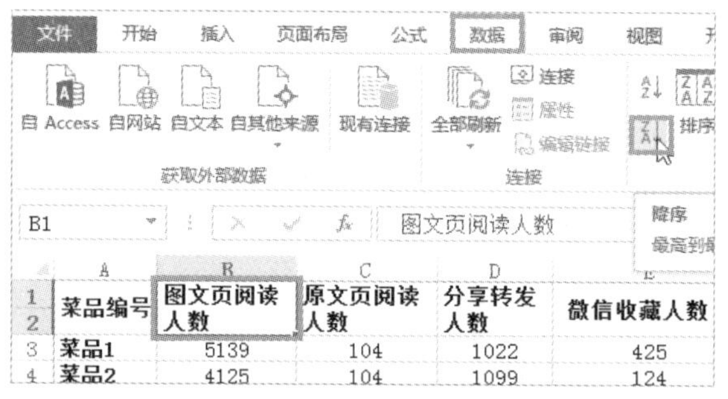

图 5-31　对“图文页阅读人数”进行降序排序

	A	B	C
1	菜品编号	图文页阅读人数	原文页阅读人数
2	菜品31	7845	351
3	菜品13	7546	555
4	菜品4	7541	421
5	菜品22	6542	754
6	菜品7	6541	455
7	菜品15	6512	312
8	菜品28	5542	124
9	菜品26	5224	541
10	菜品3	4615	215
11	菜品6	4512	415
12	菜品12	4251	421
13	菜品11	4216	321
14	菜品25	4216	421
15	菜品17	4215	145

图 5-32　标注排序后的结果

按照同样的方法对“原文页阅读人数”数据列进行降序排序，并且同样标注出原文页阅读人数最多的前10项数据，结果如图5-33所示。

对于该餐厅微信公众平台的用户来说，阅读与某菜品相关的图文消息，很可能说明他们对该菜品感兴趣。如果这些用户不仅阅读了图文消息，还点击查看了原文页信息，就更能说明用户对相关菜品的感兴趣程度。

如果将这些图文页阅读和原文页阅读都比较高的消息所代表的菜品组合成

套餐，给出适当的优惠，同时让用户可以在微信上直接进行套餐支付，就可以促进用户的消费，并减少用户进店时点菜、传菜、付费的时间和人力，如图5-34所示。

	A	B	C
1	菜品编号	图文页阅读人数	原文页阅读人数
2	菜品23	1245	987
3	菜品22	6542	754
4	菜品21	4215	654
5	菜品8	1245	651
6	菜品15	6512	622
7	菜品28	5542	579
8	菜品13	7546	555
9	菜品26	5224	541
10	菜品24	3251	456
11	菜品7	6541	455
12	菜品10	3512	451
13	菜品4	7541	421
14	菜品9	1542	421
15	菜品25	4216	421
16	菜品12	4251	421
17	菜品3	4615	419
18	菜品6	4512	415
19	菜品30	3214	412

图 5-33 排序并标注“原文页阅读人数”

图 5-34 根据数据设置微信点餐菜品

不仅如此，餐厅微信公众平台的用户转发了一篇与菜品相关的文章，就很可能代表用户想要邀请某位朋友一起尝试这道菜品。因此，试想一下，如果利用这些转发量大的菜品做活动，是不是会大大地刺激用户的消费呢？

如图5-35所示，对“分享转发人数”数据列进行排序，然后标注出转发量最高的前10项菜品。

然后对相关菜品设置优惠活动，活动内容是：在指定的期限内，微信用户邀请一位家人或朋友共同用餐，费用打9折；邀请两位，费用打8.5折；邀请3位及3位以上，费用打8折。

接着分析图文消息的收藏人数，如图5-36所示，对其进行排序，并标注出收藏数最高的前10项数据。

如果餐厅微信公众平台的用户收藏与某菜品相关的图文消息，这很可能代表他们想找个时间去品尝这道菜。但这些用户收藏图文消息后，可能会很快忘记，所以需要对这些用户进行提醒，让他们及时到餐厅消费。

运营人员将这些与收藏量最高的图文消息相关的菜品找出来后，向所有微信平台的用户发送优惠券，邀请他们利用优惠券去品尝指定菜品，而指定的菜品就是这些图文消息收藏量最大的相关菜品。

最后，事实证明这样的做法是卓有成效的，该餐厅利用微信公众平台的图文消息数据找到改进措施后，不论是进店消费的顾客还是使用微信支付的顾客都大大增加了。

菜品编号	图文页阅读人数	原文页阅读人数	分享转发人数
菜品31	7845	351	4019
菜品5	4125	125	3099
菜品12	4251	421	3057
菜品6	4512	415	2978
菜品4	7541	421	1351
菜品8	1245	651	1340
菜品3	4615	419	1241
菜品7	6541	455	1222
菜品30	3214	412	1106
菜品2	4125	104	1099

图 5-35　统计转发量最高的图文消息

菜品编号	图文页阅读人数	原文页阅读人数	分享转发人数	微信收藏人数
菜品21	4215	654	103	784
菜品14	1245	124	124	651
菜品16	3215	199	124	544
菜品15	6512	622	754	421
菜品4	7541	421	1351	415
菜品17	4215	145	142	412
菜品19	2243	142	87	354
菜品6	4512	415	2978	197
菜品7	6541	455	1222	154
菜品3	4615	419	1241	136

图 5-36　统计收藏量最高的图文消息

5.4　拿什么拯救阅读量、转发量、收藏量

很多微信公众平台都会每天固定时间推送图文消息，但是仔细分析单条图文消息会发现，其阅读量、转发量和收藏量都不够乐观，更别谈营销效果了。用户都不愿意花时间去读一读平台推送的图文消息，怎么将信息传达给用户？就算是用户草草阅读了图文消息，却不愿意转发，如何要求信息的传播越来越广？用户也不愿意进行图文消息的收藏，如何达到理想的传播深度？

以上的问题仿佛是一道鸿沟横跨在微信平台运营人员的面前，让他们不知道如何再将微信营销进行到底，那么拿什么来拯救图文消息的阅读量、转发量、收藏量呢？

做微信营销，最重要的就是创新思维。当发现图文消息的传播效率不给力时，就需要从多方面进行审视，例如分析用户群体的特性、图文消息的内容、发布频率等。接下来就从图文消息的内容类型为切入点进行分析。

一提到图文消息，大家的关注点会停留在“图”和“文”上，因此绝大部分的图文消息的内容类型都是图片和文字。不过已经有不少运营人员发现用户更愿意阅读图片型信息，并且图片型信息的传播效率也要比文字型信息更高。但是微信中真的就只能有图片和文字信息吗？

如图5-37所示是在微信公众平台进行素材编辑时可以添加的一些内容。除了添加文字和图片外，还可以添加视频、音乐、语音等内容。很明显，这是大家都知道的事情，那么既然可以添加这么多种类的内容，为什么不好好利用呢？

就拿视频来说，视频的传播效率是远高于图片和文字的。

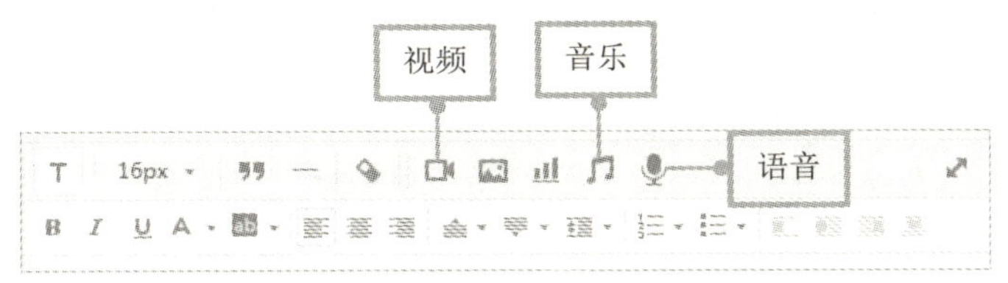

图 5-37　微信编辑可添加的素材

同样一则内容，你会发现很多人已经没有耐心读完你写的长篇文字、翻看你在朋友圈里展示的1～9张的照片，但是假设你一对一给他发送了一段视频，那么他往往愿意去收看。

以上内容就给出了一个启示：可不可以用视频来拯救微信平台的图文消息传播效率？

利用视频进行营销有一个很成功的案例，聚美优品有一个宣传视频名叫《我为自己代言》，就这样的一个简短的宣传视频在一个星期内获得了上千万的点击量。

互联网行业有一句话是这么说的："做互联网最成功的商业模式是90%的模仿+10%的创新。"因此模仿聚美优品的做法是可取的。

有了这样的启发后，某微信公众平台决定模仿聚美优品的视频宣传案例，提高自己微信公众平台的图文消息传播效率。

经过分析发现，《我为自己代言》这个简短的视频内容抒发了一种情怀，它的部分台词是这样的："你只闻到我的香水，却没看到我的汗水，你有你的规则，我有我的选择，你否定我的现在，我决定我的未来，你嘲笑我一无所有不配去爱，我可怜你总是等待，你可以轻视我们的年轻，我们会证明，这是谁的时代，梦想是注定孤独的旅行，路上少不了质疑和嘲笑……"它的内容接近大众的生活，从而引起了大众的共鸣。

但是，对于微信公众平台来说，拍摄这样一个视频的成本是很高的，可能要花几十万、几百万，不太现实。那么可以转换思路，在模仿的基础上加上自己的创新。在现实中，微信公众平台可能不会花高成本去拍摄视频，但是拍摄普通视频的设备还是有的。利用普通设备拍摄一个能引起微信平台用户共鸣的视频，是具有可行性的。

该微信公众平台分析了过去发布的传播效率较高的一些图文消息，发现这些图文消息都是与民生、A市新闻、搞笑相关的，并且平台用户也以A市居民占多数。

于是，该微信公众平台决定拍摄一个与A市美食相关的视频，以戏谑搞笑的方式宣传A市一些独特且小众化的美食店铺，视频中的配音也是A市当地方言，如此一来就能引起用户的热烈响应。当这个小视频在该微信公众平台上发布后，数据如图5-38所示，而该平台同样是与当地美食内容相关的文字图片型图文消息的数据却如图5-39所示。

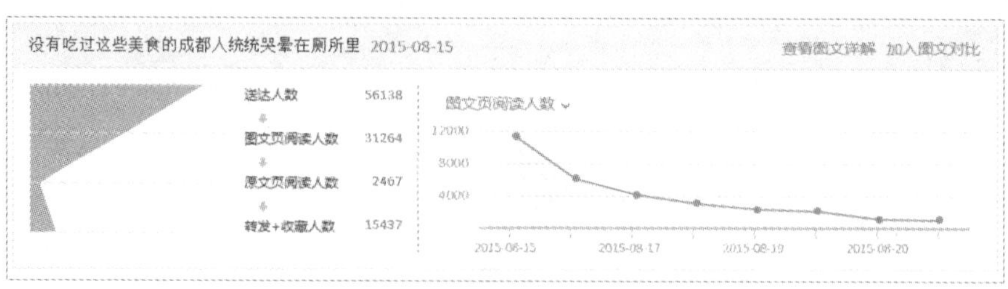

图 5-38 视频型的图文消息数据

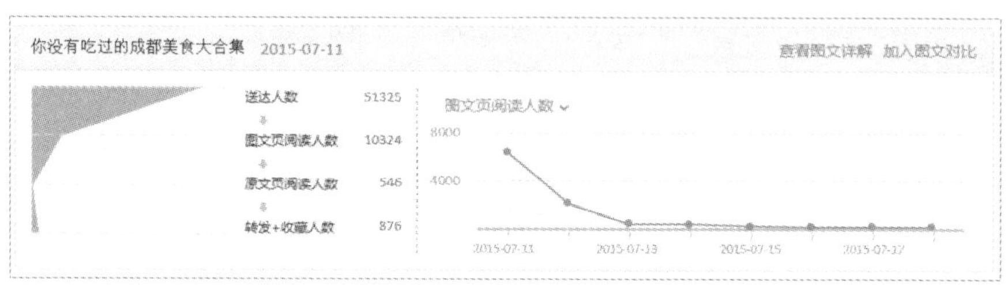

图 5-39 文字图片型的图文消息数据

如果觉得图5-38和图5-39中的数据对比不够直观，可以将数据做成柱形图，结果如图5-40所示。可以看到，该微信公众平台中，相近内容采用视频和文字图片的形式发布，收到了完全不一样的效果，用户明显对视频内容的兴趣更高。

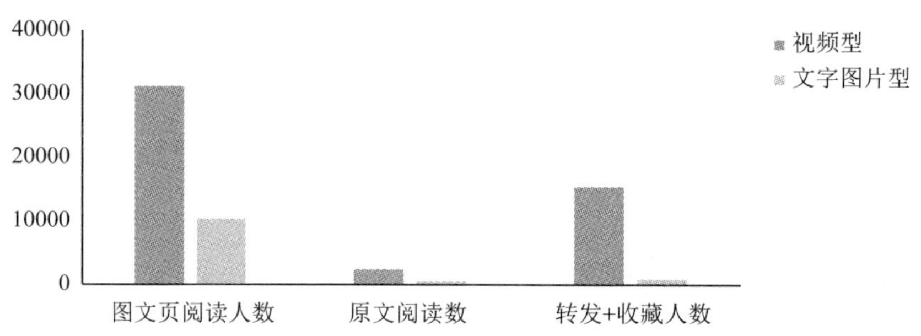

图 5-40 视频型和文字图片型图文消息数据对比

第 6 章

微信数据的图文分析：图文统计

在微信公众平台的图文消息数据中，有“图文群发”和“图文统计”两大功能模块。

“图文群发”中描述了不同图文消息的阅读量、原文阅读量、转发量、收藏量等数据指标；而“图文统计”则综合了固定时间段内所有图文的情况，通过这些数据可以得知某段时间内平台图文消息推送的整体效果，研究这些数据的规律有助于运营人员了解用户的喜好。

6.1 以“日”为单位进行分析

微信后台数据的“图文统计”功能模块中展示了固定时间段内图文消息推送的综合情况。查看这里的数据，首先可以以“日”为单位进行分析。

6.1.1 图文数据指标的百分比变化

在“图文统计”功能模块下，将数据展示的单位切换到“日报”后，首先看到的就是“昨日关键指标”中的数据内容，如图6-1所示。

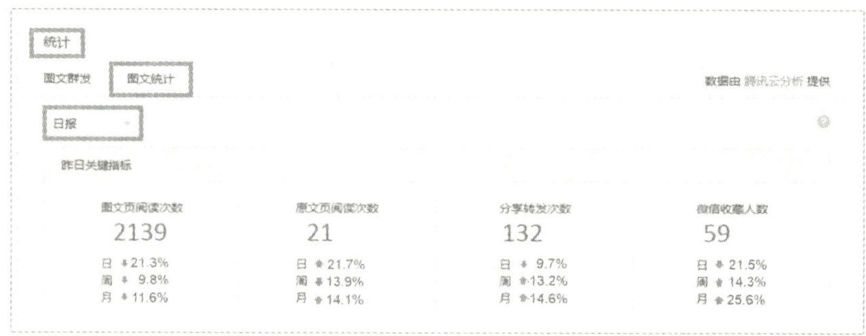

图 6-1 “昨日关键指标”数据内容

在这里，我们可以清楚地看到“昨日”的图文消息有多少图文阅读次数、原文页阅读次数、分享转发次数以及微信收藏人数，并且还可以看到这些指标数据与1天前、7天前、30天前相比的百分比变化情况。

6.1.2 轻松计算指标变化百分比

从“昨日关键指标”数据中看到的是图文消息的汇总情况，通过该数据不仅能了解“昨日”的图文消息指标变化百分比，而且可以进行微信公众平台运营人员的考核，同时也能对平台图文消息传播效果进行考核。

例如，查看如图6-2所示的数据趋势，图中显示了两个员工在一年12个月中的业绩得分变化趋势。A员工在年初远不如B员工，但是A员工能保持进步趋势，最终在下半年超过B员工，可见员工的进步趋势是考核员工的重要指标。

同样的道理，检验微信公众平台图文消息的发布是否得到了用户越来越多的认可，也需要分析指标变化百分比。一个微信公众平台要想做得越来越好，指标的百分比变化就需要保持正向增长的趋势。如果图文消息发布后，各项数据指标总是比1天前、7天前、30天前减少了几个百分比，那么可以断定，按照这样的趋势，该微

信公众平台不能长远发展。

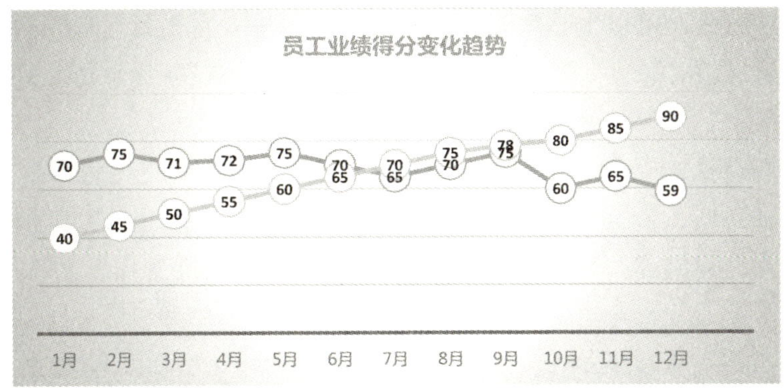

图 6-2　员工业绩得分变化趋势图

知道上述理念后，如何考核微信公众平台员工的进步趋势呢？因为“昨日关键指标”数据显示每天都在变化，并且不能查看指标的历史变化数据。这样一来，似乎就不能进行趋势性分析了。

其实，数据分析的方法多种多样，分析者切忌生搬硬套。从这里确实不能直接获取到历史指标百分比变化的数据，但是可以通过“详细数据”表格中的数据人工进行计算。需要提醒的是，“详细数据”表格中只保留了30天的数据，如果需要分析更长时间的数据变化，就需要分析者每隔30天就下载数据表格进行保存。

下面来看看如何通过“详细数据”表格中的数据快速计算图文消息指标变化的百分比。

1. 导出数据表格

在“图文统计”功能模块最下方找到“详细数据”表格，然后单击表格右上方的“导出CSV”按钮，就能导出数据表格了，如图6-3所示。

详细数据　　导出CSV

时间	图文页阅读		原文页阅读		分享转发		微信收藏人数
	人数	次数	人数	次数	人数	次数	
2015-06-21	6518	3416	25	25	55	55	75
2015-06-20	6521	3514	26	26	64	66	48
2015-06-19	6534	3928	42	42	42	43	62
2015-06-18	6572	4019	15	15	15	19	15
2015-06-17	6584	3406	42	47	75	78	42
2015-06-16	6590	3641	9	10	95	99	85
2015-06-15	6642	2546	15	17	42	42	109
2015-06-14	6813	3112	42	46	51	58	112

图 6-3　导出数据表格

2. 整理导出的数据表

数据表导出后，可以根据个人需要进行简单整理。首先将与后续数据计算无关的信息（如第1行和第2行）删除。选中这两行，然后右击鼠标，再从弹出的快捷菜单中选择“删除”选项即可，如图6-4所示。

因为下载数据表是为了计算出更多的图文消息指标的变化百分比，所以添加数据列十分有必要。例如，首先计算“图文页阅读-人数”这项数据指标的百分比变化，就需要为其添加“阅读人数日变化”“阅读人数周变化”“阅读人数月变化”数据列。

方法是右击“图文页阅读-人数”右边的数据列，然后从中选择“插入”选项，如图6-5所示，就能成功地在“图文页阅读-人数”数据列右边添加上一列空白列了。

图 6-4　清除不需要的数据行

图 6-5　插入数据列

按照同样的方法，再添加另外的两行空白列。并且在这三列空白列中手动输入“阅读人数日变化”等名称。

完成“图文页阅读-人数”百分比变化数据列添加后的结果如图6-6所示。

为了后续计算的方便，可以根据个人喜好进行数据列的标注。如图6-7所示，将数据行按照7个一组进行填充颜色的标注，这样可以方便后面进行“周”百分比变化时的计算。

图文页阅读-人数	阅读人数日变化	阅读人数周变化	阅读人数月变化
6518			
6521			
6534			
6572			
6584			
6590			
6642			
6813			
6712			
6542			
6124			
7013			
7011			
7082			
7321			
8042			

图 6-6　完成数据列添加后的结果

	统计日期	图文页阅读-人数	阅读人数日变化	阅读人数周变化	阅读人数月变化
2	20150621	6518			
3	20150620	6521			
4	20150619	6534			
5	20150618	6572			
6	20150617	6584			
7	20150616	6590			
8	20150615	6642			
9	20150614	6813			
10	20150613	6712			
11	20150612	6542			
12	20150611	6124			
13	20150610	7013			
14	20150609	7011			
15	20150608	7082			
16	20150607	7321			
17	20150606	8042			
18	20150605	6541			
19	20150604	6621			
20	20150603	6321			
21	20150602	6842			
22	20150601	6954			
23	20150531	6512			
24	20150530	6421			
25	20150529	6625			
26	20150528	7012			
27	20150527	7003			
28	20150526	6998			

图 6-7　完成整理后的数据表

3. 计算“图文页阅读-人数”的日百分比变化

首先进行“阅读人数日变化”的计算。需要明白的是，阅读人数的日百分比变化等于（今天的阅读人数-昨天的阅读人数）/昨天的阅读人数，所以图中6月21日的阅读人数日百分比变化就等于（6月21日的阅读人数-6月20日的阅读人数）/6月20日的阅读人数。

将输入法切换到英文输入状态，输入公式“=（b2-b3）/b3”，如图6-8所示。

公式输入完成后，按下键盘上的回车键，就自动完成了第一个“阅读人数日变化”数据的计算。接着将鼠标放在完成计算的单元格右下角，当鼠标变成黑色的十字形状时，按住鼠标左键不放，往下拖动鼠标，如图6-9所示，一直拖到该列的倒数第二个单元格。松开鼠标后就会发现已经完成了所有“阅读人数日变化”的计算。

	A	B	C
1	统计日期	图文页阅读-人数	阅读人数日变化
2	20150621	6518	=(b2-b3)/b3
3	20150620	6521	
4	20150619	6534	
5	20150618	6572	
6	20150617	6584	
7	20150616	6590	
8	20150615	6642	
9	20150614	6813	

图 6-8　输入计算公式

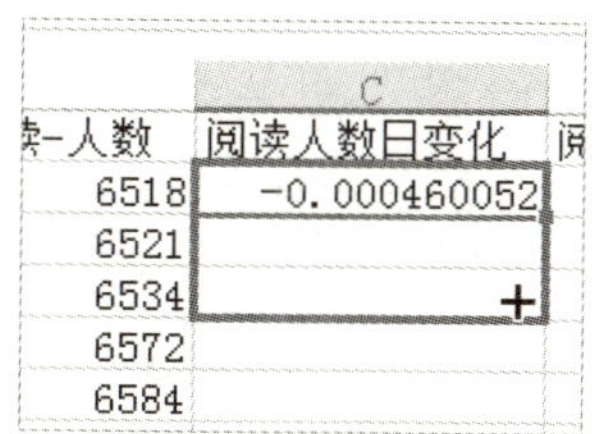

图 6-9　复制公式

4. 调整数据显示的格式

完成计算后可以发现，数据的格式并不是百分比格式，所以需要对数据格式进行调整。选中“阅读人数日变化”数据列，然后单击“开始”选项卡下“数字”组中的对话框启动器，如图6-10所示。

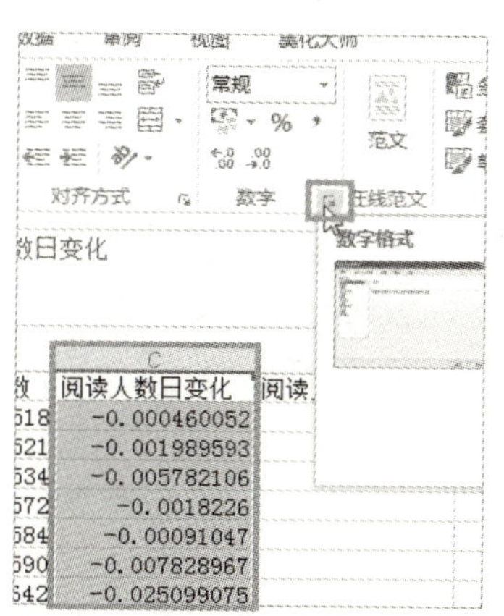

图 6-10　打开“设置单元格格式”对话框

这时就会弹出“设置单元格格式”对话框，单击“数字”选项卡下“分类”组中的“百分比”选项，然后在右边的“小数位数”微调框中输入“2”，表示将所选中的单元格数据设置为2位小数的百分比数据格式，最后单击“确定”按钮即可，如图6-11所示。

完成格式设置后的数据列如图6-12所示。

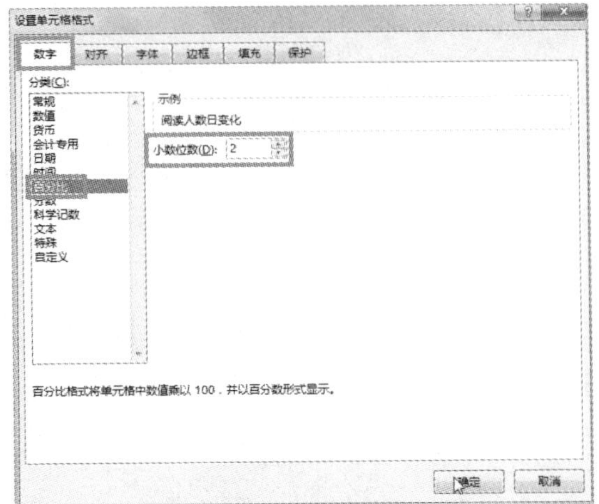

图 6-11　设置单元格格式

C
阅读人数日变化
-0.05%
-0.20%
-0.58%
-0.18%
-0.09%
-0.78%
-2.51%
1.50%
2.60%
6.83%
-12.68%
0.03%
-1.00%
-3.26%
-8.97%
22.95%
-1.21%
4.75%

图 6-12　完成格式设置后的数据列

5. 计算“图文页阅读-人数”的周百分比变化

接下来计算“阅读人数周变化”数据列。因为这列数据计算的是图文页消息阅读人数7天前的变化，所以阅读人数周变化百分比等于（今天的阅读人数-7天前的阅读人数）/7天前的阅读人数。那么6月21日这天的阅读人数周百分比变化就等于（6月21日的阅读人数-6月15日的阅读人数）/6月15日的阅读人数。

因为表格中的日期数据已经进行了标注，每7个日期为一组，所以避免了在计算公式中输入错误的单元格代号。

在“阅读人数周变化”数据列中输入计算公式，如图6-13所示。

	A	B	C	D
1	统计日期	图文页阅读-人数	阅读人数日变化	阅读人数周变化
2	20150621	6518	-0.05%	=(B2-B8)/B8
3	20150620	6521	-0.20%	
4	20150619	6534	-0.58%	
5	20150618	6572	-0.18%	
6	20150617	6584	-0.09%	
7	20150616	6590	-0.78%	
8	20150615	6642	-2.51%	
9	20150614	6813	1.50%	
10	20150613	6712	2.60%	
11	20150612	6542	6.83%	

图 6-13　输入计算公式

按下回车键，然后进行复制，调整其格式为带2位小数的百分数，结果如图6-14所示。

6. 完成“图文页阅读-人数”的月百分比变化计算

最后一项“阅读人数月变化”数据列的计算方法和上述讲解的计算方法一致。但需要注意的是，在微信后台“图文统计”中下载的“详细数据”表格中只保留了

最近30天的数据，如果想要计算更多的月百分比变化数据，就需要持续下载“详细数据”表格。

	A	B	C	D
1	统计日期	图文页阅读-人数	阅读人数日变化	阅读人数周变化
2	20150621	6518	-0.05%	-1.87%
3	20150620	6521	-0.20%	-4.29%
4	20150619	6534	-0.58%	-2.65%
5	20150618	6572	-0.18%	0.46%
6	20150617	6584	-0.09%	7.51%
7	20150616	6590	-0.78%	-6.03%
8	20150615	6642	-2.51%	-5.26%
9	20150614	6813	1.50%	-3.80%
10	20150613	6712	2.60%	-8.32%
11	20150612	6542	6.83%	-18.65%
12	20150611	6124	-12.68%	-6.38%
13	20150610	7013	0.03%	5.92%

图 6-14　完成计算后的数据结果

7. 利用计算结果分析问题

计算完所有数据指标的变化百分比后，可以将其制作成折线图，快速分析其百分比变化趋势。

例如，现在要创建“阅读人数日变化”数据列的折线图，则需选中这一列数据，然后单击“插入”选项卡下“图表”组中的“二维折线图”按钮，如图6-15所示。

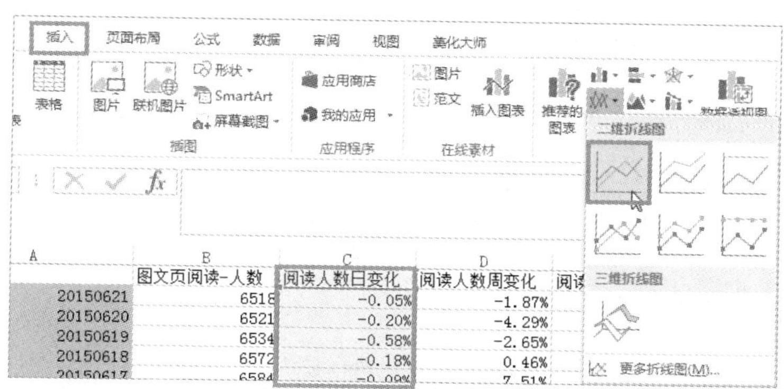

图 6-15　选择数据创建折线图

折线图创建好后，调整其显示格式，结果如图6-16所示。利用这样的图表能轻易地分析出数据指标的百分比变化趋势。如图中的趋势显示，该微信公众平台的图文消息阅读人数每日的百分比变化十分不稳定，高低起伏不断，那么微信公众平台的运营人员就需要去查看百分比变化为正数时的图文消息特点以及百分比变化为负数时的图文消息特点，再看看这些图文消息分别是由哪些人员负责策划编写的，从而找到问题所在，将百分比变化趋势稳定在正数状态。

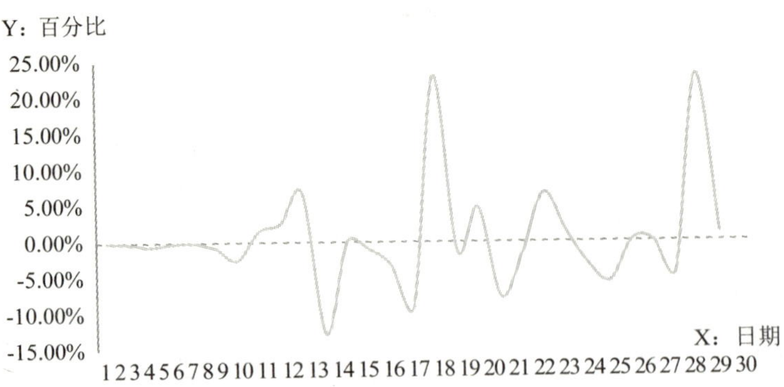

图 6-16　阅读人数日变化趋势图

同样的道理，微信公众平台的运营人员可以将不同指标数据的日、周、月百分比变化趋势制作成折线图，以此来分析不同的指标究竟是向着好的方向发展还是向着不太乐观的方向发展。

如果图文消息的指标数据变化百分比的变化趋势如图6-17所示，基本保持在X轴的正方，虽然数据指标的百分比变化最大也没有超过8.00%，但是至少说明指标一直是在向着乐观的方向发展。按照这样的趋势发展下去，该微信公众平台将会运营得越来越好。

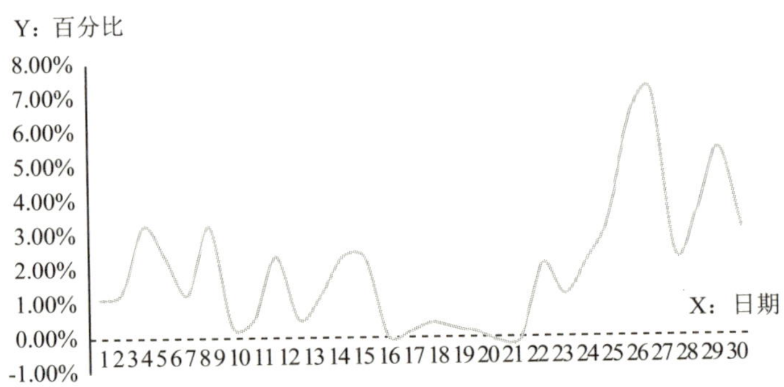

图 6-17　乐观的指标数据百分比变化趋势图

6.1.3　解读关键指标数据

在“图文统计”功能页面中，当选择了以“日报”的形式查看图文消息的相关数据指标后，不仅可以看到指标的汇总情况，还能看到更加详细的指标详解，这有助于微信公众平台运营人员进行细节上的分析。

在“关键指标详解”功能中，运营人员可以自由地选择不同的指标和不同的时间段进行数据趋势的查看。下面对该功能进行详细介绍。

1. “图文页阅读”指标详解

如图6-18所示是最近30天内所有渠道下的“图文页阅读”指标数据趋势。查看“图文页阅读”指标数据趋势时还可以分不同的阅读渠道进行查看，如图中还可以切换到“会话”渠道、“好友转发”渠道、“朋友圈”渠道、“腾讯微博”渠道等。

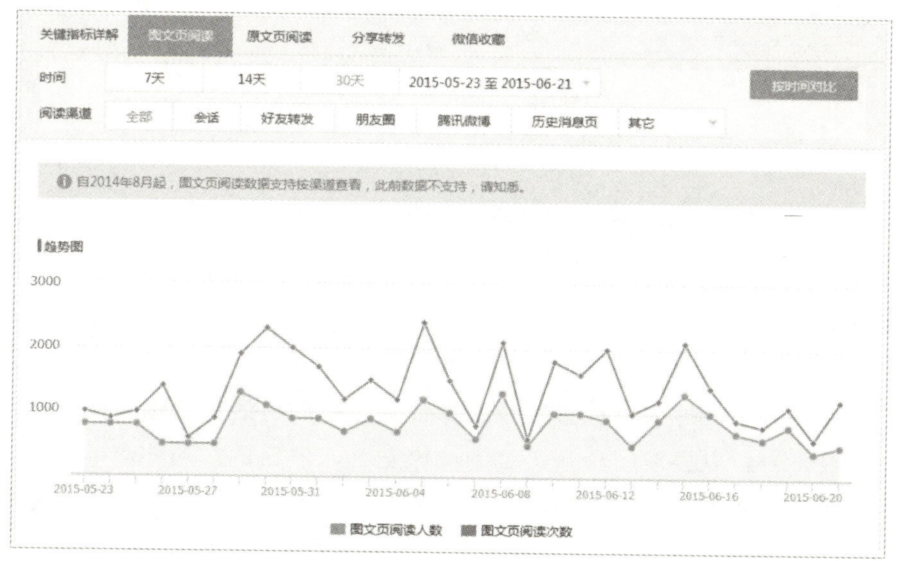

图 6-18　“图文页阅读”指标详解

查看这些渠道数据的意义在于可以检验不同渠道对微信公众平台的重要程度，也能检验某些活动的效果。

如有的微信公众平台与新浪微博联系得十分密切，凡是微信平台上推送的图文消息都会在新浪微博中进行推送，并且该微信公众平台实施这样的策略已经有很长一段时间了，也取得了不错的效果，那么该微信公众平台的图文消息阅读量来源的重要渠道一定会有新浪微博这个渠道。

再例如，很多微信公众平台在营销的时候都会选择多种第三方平台进行宣传。假如在固定时间段内选择了某平台为主要宣传平台，那么时刻关注由这个平台渠道带来的阅读量就很有必要。如果在宣传期间由该平台渠道带来的阅读量并不可观，或者说没有明显的提升，就说明宣传是没有效果的，这就需要从该平台是否适合作为宣传平台、用户的类型、宣传的方法等方面着手进行分析。

2. “原文页阅读”指标详解

在“关键指标详解”功能中，单击“原文页阅读”，就会切换到原文页阅读量数据趋势显示页面，如图6-19所示。在这里可以查看固定时间段内整个微信公众平台推送图文消息的原文页阅读人数和次数趋势。

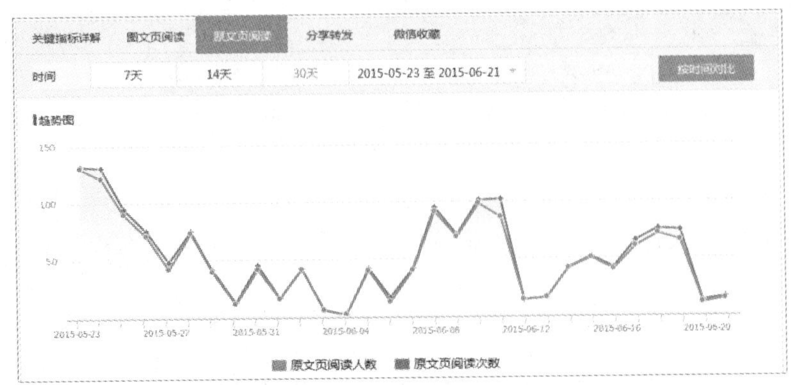

图 6-19 “原文页阅读”指标详解

事实上，原文页阅读量数据有很多意义，因为在微信公众平台中，用户单击“阅读原文”链接后就可以跳转到其他外部链接中去，而外部链接对于微信公众平台来说又十分重要。

利用外部链接，可以进行微信公众平台的礼物赠送活动。例如，某图书公司的微信公众平台可以要求用户点击“阅读原文”，然后链接到外网中进行注册，只有注册成功才能获得赠品书籍，这样就成功地将微信平台中的用户转移到网站上去了。

其次，在阅读原文的链接内容中可以推荐更多的内容，也可以链接到企业自己的微网站，从而实现用户流量价值的最大化。

总之，微信公众平台的原文链接可以减小微信平台的局限性，让微信活动更加灵活。

因此，分析微信公众号在固定时间段的原文页阅读数据，就可以分析活动开展的效果及外网引流效果。

3. “分享转发”指标详解

众所周知，微信图文消息转发量越大，受众就越多，营销效果自然也就越好，所以在“关键指标详解”中关注“分享转发”数据趋势很有必要。

在“分享转发”中会显示微信的转发人数和次数，其中转发次数最能说明用户是否发自内心地想要转发这篇微信图文消息。只有微信图文消息确实打动了用户，并且用户身边刚好有他认为需要这篇图文消息的朋友，用户才会不厌其烦地向多位好友转发这篇图文消息。

如图6-20所示就是某微信公众平台在固定时间段内的“分享转发”指标详解。从中可以看到，在6月1日和6月13日这两天中，微信的分享转发人数与次数相差比

较大，这说明这两天的微信图文消息抓住了用户的需求，得到了用户的认可。那么接下来就可以找出这两天推送的微信图文消息，看看是什么类型的图文消息、有什么优点、是哪一位文案人员编写的。找到这些优点进行总结，是使微信公众平台运营得更好的法则之一。

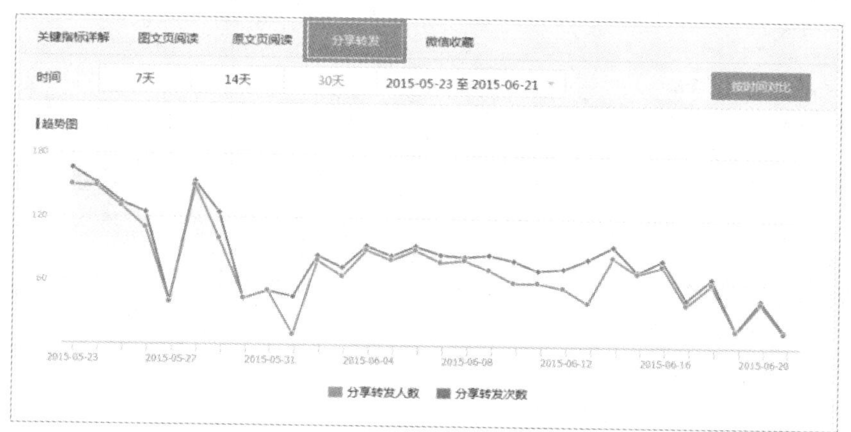

图 6-20　“分享转发”数据详解

在“分享转发”指标数据详解的下方，还可以看到“分享转发途径分布”数据，如图6-21所示。从这里可以分析在固定时间段内，微信公众平台的图文消息都是通过什么途径进行转发的。

分享转发途径分布 2015.05.23 至 2015.06.21

途径	分享转发人数	分享转发次数
好友转发	1556(71.12%)	1379(55.81%)
其他	211(9.64%)	328(13.27%)
朋友圈	421(19.24%)	764(30.92%)

图 6-21　“分享转发途径分布”数据

当然，不同的转发途径有着不同的意义。在转发途径中，最重要的两个途径就是“好友转发”和“朋友圈”。

“好友转发”指的是微信用户看到微信图文消息后将内容转发给特定的好友，这就说明这位用户觉得这篇图文消息是有价值的，并且他的这些特定的好友需要这篇图文消息。“好友转发”量越大，说明微信公众平台所积累的高忠诚度用户越多，这十分有利于微信公众平台背后的企业做好口碑传播、树立企业品牌。

虽然用户通过“朋友圈”途径进行微信图文消息的转发，所体现的用户忠诚度没有那么高，但是却能让微信图文消息传播的范围更广。因为在用户朋友圈中分享的消息，可以让更多的朋友看到，也就增加了图文消息的阅读人数。所以，“朋友圈”转发量越大，越有利于微信公众平台及背后的企业进行宣传。

4. “微信收藏”指标详解

如果说微信图文消息的标题是外功，那么图文消息的内容就是内功。图文消息的阅读量考验的是外功做得是否到位，而图文消息的收藏量考验的则是内功做得是否到位。一篇优秀的图文消息应该是内外兼修的，不光要有阅读量，还要有收藏量。

想要检验固定时间段内微信公众平台中推送的图文消息究竟是“昙花一现”还是“万古长青”，就需要对“微信收藏”指标数据进行分析了，如图6-22所示。

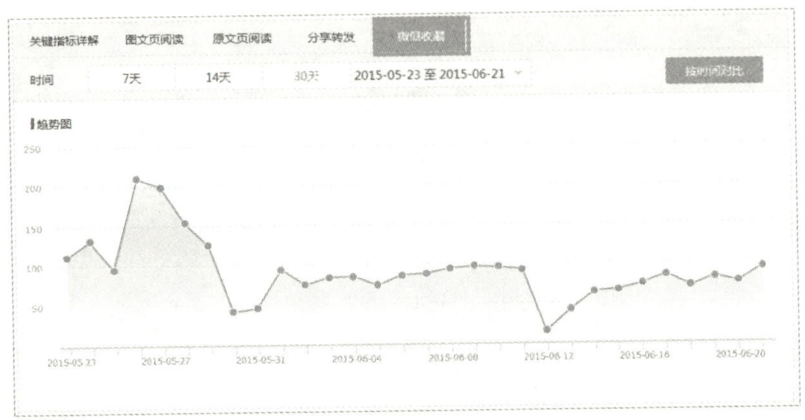

图 6-22 “微信收藏”指标数据

从图中可以看到，在所选时间段内，该微信公众平台的微信收藏量数据保持在100左右。当然，这样的收藏量对于很多大号来说并不算多，但是与大号相比，微信收藏量并不是唯一衡量标准。一个微信平台，只要其图文消息发布后，收藏量与过去相比是有所提高的，就可以说该微信公众平台的营销取得了不错的成效。

从图中还可以看到，在6月12日这天收藏量特别低，说明这一天推送的图文消息存在问题。可从以下几个方向进行分析：检查这天发送的图文消息的标题，看看是不是因为标题不给力导致了基本的阅读量偏低，从而拉低了收藏量；看看图文消息的内容是什么，是否与平时的图文消息内容不太一样，如果是，就说明平台用户可能不喜欢这种内容的图文消息；看看编写这篇图文消息的文案人员是谁，他是否为新人，他的写作风格是否与其他文案人员不太一样。

6.1.4 利用“详细数据”还可以做什么

在“图文统计”功能模块中，当选择了以“日”为单位进行图文数据的查看时，页面的最下方有重要指标的“详细数据”表格。前面也讲到过，利用这个表格可以计算出更多的指标百分比变化，从而推断微信公众平台的营销工作是做得更好了还是退步了，究竟进步或者退步了多少。除此之外，它还可以帮助微信公众平台的运营人员快速找到最有传播深度的一些微信图文消息，以此来了解用户更深层次的需求。

首先来理解一下“传播深度”这个概念。一篇微信图文消息，它的阅读量可能很高，那只能说明用户点击了它，不能说明用户认真阅读了它。但是如果一篇微信图文消息被用户多次阅读、多次转发分享，并且进行了收藏，毫无疑问，这样的图文消息是具有传播深度的。刚好，用户的这一行为都被记录在了“详细数据”表格中。将该表格导出后，利用强大的Excel工具可以快速筛选出固定时间段内具有传播深度的图文消息。

数据分析的思路是这样的：在“详细数据”表格中有不同日期下的图文消息的阅读人数和次数、原文阅读人数和次数、分享转发的人数和次数、收藏数。用阅读次数除以阅读人数，就可以得出用户的平均阅读次数。同样的道理，用原文阅读次数除以阅读人数，可以得出用户的原文平均阅读次数；用分享转发次数除以分享转发人数，可以得出用户的平均分享转发次数。

完成所有计算后进行排序筛选，就能找到平均阅读次数、原文平均阅读次数、平均分享转发次数及收藏量都比较高的图文消息了。

下面来看具体操作。

1. 添加新数据列

导出“详细数据”表格并删除不需要的元素后，首先需要添加新的数据列。如图6-23所示，在表格原有数据列的右边添加上“平均阅读次数”“原文平均阅读次数”“平均分享转发次数”3个新的数据列。

	A	B	C	D	E	F	G	H	I	J	K
1	统计日期	图文页阅读-人数	图文页阅读-次数	原文页阅读-人数	原文页阅读-次数	分享转发-人数	分享转发-次数	微信收藏人数	平均阅读次数	原文平均阅读次数	平均分享转发次数
2	20150621	6518	3416	25	25	55	55	75			
3	20150620	6521	3514	26	26	64	66	48			
4	20150619	6534	3928	42	42	42	43	62			
5	20150618	6572	4019	15	15	15	19	15			
6	20150617	6584	3406	42	47	75	78	42			
7	20150616	6590	3641	9	10	95	99	85			
8	20150615	6642	2546	15	17	42	42	109			
9	20150614	6813	3112	42	46	51	58	112			
10	20150613	6712	6812	52	52	15	19	113			
11	20150612	6542	6634	41	49	42	48	150			
12	20150611	6124	6234	26	29	6	7	140			
13	20150610	7013	7123	42	43	22	26	98			
14	20150609	7011	7321	15	18	14	18	75			

图 6-23　添加新的数据列

2. 输入公式计算新数据列的数值

首先计算“平均阅读次数”数据列的数值。如图6-24所示，在该数据列第一个需要计算数值的单元格中输入公式“=C2/B2”。

然后按下回车键后，按住鼠标左键不放，向下拖动复制公式，直到覆盖完该数据列所有需要计算数值的单元格，如图6-25所示。

	A	B	C	D	E	F	G	H	I
1	统计日期	图文页阅读-人数	图文页阅读-次数	原文页阅读-人数	原文页阅读-次数	分享转发-人数	分享转发-次数	微信收藏人数	平均阅读次数
2	20150621	6518	3416	25	25	55	55	75	=C2/B2
3	20150620	6521	3514	26	26	64	66	48	
4	20150619	6534	3928	42	42	42	43	62	
5	20150618	6572	4019	15	15	15	19	15	
6	20150617	6584	3406	42	47	75	78	42	
7	20150616	6590	3641	9	10	95	99	85	
8	20150615	6642	2546	15	17	42	42	109	
9	20150614	6813	3112	42	46	51	58	112	
10	20150613	6712	6812	52	52	15	19	113	
11	20150612	6542	6634	41	49	42	48	150	
12	20150611	6124	6234	26	29	6	7	140	
13	20150610	7013	7123	42	43	22	26	98	

图 6-24　输入公式计算平均阅读次数

G	H	I
转发数	微信收藏人数	平均阅读次数
55	75	0.524087
66	48	
43	62	
19	15	
78	42	
99	85	
42	109	
58	112	
19	113	
48	150	

图 6-25　复制公式

按照同样的方法完成“原文平均阅读次数”和“平均分享转发次数”数据列的计算，结果如图6-26所示。本案例的表格中“原文平均阅读次数”数据列中第一个单元格的计算公式为“=E2/D2”，而“平均分享转发次数”数据列中第一个单元格的计算公式为“=G2/F2”。

	A	B	C	D	E	F	G	H	I	J	K
1	统计日期	图文页阅读-人数	图文页阅读-次数	原文页阅读-人数	原文页阅读-次数	分享转发-人数	分享转发-次数	微信收藏人数	平均阅读次数	原文平均阅读次数	平均分享转发次数
2	20150621	6518	3416	25	25	55	55	75	0.524087	1	1
3	20150620	6521	3514	26	26	64	66	48	0.538874	1	1.03125
4	20150619	6534	3928	42	42	42	43	62	0.601163	1	1.02381
5	20150618	6572	4019	15	15	15	19	15	0.611534	1	1.266667
6	20150617	6584	3406	42	47	75	78	42	0.517315	1.119048	1.04
7	20150616	6590	3641	9	10	95	99	85	0.552504	1.111111	1.042105
8	20150615	6642	2546	15	17	42	42	109	0.383318	1.133333	1
9	20150614	6813	3112	42	46	51	58	112	0.456774	1.095238	1.137255
10	20150613	6712	6812	52	52	15	19	113	1.014899	1	1.266667
11	20150612	6542	6634	41	49	42	48	150	1.014063	1.195122	1.142857
12	20150611	6124	6234	26	29	6	7	140	1.017962	1.115385	1.166667
13	20150610	7013	7123	42	43	22	26	98	1.015685	1.02381	1.181818
14	20150609	7011	7321	15	18	14	18	75	1.044216	1.2	1.285714
15	20150608	7082	7512	28	31	25	29	84	1.060717	1.107143	1.16
16	20150607	7321	7451	71	77	14	18	86	1.017757	1.084507	1.285714
17	20150606	8042	8974	74	101	69	92	94	1.115892	1.364865	1.333333

图 6-26　完成所有新数据列的计算

3. 对数据进行排序和标注

完成这3列数据的计算后，就需要一一对其进行排序。如图6-27所示，首先右击“平均阅读次数”单元格，然后从弹出的快捷菜单中选择“排序”，接着再选择级联菜单中的“降序”选项，就能将“平均阅读次数”所在列的数据按照从大到小的顺序排序了。

排序后，再将该列数值较大的数据标注出来，如这里选择前15个平均阅读次数较大的数据。选中这些单元格后，为其填充一个比较显眼的底色，如图6-28所示。

按照同样的方法，对“原文平均阅读次数”“平均分享转发次数”以及“微信收藏人数”数据列进行排序和标注。

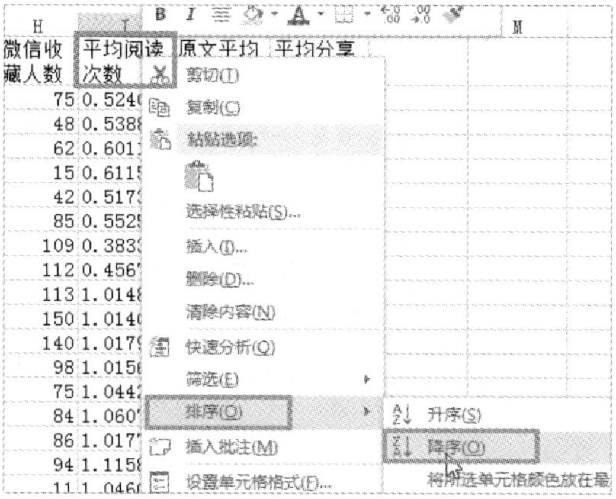

图 6-27　对“平均阅读次数”列的数据进行排序 　图 6-28　将平均阅读次数较大的数据标注出来

完成这4列指标数据的排序和标注后，就可以进行“得分”的计算了，目的在于计算出不同日期下的图文消息微信传播的深度指数。

如图6-29所示，首先在表格右方添加一列空白的数据列，取名为“得分”。

“得分”的计算规则是：同一行中，有一个单元格被颜色标注就计为1分，有两个单元格被颜色标注就计为2分，以此类推。

完成“得分”列数据输入后的结果如图6-30所示。分数越高，表示该日期下的图文消息传播深度越好。例如，得分为4分，就代表该日期下图文消息的收藏量、平均阅读次数、原文平均阅读次数、平均分享转发次数，这4项指标数据都比较优秀。

微信收藏人数	平均阅读次数	原文平均阅读次数	平均分享转发次数	得分
150	1.014063	1.195122	1.142857	
140	1.017962	1.115385	1.166667	
113	1.014899	1	1.266667	
112	0.456774	1.095238	1.137255	
109	0.383318	1.133333	1	
98	1.015685	1.02381	1.181818	
94	1.115892	1.364865	1.333333	
86	1.017757	1.084507	1.285714	
85	0.552504	1.111111	1.042105	
84	1.060717	1.107143	1.16	
82	1.006759	1.038462	1.040541	
81	1.045409	1.036364	1	
75	1.044216	1.2	1.285714	
75	1.072162	1.288462	1.214286	
75	1.152079	1.214286	1.202381	
75	1.005287	1.416667	1	
75	0.524087	1	1	
74	1.019963	1.02381	0.965517	

图 6-29　添加“得分”数据列

微信收藏人数	平均阅读次数	原文平均阅读次数	平均分享转发次数	得分
150	1.014063	1.195122	1.142857	3
140	1.017962	1.115385	1.166667	4
113	1.014899	1	1.266667	2
112	0.456774	1.095238	1.137255	2
109	0.383318	1.133333	1	2
98	1.015685	1.02381	1.181818	2
94	1.115892	1.364865	1.333333	4
86	1.017757	1.084507	1.285714	2
85	0.552504	1.111111	1.042105	1
84	1.060717	1.107143	1.16	3
82	1.006759	1.038462	1.040541	1
81	1.045409	1.036364	1	2
75	1.044216	1.2	1.285714	4
75	1.072162	1.288462	1.214286	4
75	1.152079	1.214286	1.202381	4
75	1.005287	1.416667	1	1
75	0.524087	1	1	0

图 6-30　计算得分值

4. 排序“得分”数据列，找出传播深度最好的图文消息

最后，为了方便数据筛选，也对“得分”数据列进行降序排序，排序后就可以

快速地找出传播深度较广的图文消息了。如图6-31所示，将“得分”大于等于3分的图文消息判定为传播深度好的图文消息，则该数据表格中有9个日期下的图文消息符合条件。

	A	B	C	D	E	F	G	H	I	J	K	L
1	统计日期	图文页阅读-人数	图文页阅读-次数	原文页阅读-人数	原文页阅读-次数	分享转发-人数	分享转发-次数	微信收藏人数	平均阅读次数	原文平均阅读次数	平均分享转发次数	得分
2	20150611	6124	6234	26	29	6	7	140	1.017962	1.115385	1.166667	4
3	20150606	8042	8974	74	101	69	92	94	1.115892	1.364865	1.333333	4
4	20150609	7011	7321	15	18	14	18	75	1.044216	1.2	1.285714	4
5	20150528	7012	7518	52	67	84	102	75	1.072162	1.288462	1.214286	4
6	20150525	7312	8424	42	51	84	101	75	1.152079	1.214286	1.202381	4
7	20150612	6542	6634	41	49	42	48	150	1.014063	1.195122	1.142857	3
8	20150608	7082	7512	28	31	25	29	84	1.060717	1.107143	1.16	3
9	20150523	5874	6421	36	51	81	99	42	1.093122	1.416667	1.222222	3
10	20150602	6842	7321	51	61	15	23	16	1.070009	1.196078	1.533333	3
11	20150613	6712	6812	52	52	15	19	113	1.014899	1	1.266667	2
12	20150614	6813	3112	42	46	51	58	112	0.456774	1.095238	1.137255	2

图 6-31　进行最后的筛选

找到这些日期后，微信公众平台的运营人员接下来要查看在这些日期下平台都推送了哪些图文消息。将这些图文消息整理到一起，分析其特点，找到用户的需求。

举个简单的例子。对于身材比较苗条的用户来说，他并没有减肥需求。那么当微信公众平台向这类用户推送与减肥相关的图文消息时，用户可能会有两种反应：第一种，用户根本不会点击图文消息进行阅读，因为他没有减肥需求；第二种，用户出于好奇等原因点击了图文消息，最后进行了收藏、转发或者是原文页阅读。对于第二种用户来说，他自己本身不需要减肥，但是他深入地关注了相关的图文消息，在很大程度就能说明他身边存在有减肥需求的人群。他收藏图文消息、转发图文消息都是为了让自己的朋友看到。那么，微信的图文消息在第二种情况下也算是找到了潜在的用户，达到了营销目的。

但是对于一个有着减肥需求的用户来说，一旦微信图文消息的标题向他透露了减肥的方法，他有极大的可能性会点击阅读。这样的用户在阅读图文消息后，如果有了收藏、转发、原文页阅读的行为，就极大地说明他对减肥有着很大的需求。

综合以上情况，如果筛选出来的得分较高的日期下所推送的图文消息都是与减肥相关的图文消息，就说明在微信公众平台用户或者是用户的朋友中有占比较大的群体需要减肥。

了解了用户的需求后，微信公众平台的个性化就显得容易多了。例如，可以在今后的图文消息推送中多推送一些与减肥相关的可读性强的图文消息，增强用户对该微信公众平台的黏性，巩固用户的忠诚度。又例如，该微信公众平台可以申请成为流量主，从而在自己的平台中进行减肥相关产品的宣传，以此来达到定向精准推广的目的。

6.1.5　利用Excel摸清用户的阅读习惯

在微信公众平台后台的“图文统计”数据中，可以清楚地看到每一天与图文相关的统计数据。利用这些数据不难看出固定时间段内的图文阅读人数和次数、转发量、收藏量的变化，但是所分析到的只是固定时间段的大体趋势，不能单凭这样的趋势得出一些更确定的结论。

众所周知，不同的微信公众平台所吸引的读者人群是不同的，而不同的人群由于工作时间的不同，作息时间也大不相同，他们会选择在不同的时间打开微信文章进行阅读。例如，对于用户群体多为上班族的微信平台来说，用户周末都忙着睡觉、外出游玩，所以少有时间阅读微信文章，那么这类微信平台就要注意将精华文章放在用户阅读量较高的工作日进行推送。下面就利用“图文统计”中的“日报”数据，准确分析出平台用户究竟会在一周的哪一天具有较高的图文阅读兴趣。

首先，在微信后台将“图文统计”数据导入到Excel表中。由于这里要分析的是微信平台在一周中究竟哪一天的图文阅读数较高，所以最好选取时间跨度较大的数据，从而保证数据的准确性。这里选择了7月、8月、9月连续3个月的数据。

这里以图文阅读人数为分析对象，所以删除其他数据项。如图6-32所示，在“时间”数据列后面新建一列“星期数”数据列，然后在“星期数”的第一行输入计算星期数的函数公式“=WEEKDAY（A2）”，表示返回“A2”单元格中日期的星期数值。

第一个星期数单元格计算完成后，将鼠标放在单元格的右下方，然后向下拖动鼠标，如图6-33所示，直到覆盖完所有需要计算星期数的单元格。

	A	B	C
1	时间	星期数	图文页阅读-人数
2	2015/7/1	=WEEKDAY(A2)	2512
3	2015/7/2		1241
4	2015/7/3		3215
5	2015/7/4		6542
6	2015/7/5		1312
7	2015/7/6		4215

图 6-32　输入公式判断日期是星期几

	A	B
1	时间	星期数
2	2015/7/1	星期三
3	2015/7/2	
4	2015/7/3	
5	2015/7/4	
6	2015/7/5	
7	2015/7/6	

图 6-33　复制公式

这时已经完成了所有日期的星期数计算，但是要想轻松统计出不同星期数的总阅读量、平均阅读量还是不容易，所以接下来就需要创建数据透视表。如图6-34所示，单击“插入”选项卡下“表格”组中的“数据透视表”图标。

接着在打开的“创建数据透视表”对话框中设置选项，并单击“确定”按钮，如图6-35所示。

图 6-34　创建数据透视表

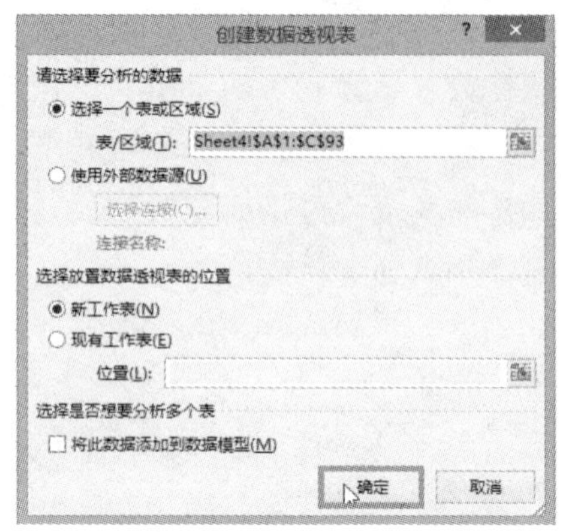

图 6-35　确定数据透视表的创建

数据透视表创建好后，在打开的“数据透视表字段”窗格中选择字段，并设置字段区域，如图6-36所示。

此时的数据透视表如图6-37所示。表中已经自动统计出每一个星期数总的阅读人数。但是如果直接将不同星期数总的阅读数进行比较，判断到底哪一个星期数的阅读人数最多，是不可行的。因为在这里并不能保证所有统计时间内的星期数是均匀分布的。也就是说，这里统计的数据是7～9月，并不能保证这三个月中，周一到周日每一个星期数出现的数量相等。既然不相等，那么比较他们的总和大小就没有意义。

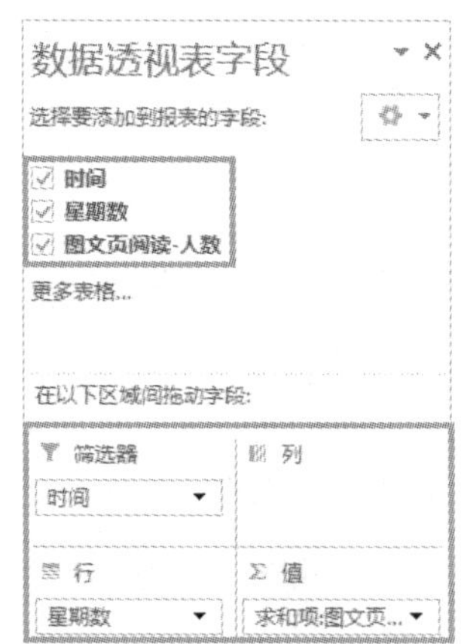

图 6-36　设置“数据透视表字段”

时间	(全部)
行标签	求和项:图文页阅读-人数
星期日	24260
星期一	34465
星期二	32261
星期三	36254
星期四	31732
星期五	43078
星期六	56040
总计	258090

图 6-37　创建好的数据透视表

因此，这时需要修改“值”字段默认的“求和”状态。如图6-38所示，单击“值”字段的下三角按钮，从弹出的下拉列表中选择“值字段设置”选项。

然后在打开的“值字段设置”对话框中选择“平均值”选项后，单击“确定”按钮，如图6-39所示。

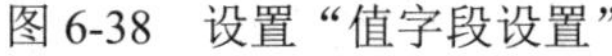
图6-38　设置“值字段设置”

图6-39　选择“平均值”选项

此时，数据透视表中就自动计算出了不同星期数的平均阅读量，如图6-40所示。比较表中的数据，可以轻松得出该微信公众平台7月至9月一周七天平均哪一天的阅读人数最多。

如果觉得这样的数据不够直观，可以插入柱形图，将数据化成柱形条进行比较，如图6-41所示。从柱形图中可以一眼看出，该微信公众平台在周五和周六的阅读人数是最多的。如果多次分析都是这样的结果，这就可以作为平台用户的一个共性。利用这个共性，微信平台的运营人员可以制定出更个性化的营销方式，例如，将精华文章放在这两天进行推送；又例如，举办微信活动，选择周五和周六为进行时段，让更多用户参与进来。

	A	B
1	时间	(全部)
2		
3	行标签	平均值项:图文页阅读-人数
4	星期日	1866.153846
5	星期一	2651.153846
6	星期二	2481.615385
7	星期三	2589.571429
8	星期四	2440.923077
9	星期五	3313.692308
10	星期六	4310.769231
11	**总计**	**2805.326087**

图6-40　修改值字段后的数据表

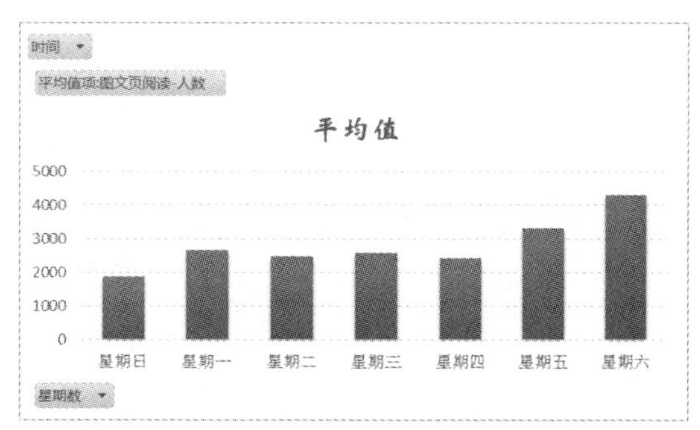

图6-41　将数据透视表创建为柱形图

6.2　以“小时”为单位进行分析

在微信后台的图文统计数据中，除了可以以“日”为单位分析固定时间段内的微信图文消息推送指标数据外，还能以“小时”为单位进行分析。在这个功能模块中，微信公众平台的运营人员可以快速查看固定时间段内，一天24小时中不同时间点的图文消息阅读量、原文阅读量、分享转发量、收藏量。有了这样的数据，不同行业、不同类型的微信公众平台就可以在一天中找到最适合于自己的图文消息推送时间点了。

其实，本书的第1章讲到过顶尖微信公众号的图文消息发布时间规律，总结出了大号在什么时间点发布图文消息会取得较好的效果。但并不是所有的微信公众平台都是顶尖大号，所以单纯地进行模仿可能不会成功。再加上前面的研究具有很大的普遍性，这对于用户类型比较特殊的微信公众号而言，这些时间点可能就不再合适了。例如，微信公众平台的用户是以学生居多还是以白领居多，或者是以全职妈妈居多。这3类用户的空闲时间不一致，就导致了他们阅读微信图文消息的时间不一致。在这种情况下，如果一视同仁，就很难提高图文消息的传播效率了。

综上所述，有针对性地研究微信公众平台的图文消息在不同时间点的指标数据是很有必要的。

6.2.1 以“小时”为单位的指标详解

以“小时”为单位进行分析，首先可以查看“图文页阅读”指标在不同时间点的数据趋势，如图6-42所示。通过图中的数据，可以了解用户会在一天的什么时间点阅读微信图文消息。

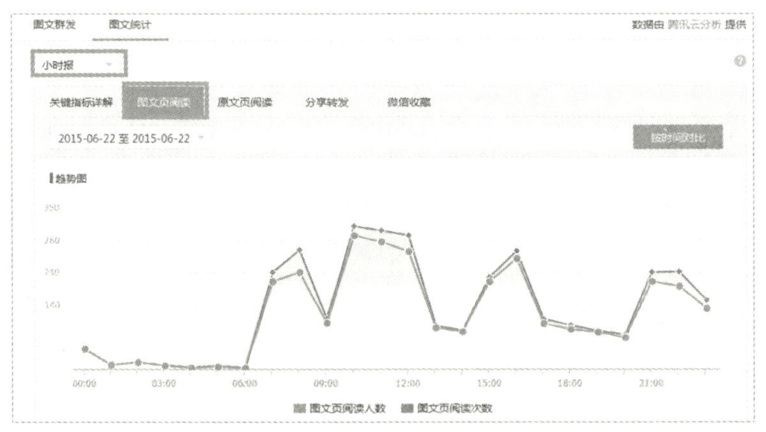

图 6-42 “图文页阅读”趋势图

以“小时”为单位查看到的“图文阅读”指标趋势图，能说明用户在一天中的什么时候会点击微信图文消息进行查看。但是众所周知，用户有时间查看图文消息并不代表他有时间细看图文消息，如果用户不去细看微信图文消息，就很难要求用户进行原文页阅读、图文消息转发、图文消息收藏。例如，对于上班族来说，在

工作时间内，下午16点左右可能会有所懈怠，想要放松放松，浏览一下微信号中的图文消息。但这个时候的用户正处于上班时间，随时有可能因为工作需要停止微信图文消息的阅读，就算是某篇微信图文消息很有用，让用户有下班后继续阅读的欲望，但用户下班后忘记阅读的可能性更大。而微信营销的核心理念是：不仅要让用户看到传播的图文信息，还要让用户有深度地进行信息阅读。

因此，寻找最佳的图文发布时间点，还需要查看以“小时”为单位的“原文阅读”趋势图、“分享转发”趋势图、“微信收藏”趋势图，从而了解用户在什么时间点最有空，最能静下来好好阅读一篇图文消息。

如图6-43所示就是某微信公众平台中以“小时”为单位，查看到的某天内图文消息的“分享转发”趋势图。从中可以看到，该微信平台的用户在6月22日这天，在晚上的20：00～22：00进行了较多的微信图文消息分享转发。

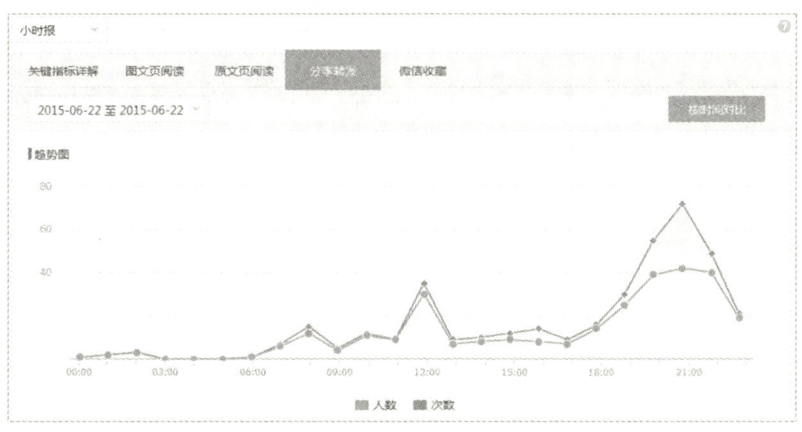

图 6-43　“分享转发”趋势图

6.2.2　数据抽样分析助您找到最合适的发布时间

不知道读者朋友注意到没有，上一小节对图6-43的结论描述是这样的：“该微信平台的用户在6月22日这天，在晚上的20：00～22：00进行了较多的微信图文消息分享转发”。为什么不说“该微信平台的用户在晚上的20：00～22：00进行了较多的微信图文消息分享转发”？

这是因为该图的数据仅仅代表6月22日这一天，而用户的行为可能会随着大环境的改变而改变，例如工作日、周末、节假日等不同情况，用户的行为也会不同，再加上用户在一天中的行为数据并不能代表所有日期的行为数据。所以仅仅研究了一天的数据是不能精确找到适合于某个微信公众平台的最佳图文发布时间点的。

为了让数据更具有普遍性，最好的做法就是抽样分析多组数据。本小节将讨论微信公众平台究竟应该在工作日的什么时候发布图文消息，又该在周末的什么时候发布图文消息。

分析思路是这样的：选择微信公众平台最近两个月内的数据作为研究对象，将这两个月内的工作日、周末的数据分别进行统计，找出用户在工作日阅读微信图文消息的行为时间点分布以及在周末阅读微信图文消息的行为时间点分布，然后将抽样出来的数据进行整合，总结出最佳时间点。

但是，在以“小时”为单位分析数据时，指标比较多。在时间和精力有限的情况下，可以仅分析用户阅读次数最多的时间点和收藏次数最多的时间点，因为这两项数据指标一个可以代表图文信息的传播量，一个可以代表传播深度。

下面以寻找某微信公众平台在工作日发布图文消息的最佳时间点为例进行讲解。

1. 选择抽样数据的日期

假设现在分析的数据日期段为2015年的4月和5月，那么首先选中4月1日这天的日期，如图6-44所示。

图 6-44　选择数据日期

2. 查看所选日期下的“图文页阅读-次数”

选择好日期后，在页面的最下方查看该日期下的“详细数据”表格，并对“图文页阅读-次数”进行降序排序，如图6-45所示，这样一来很容易就能分析出在4月1日这天用户对微信图文消息的阅读次数最多的时间点了。

按照同样的方法还可以找出同一天中微信图文消息收藏量最多的时间点。

3. 将找出的时间点进行统计

为了更方便地对后面的数据进行分析，这里需要将4月1日这天找出的最多阅读次数时间点和最多收藏数时间点统计到Excel表格中。

如图6-46所示是4月和5月工作日期间的“图文阅读数-次数最多的时间点”统

计表。注意，表中的时间已经将周末和法定节假日排除在外。由于版面有限，表中数据没有显示完全，并且表中仅统计了每个日期下阅读次数最多的8个时间点。

详细数据　　　　导出CSV

时间	小时	图文页阅读		原文页阅读		分享转发		微信收藏人数
		人数	次数	人数	次数	人数	次数	
2015-04-01	20:00	786	857	42	59	97	110	89
	21:00	693	762	47	59	86	93	91
	08:00	711	752	33	39	80	91	75
	17:00	621	673	37	42	72	87	76
	22:00	566	571	26	27	82	91	51
	09:00	417	452	41	53	58	63	42
	11:00	331	359	18	21	49	57	44
	12:00	216	253	18	20	56	68	31

图 6-45　将“图文页阅读 - 次数”进行排序

	A	B	C	D	E	F	G	H	I
1–2	图文阅读数–次数最多的时间点								
3	4月1日	20:00	21:00	8:00	17:00	22:00	9:00	11:00	12:00
4	4月2日	17:00	18:00	19:00	20:00	21:00	11:00	9:00	16:00
5	4月3日	20:00	17:00	8:00	9:00	11:00	17:00	16:00	21:00
6	4月7日	11:00	20:00	17:00	21:00	22:00	18:00	16:00	14:00
7	4月8日	18:00	19:00	21:00	20:00	22:00	11:00	9:00	12:00
8	4月9日	12:00	10:00	11:00	20:00	21:00	16:00	15:00	22:00
9	4月10日	8:00	10:00	11:00	20:00	17:00	18:00	19:00	21:00
10	4月13日	22:00	9:00	11:00	19:00	20:00	17:00	18:00	21:00
11	4月14日	21:00	11:00	9:00	8:00	16:00	20:00	17:00	8:00
12	4月15日	11:00	17:00	16:00	9:00	21:00	10:00	20:00	22:00
13	4月16日	17:00	16:00	11:00	21:00	20:00	18:00	19:00	22:00
14	4月17日	17:00	16:00	14:00	11:00	20:00	12:00	10:00	21:00
15	4月20日	11:00	9:00	12:00	19:00	21:00	8:00	10:00	20:00
16	4月21日	16:00	15:00	22:00	10:00	11:00	20:00	9:00	18:00
17	4月22日	18:00	19:00	20:00	10:00	11:00	21:00	16:00	12:00

图 6-46　将时间点统计到 Excel 表中

4. 计算不同时间点出现的次数并排序

统计完4月和5月工作日的图文阅读次数时间点分布后，就可以进行计算，综合找出出现次数较多的时间点。如图6-47所示，在英文状态下输入公式“=COUNTIF（A3：I43，K2）”。

	A	B	C	D	E	F	G	H	I	J	K	L	M
1	图文阅读数–次数最多的时间点										时间点	出现次数	
2											0:00	=COUNTIF(A3:I43,K2)	
3	4月1日	20:00	21:00	8:00	17:00	22:00	9:00	11:00	12:00		1:00		
4	4月2日	17:00	18:00	19:00	20:00	21:00	11:00	9:00	16:00		2:00		
5	4月3日	20:00	17:00	8:00	9:00	11:00	17:00	16:00	21:00		3:00		
6	4月7日	11:00	20:00	17:00	21:00	22:00	18:00	16:00	14:00		4:00		
7	4月8日	18:00	19:00	21:00	20:00	22:00	11:00	9:00	12:00		5:00		

图 6-47　输入公式计算不同时间点出现的次数

按照同样的方法完成其余时间点的出现次数统计，结果如图6-48所示。但是此时的数据是由公式生成的，会影响后面的分析，所以需要将数据调整为数值格式。选中并复制数据，如图6-49所示，然后粘贴为“值”的形式，如图6-50所示，最后对“出现次数”数据列进行降序排序，如图6-51所示。此时就完成了4、5两个月内的阅读次数时间点分析。

时间点	出现次数
0:00	0
1:00	0
2:00	0
3:00	0
4:00	0
5:00	0
6:00	0
7:00	0
8:00	13
9:00	28
10:00	11
11:00	44
12:00	11
13:00	3
14:00	7
15:00	5
16:00	30
17:00	43
18:00	12
19:00	21
20:00	40
21:00	41
22:00	16
23:00	3

图 6-48　各时间点出现次数

时间点	出现次数
0:00	0
1:00	0
2:00	0
3:00	0
4:00	0
5:00	0
6:00	0
7:00	0
8:00	13
9:00	28
10:00	11
11:00	44
12:00	11
13:00	3
14:00	7
15:00	5
16:00	30
17:00	43
18:00	12
19:00	21
20:00	40
21:00	41
22:00	16
23:00	3

图 6-49　复制数据

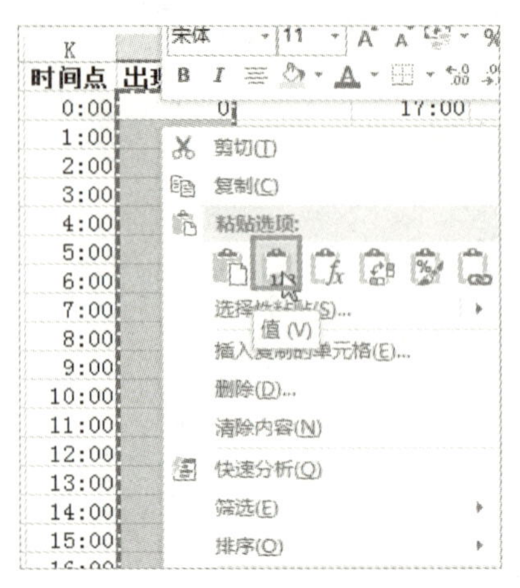

图 6-50　将数据粘贴为值的格式

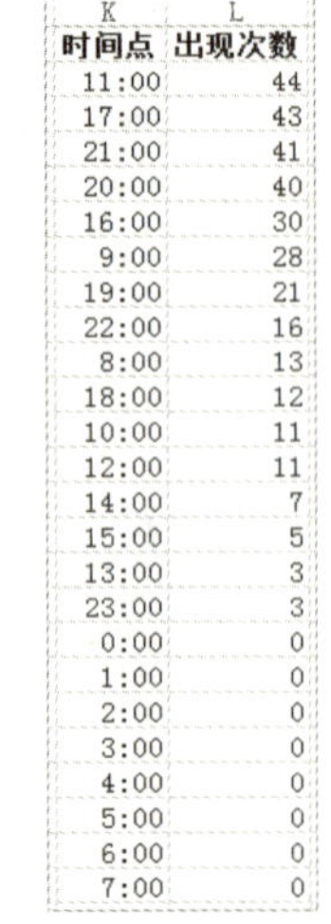

时间点	出现次数
11:00	44
17:00	43
21:00	41
20:00	40
16:00	30
9:00	28
19:00	21
22:00	16
8:00	13
18:00	12
10:00	11
12:00	11
14:00	7
15:00	5
13:00	3
23:00	3
0:00	0
1:00	0
2:00	0
3:00	0
4:00	0
5:00	0
6:00	0
7:00	0

图 6-51　排序数据

5. 统计工作日内收藏数较多的时间点并综合分析

按照同样的方法，将4月和5月内所有工作日图文收藏量较多的时间点进行统计并排序，然后加入到前面的图文阅读次数统计结果中，如图6-52所示。

这时再将阅读次数和收藏数均比较多的时间点找出来即可，同样统计排名前8位的时间点。如图6-53所示，选中阅读次数和收藏数排名前8位的时间点，然后单击“开始”选项卡下“条件格式”的下三角按钮，从弹出的下拉列表中选择“突出显示单元格规则”选项，接着再选择“重复值”选项。

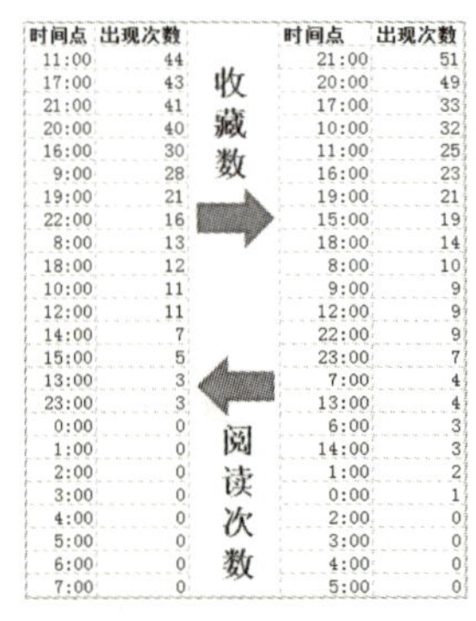

时间点	出现次数	时间点	出现次数
11:00	44	21:00	51
17:00	43	20:00	49
21:00	41	17:00	33
20:00	40	10:00	32
16:00	30	11:00	25
9:00	28	16:00	23
19:00	21	19:00	21
22:00	16	15:00	19
8:00	13	18:00	14
18:00	12	8:00	10
10:00	11	9:00	9
12:00	11	12:00	9
14:00	7	22:00	9
15:00	5	23:00	7
13:00	3	7:00	4
23:00	3	13:00	4
0:00	0	6:00	3
1:00	0	14:00	3
2:00	0	1:00	2
3:00	0	0:00	1
4:00	0	2:00	0
5:00	0	3:00	0
6:00	0	4:00	0
7:00	0	5:00	0

图 6-52　将各时间点的收藏量进行统计并排序

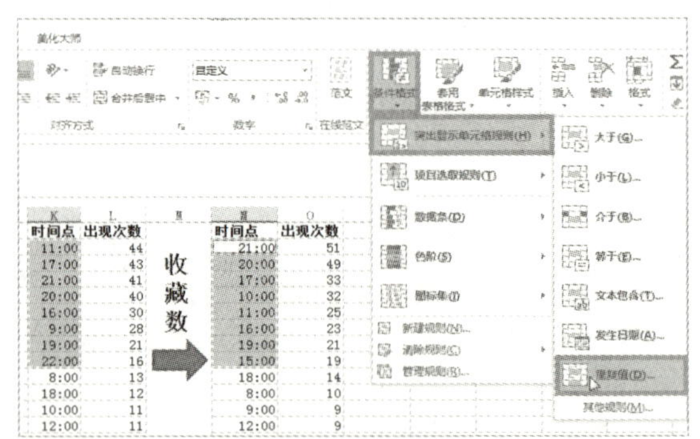

图 6-53　设置条件格式

接着会弹出“重复值”对话框，进行如图6-54所示的设置，此时就能将同时出现在阅读次数前8位和收藏数前8位中的时间点用“浅红填充色深红色文本”的方式标注出来了，如图6-55所示。

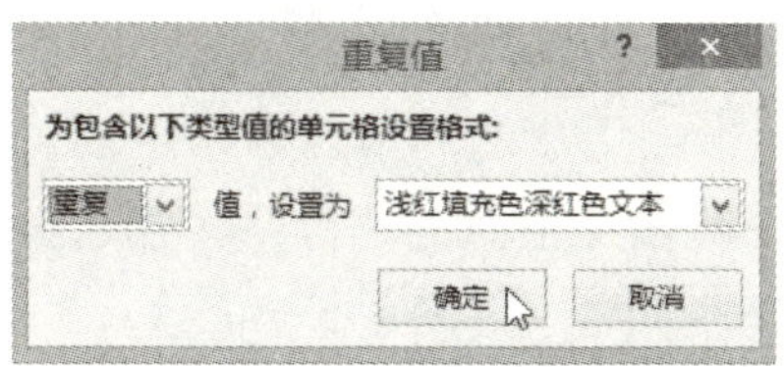

图 6-54　设置“重复值”对话框

时间点	出现次数
11:00	44
17:00	43
21:00	41
20:00	40
16:00	30
9:00	28
19:00	21
22:00	16
8:00	13

收藏数

时间点	出现次数
21:00	51
20:00	49
17:00	33
10:00	32
11:00	25
16:00	23
19:00	21
15:00	19
18:00	14

图 6-55　重复值标注结果

分析到这里，我们已经知道在4月和5月工作日中哪些时间点会得到较多的阅读次数和收藏数，但是微信公众平台推送图文消息的频率不能太高，否则会给用户造成骚扰。一天一条足矣，所以还需要找出这些时间点中的最佳时间点，方法如下。

为阅读次数和收藏数排名均较高的时间点计算得分。如图6-56所示，11：00在阅读次数中排名第一，就为8分，而该时间点在收藏数中排名第5，则为4分，那么11：00这个时间点的最终得分为12分。最后时间点的得分排序如图6-57所示，从中可以看到，该微信公众平台在工作日发布图文消息的最佳时间点是21：00。

得分	时间点	出现次数
8	11:00	44
7	17:00	43
6	21:00	41
5	20:00	40
4	16:00	30
	9:00	28
2	19:00	21
	22:00	16
	8:00	13

收藏数

时间点	出现次数	得分
21:00	51	8
20:00	49	7
17:00	33	6
10:00	32	
11:00	25	4
16:00	23	3
19:00	21	2
15:00	19	
18:00	14	

图 6-56　为筛选出来的时间点输入分数

时间点	总得分
21:00	14
17:00	13
11:00	12
20:00	12
16:00	7
19:00	4

图 6-57　最终结果

6.3　图文阅读量的相关性分析

在微信公众平台上推送图文消息是微信公众号进行宣传的重要手段，因此图文消息推送后，阅读量的多少直接影响宣传效果。当图文阅读量偏低时，微信公众号的运营人员常常做各种猜想：为什么阅读量这么低呢？是用户不喜欢发的内容？还是用户基数太少？又或者平台推送的图文消息太短/长，让用户不想阅读？

这一切都只是猜想，没有准确的数据作为依据，如何对可能影响图文阅读量的相关因素进行分析，找出影响力最大的因素呢？这就要用到Excel中的相关系数分析了。分析过程如下。

1. 将因素转换为数据

将各项因素转换为数据是十分重要的一步，因为在Excel中进行不同因素的相关系数分析时，是根据数据的大小来计算相关系数的。

将影响微信图文阅读量的部分因素转换为数据的方法如下。

（1）图文消息的长短。图文消息的长短会影响用户的阅读体验，进而影响用户决定是否转发或收藏图文消息，从而间接地影响图文消息的阅读量。那么微信图文消息的长短可以用划过的屏数来表示，如5屏就用“5”表示。

（2）用户数量。用户数量越多，阅读量可能会越多。用户数量可以直接用本来的数据表示，如5000人就用“5000”表示。

（3）图文消息发布的频率。图文消息发布的频率会影响用户的黏性。发布的频率低，用户会渐渐地不再有阅读该平台图文的习惯；发布的频率高，用户会觉得很烦，产生厌倦情绪。图文消息的发布频率也可以用数字表示，一天一次，可以记为“1”；两天一次，则记为“0.5”；三天一次，则记为“0.3”。

（4）图文消息内容的类型。不同的用户有不同的阅读喜好，因此当图文消息的类型不同时，会让用户产生不一样的阅读欲望。图文消息内容的类型同样可以用数字来表示。例如，与健康相关的文章，可以编号为“1”；与美食相关的文章，可以编号为“2”。如此一来，就将图文消息内容的类型转换为数据了。

2. 利用Excel进行相关系数计算

将可能与阅读量相关的一些因素转换为数据后列入数据表中。注意，这里并不要求数据之间有严格的时间顺序，但是要求数据必须严格对应。如“A2”单元格中的阅读量为“4661”，这一天所对应的图文消息屏数是“5”，用户数量是“29814”人，这些都是严格对应的。最终创建好的数据表如图6-58所示。

	A	B	C	D	E	F
1	阅读量(人)	图文消息的屏数（屏）	用户数量(人)	新增用户数量（人）	图文发布的频率（次/天）	图文内容的类型
2	4661	5	29814	25	1	1
3	4215	6	31542	61	2	1
4	1245	5	21110	25	0.5	3
5	3215	4	21543	42	1	1
6	4125	9	39451	16	1	1
7	2973	7	26421	42	1	5
8	1245	5	24651	98	1	3
9	1245	4	23154	101	0.5	3
10	3254	3	26412	120	0.3	1
11	1542	5	29745	122	0.5	3
12	6541	4	31546	131	1	1
13	2135	8	15648	51	0.3	2
14	4125	6	21101	42	1	1
15	4215	4	42134	65	1	1
16	4125	8	26497	75	1	1
17	2234	7	19875	48	2	4
18	1246	5	18745	75	1	3
19	3215	4	14687	84	2	1
20	4215	6	29784	75	1	1

图 6-58　数据表

接下来就要计算因素的相关系数了。如图6-59所示，单击“数据”选项卡下“分析”组中的“数据分析”按钮，接着在如图6-60所示的“数据分析”对话框中选择“相关系数”选项并单击“确定”按钮。

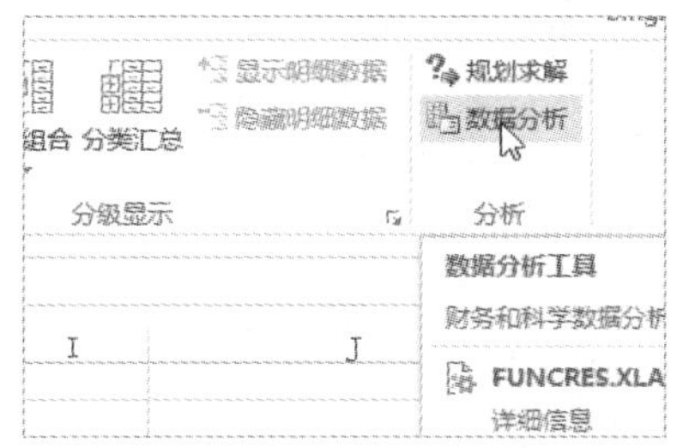

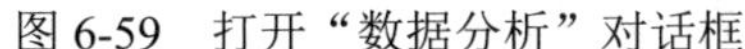

图6-59　打开“数据分析”对话框

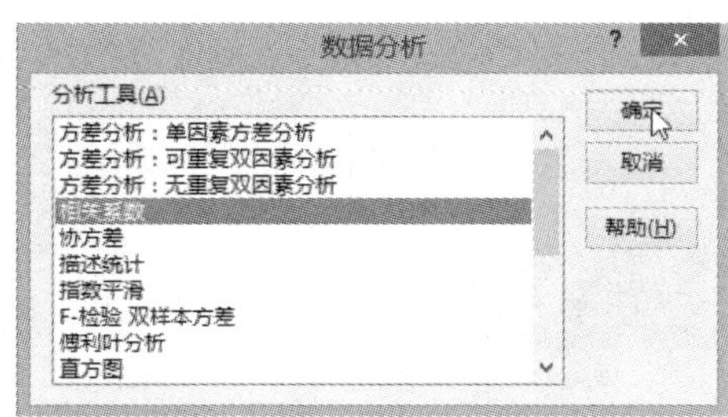

图6-60　选择“相关系数”选项

此时会弹出“相关系数”对话框，设置对话框如图6-61所示。“输入区域”可以手动用鼠标选中表格中的所有数据。由于表格中的一列数据代表一项因素，因此这里选择“逐列”的分组方式。勾选“标志位于第一行”复选框，表示数据表中的第一行为数据字段，然后选择一个输出区域，如这里选择“A28”单元格。

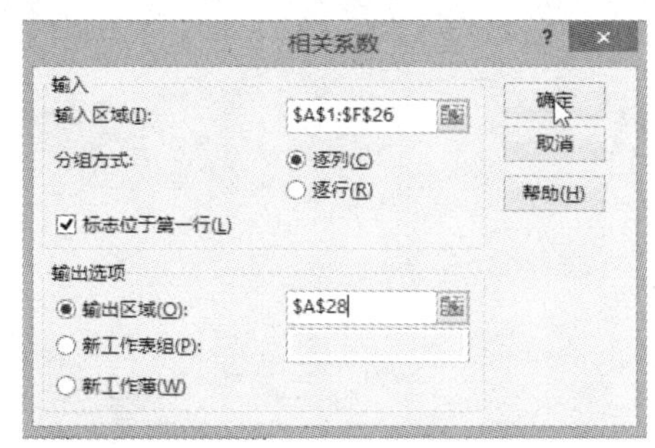

图6-61　设置“相关系数”对话框

3. 分析因素的相关系数

经过前面的计算，得出如图6-62所示的各项因素间的相关系数。由于这里分析的是其他因素对阅读量的影响，所以对于表中的数据结果，只需要看前面线框内的部分即可。

相关系数介于-1～1之间，越往两边靠，表示相关性越大。正数表示正相关，负数表示负相关。

从图6-62中可以看出，影响该微信公众平台阅读量最大的两项因素是用户数量和图文内容的类型。用户数量是正相关，表示用户数量越大，阅读量越大；而图文内容的类型是负相关，表示图文内容类型的编号越大，阅读量反而越小。

	A	B	C	D	E	F	G
28		阅读量(人)	图文消息的屏数（屏）	用户数量(人)	新增用户数量（人）	图文发布的频率（次/天）	图文内容的类型
29	阅读量(人)	1					
30	图文消息的屏数（屏）	-0.095871675	1				
31	用户数量(人)	0.576561001	-0.018136774	1			
32	新增用户数量（人）	0.055007666	-0.510240681	0.056600042	1		
33	图文发布的频率（次/天）	0.011826369	0.200796225	-0.199254054	-0.208401351	1	
34	图文内容的类型	-0.683835675	0.326385682	-0.340809127	-0.078614211	0.089300806	1

图6-62　各项因素间的相关系数

第 7 章 用户每一次发送消息都值得推敲

微信公众平台与用户的互动大多体现在消息的发送上。微信后台的功能模块中有专门分析消息的模块，在这里可以看到用户主动向平台发送了什么消息、有多少用户发送了消息、这些用户都是在什么时候发送消息的……

很多微信公众平台的运营人员并没有把与消息有关的数据当作一回事，觉得这仅仅代表用户的一次消息发送，用户只是为了获取自己所需要的信息而已。

其实，与用户的每一次互动都值得推敲，因为从消息数据中可以看出用户的喜怒哀乐，分析出不同商品的受欢迎程度，找出用户的需求所在等。

7.1　分不同的时间单位分析用户消息

在微信后台数据中，切换到“消息分析”功能模块下，可以看到“消息分析”和“消息关键词”两大部分的内容。本节首先进行“消息分析”页面数据的分析。

在“消息分析”页面下，可以选择“小时”“日”“周”“月”4个时间分析用户消息的发送数据。

7.1.1　用户消息发送的“小时报”数据

选择以“小时报”为单位进行用户消息分析，其分析思路是这样的：用户会在一天24小时中的什么时间点进行消息发送？发送的数量和频率是多少？有了这样的思路，下面来看看具体的数据分析。

1. “小时报”趋势图分析——“消息发送人数”趋势图

以“小时报”为单位，结果如图7-1所示。从图中可以看到该微信公众平台在所选时间段内平均一天24小时中不同时间点的用户消息发送人数。仔细看这张图可以发现，在所选日期内，该微信公众平台的用户发送消息的时间点十分集中，集中在10：00、14：00、16：00、17：00、20：00。

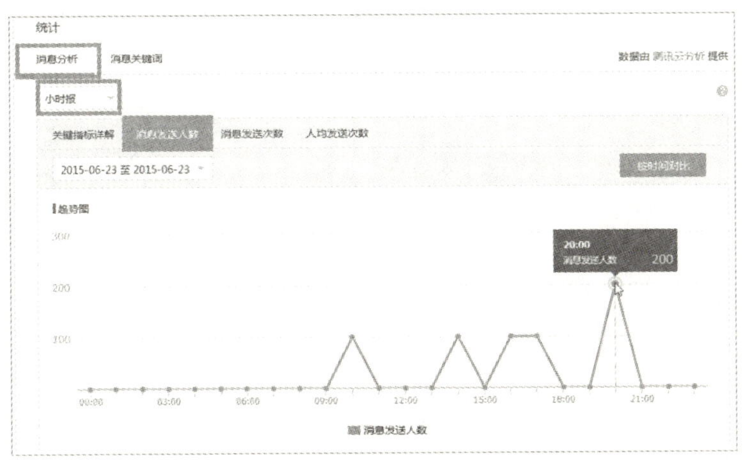

图 7-1　“消息发送人数”趋势图

如果连续观察多个日期下的用户消息发送时间点分布，都出现了类似的集中时间点，由此可以判断，该微信公众平台的用户会在这样几个时间关注微信号，并且有时间发送消息，是比较不错的互动时间点。

2. “小时报”趋势图分析——“消息发送次数”趋势图

在“小时报”趋势图页面中，还可以切换到“消息发送次数”或者是“人均发送次数”内容显示页面。如图7-2所示就是“消息发送次数”趋势图。分析消息在不同时间点的发送次数，可以帮助微信公众平台的运营人员了解用户在什么时候积极性最高，最有热情与平台进行互动。

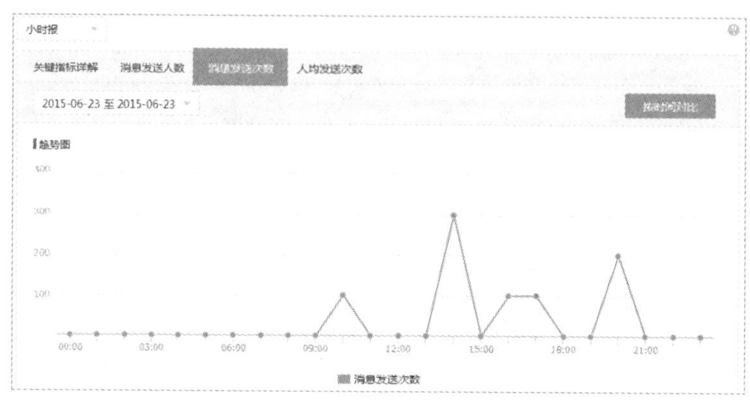

图 7-2 “消息发送次数”趋势图

3. “小时报”趋势图分析——“人均发送次数”趋势图

切换到“人均发送次数”页面下，如图7-3所示，可以分析在所选日期内不同时间点用户的人均发送消息数，从而推断出用户一天中比较空闲的时间段，有助于研究最佳互动时间。

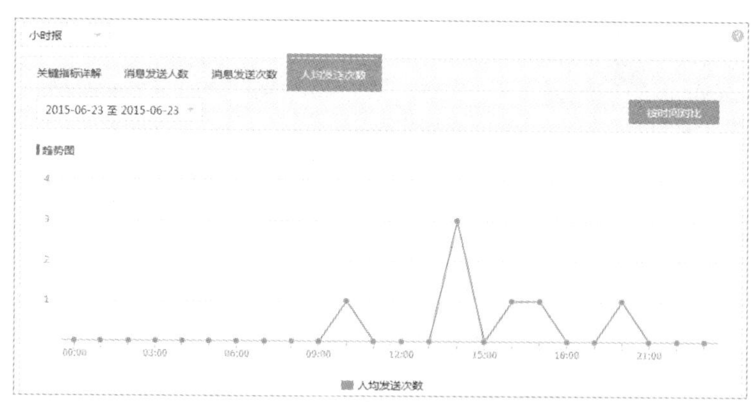

图 7-3 “人均发送次数”趋势图

4. “小时报”趋势图分析——“不同日期对比”趋势图

在“小时报”的趋势图页面中，还可以选择不同的日期进行对比。例如，可以选择工作日和周末分析用户的消息发送时间点分布。例如，如图7-4所示，选择6月

1日和6月7日这两个日期，它们分别是周一和周日。在图中，圆形标注的趋势线代表6月1日，而菱形标注的趋势线则代表6月7日。

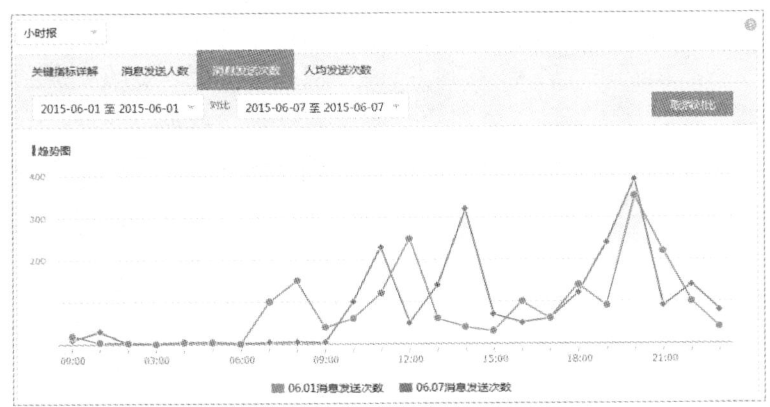

图 7-4　“消息发送次数”在不同日期下的对比

从图中可以看到，在这两个日期下，用户发送消息的高峰时段是不相同的。在周一，用户更倾向于选择工作之外的时间发送消息；而在周日，用户选择的消息发送时间比较弹性化，并且不会太早。除此之外，不论是周一还是周日的20：00，用户似乎都比较有空，都可能会进行消息发送。

5. 查看“小时报”数据表

在用户消息发送的“小时报”趋势图中只能查看到不同日期下的消息发送量分布，要想分析出某微信公众平台的用户平均每天的消息发送分布，还需要借助于下方的“详细数据”表。如图7-5所示，表中显示了对应时期下一天24小时中不同时间点的用户消息发送人数、消息发送次数、人均发送次数。需要提醒的是，表格中的数据仅显示消息数据不等于0的时间点。该图中没有11：00，表示该时间点没有用户发送消息。

详细数据　　导出CSV

时间	小时	消息发送人数	消息发送次数	人均发送次数
2015-06-23	10:00	100	100	1.0
	14:00	100	300	3.0
	16:00	100	100	1.0
	17:00	100	100	1.0
	20:00	200	200	1.0

图 7-5　以“小时”为单位的“详细数据”表

至于如何统计用户消息发送最多的时间点分布，可以参照6.2.2节。

6. 分析“小时报”数据究竟有什么用

看完了上面对“小时报”中各个数据内容的介绍，是不是会有这样的疑问——这样分析消息数据又有什么用呢？

其实，不同的用户由于其职业等各种因素的不同，作息时间也不同，找到用户发送消息相对比较集中的时间，就可以判断出这些时间点是用户的空闲时间点。如果微信公众平台需要与用户进行更多的互动，这些时间点无疑是最佳选择。

需要注意的是，在前面的图文分析中，也能以“小时”为单位查看图文消息在不同时间点的阅读量、转发量、收藏量。分析图文消息的小时数据同样是为了找到用户阅读微信图文消息、转发微信图文消息、收藏微信图文消息的最佳时间点。

那么问题来了，这个时间点和这一小节中的用户消息发送的时间点分布有什么不同吗？难道不可以在用户阅读图文消息或者是转发图文消息相对比较集中的时间点发送消息吗？

其实，图文分析中的时间点分布与用户消息发送的时间点分布是有区别的。站在用户的角度思考问题就会发现，用户在阅读图文消息时不一定方便与微信公众平台进行互动。例如用户在公司上班时，他可能可以方便快速地浏览一篇图文消息，却没有时间发送消息与微信公众平台进行互动；但是当用户下班身处家中时，情况显然就不一样了。

任何一种营销都讲究天时、地利、人和。微信公众平台与用户进行消息互动是一种即时的营销方法。选择有需求的用户，在其身处恰当的地点、位于合适的时间段，发送消息与其互动，无疑是一次占据了天时、地利、人和的营销。

7.1.2 用户消息发送的“日报”数据

在“消息分析”功能页面中，还可以选择以“日”为单位进行用户消息分析，其分析思路是这样的：在“昨日”内，发送消息的用户比起1天前、7天前、30天前是增加了还是减少了？消息发送的次数和人均发送次数这两个数据指标的情况又是如何呢？在固定时间段内，用户每天的消息发送量是多少？每天的消息发送次数是多少？每天的人均发送次数又是多少？固定时间段内的整体数据趋势又是怎样的呢？

下面来看具体分析。

1. “昨日关键指标”数据分析

在以“日”为单位查看用户消息发送数据的页面中，首先可以看到的就是“昨日关键指标”数据。类似于这样的“昨日关键指标”数据在“用户分析”和“图文

分析”功能模块中都出现过，分析方法也是相通的。

如图7-6所示就是某微信公众平台中用户消息发送的“昨日关键指标”数据内容。

消息分析 消息关键词 数据由腾讯云分析提供

日报

昨日关键指标

消息发送人数	消息发送次数	人均发送次数
316	453	1.4
日 ↓16.2%	日 ↓33.7%	日 ↓25.1%
周 ↓33.3%	周 ↓27.6%	周 ↑9.1%
月 ↑25.1%	月 ↑14.3%	月 ↑10.8%

图 7-6 “日报”数据中的“昨日关键指标”

从图中可以看到，“昨日”发送消息的用户数和消息的发送次数与1天前、7天前相比均有所下降，但是与30天前相比却有所上升，这就说明该月内用户发送消息的积极性虽然有所提高，但是却在最近1周左右又有下降，因此微信运营人员需要审视最近1周的营销方式。

而人均发送次数与1天前相比有所下降，但是与7天前、30天前相比却有所上升，说明用户发送消息的频率基本保持上升状态。

2. “日报”数据中的其他数据分析

在以“日”为单位查看用户的消息发送数据时，除了可以看到“昨日关键指标”数据外，还可以看到在固定时间段内“消息发送人数”“消息发送次数”“人均发送次数”3项数据趋势图以及“消息发送次数分布图”。

如图7-7所示就是固定时间段内的“消息发送人数”趋势图。从图中可以看到，在所选时间段内，该微信公众平台每天的消息发送人数保持在比较固定的起伏趋势下。没有持续性特别大的上涨，也没有持续性特别大的下跌，说明用户的积极性比较稳定。

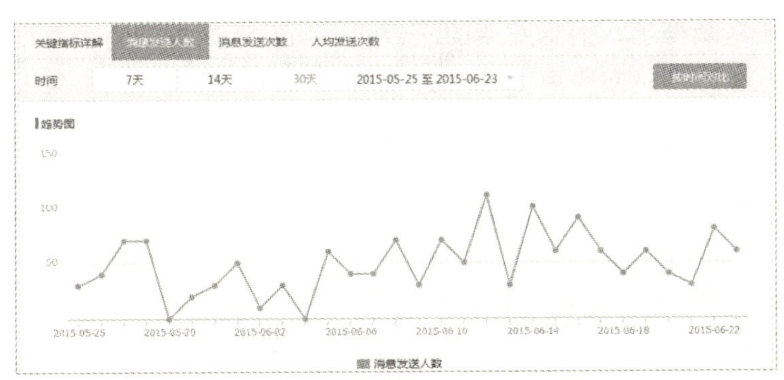

图 7-7 “日报”数据中的“消息发送人数”

在“消息发送人数”“消息发送次数”“人均发送次数”趋势图的下方都会显示“消息发送次数分布图”，如图7-8所示。从图中可以看到，在固定时间段内，用户发送消息的频率主要为1～5次，而发送消息的频率在6～10次的用户只占了0.68%。

消息发送次数分布图

消息发送次数	消息发送人数	占比
1-5次	146(99.32%)	
6-10次	1(0.68%)	

图 7-8 “日报”数据中的“消息发送次数分布图”

在“日报”页面的最下方有“详细数据”表格，如图7-9所示。在该表格中，可以看到不同日期下具体的消息发送人数、消息发送次数、人均发送次数。同时，利用表格的排序功能，还能快速找出哪些时间内用户发送的消息比较多、频率比较大。

详细数据　　导出CSV

时间	消息发送人数	消息发送次数	人均发送次数
2015-06-01	50	120	4.6
2015-06-17	60	140	4.1
2015-06-02	10	20	3.9
2015-06-22	80	160	3.7
2015-06-07	40	70	3.2
2015-05-28	70	110	2.6
2015-06-18	40	60	2.4
2015-06-12	110	150	2.0
2015-06-10	70	10	1.8

图 7-9 “日报”数据中的“详细数据”表

7.1.3 用户消息发送的“周报”数据

在“消息分析”功能模块下，将数据的时间单位切换到“周报”，就会看到以周为单位显示的用户消息发送数据。

以周为单位分析用户消息发送数据，有助于微信公众平台的运营人员分析、对比用户在每一周的消息发送情况。

1. 分析“周报”趋势图数据

如图7-10所示是5月份完整的三周内用户消息发送人数。从图中可以看到，在5

月的第二个完整周内，发送消息的用户有明显的上升趋势，并且也在同一周达到了顶峰，但是在随后的一周内却出现了持续下降的趋势。

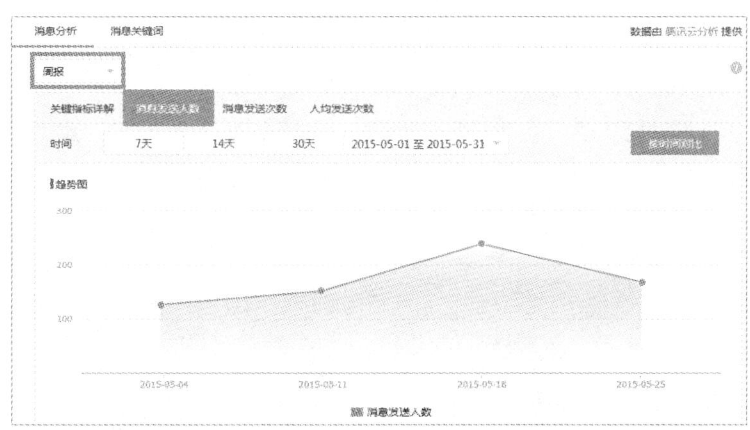

图 7-10　“周报”数据中的“消息发送人数”趋势图

出现这样的情况就要顺藤摸瓜去分析5月份的第二个完整周内，微信公众平台究竟有什么动作，让用户积极性提高。而到了第三周，平台又有了什么动作，是不是停止了之前的活动或者是改变了营销方案，让用户不再积极发送消息。如果是平台停止了之前的活动，那么出现用户消息发送人数下降属于正常情况。但是，如果是平台改变了营销方案出现发送消息的用户数量下降，就说明该活动方案对用户而言没有足够的吸引力，或者说该活动方案损害了用户的利益，所以用户不再愿意积极参加。

此时，微信公众平台的运营人员可以切换到“消息发送次数”和“人均发送次数”选项卡下，进行其他指标数据的查看。

2. 查看“周报”的“消息发送次数分布图”

同样，在“周报”数据页面中还有“消息发送次数分布图”，如图7-11所示。从图中可以看到在所选择的时间段内用户发送消息的频率对应的人数和占比，从而让微信平台的运营人员对该段时间内用户的消息发送率有一个大体的了解。

消息发送次数分布图

消息发送次数	消息发送人数	占比
1-5次	677(98.8%)	
6-10次	9(1.2%)	

图 7-11　“周报”数据中的“消息发送次数分布图”

3. 查看“周报”的“详细数据”表

在“周报”数据中自然也可以查看所选时间段内详细的数据表，如图7-12所示。

详细数据　　导出CSV

时间	消息发送人数	消息发送次数	人均发送次数
2015-05-04	126	325	2.6
2015-05-11	173	210	1.2
5015-05-18	245	720	2.9
2015-05-25	182	352	1.9

图 7-12　“周报”数据中的“详细数据”表

7.1.4　用户消息发送的“月报”数据

在“消息分析”中，再将时间单位切换到“月报”，就能看到每个月的用户消息发送数据。以“月”为单位分析用户的消息发送数据，有助于分析微信公众平台长期的用户积极性。

1. 分析“月报”数据趋势图

如图7-13所示是“月报”数据中的“消息发送人数”趋势图。从图中可以看到，所选时间段是3月到5月这3个月内的用户消息发送人数波动状况，该趋势图显示该微信公众平台的消息发送人数一直处于上升状态，说明这3个月的营销做得不错，用户的积极性不仅有较好的保持，还呈现增长状态。

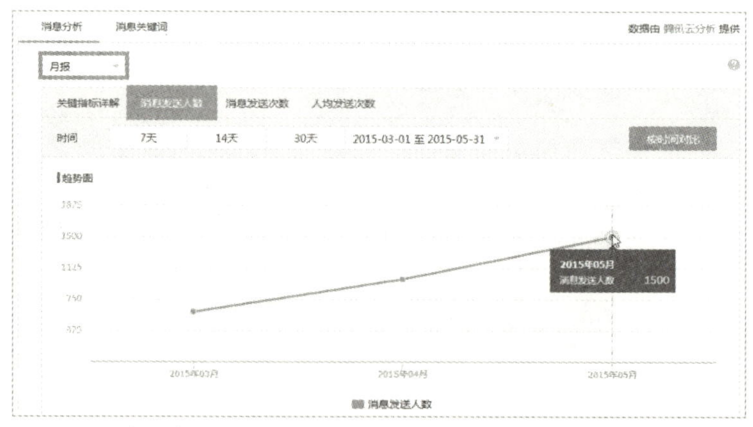

图 7-13　“月报”数据中的“消息发送人数”趋势图

当然，也可以切换到“消息发送次数”和“人均发送次数”选项卡下，查看其他指标的月度数据趋势。

2. 查看“月报”数据的“消息发送次数分布图”

同样，在“月报”数据页面下，也可以看到“消息发送次数分布图”，如图7-14所示显示了在所选时间段内用户发送消息的频率及占比情况。

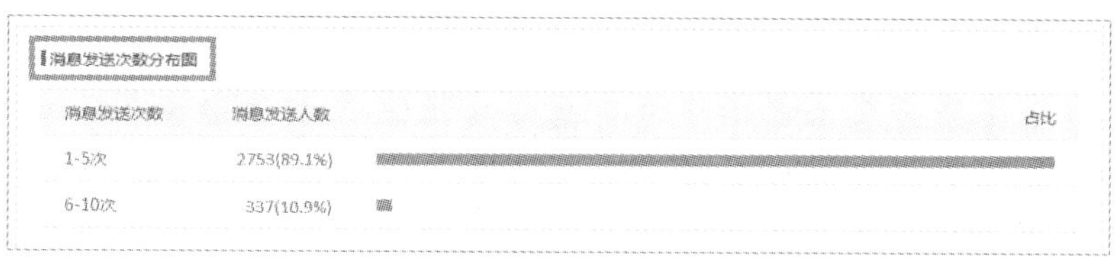

消息发送次数分布图

消息发送次数	消息发送人数	占比
1-5次	2753(89.1%)	
6-10次	337(10.9%)	

图 7-14 “月报”数据中的“消息发送次数分布图”

3. 查看“月报”数据的“详细数据”表

在“月报”数据下方有“详细数据”表，利用它可以快速查看到所选时间段内的每月用户消息发送数据，如图7-15所示。

详细数据 导出CSV

时间	消息发送人数	消息发送次数	人均发送次数
2015年05月	1500	4112	2.7
2015年04月	990	2561	2.6
2015年03月	600	1973	3.3

图 7-15 “月报”数据中的“详细数据”表

7.1.5 将用户的参与度提高到理想效果

在微信公众平台中，设计小游戏、小活动，让用户通过发送消息等方式参与进来，表面上看似乎不能让微信平台背后的企业盈利，并且还可能因为活动的设置有赠送礼物的环节而增加微信运营的成本。

其实大家需要想明白一个问题，让用户通过发送消息等方式参与微信公众平台互动，目的是增加用户的融入感，让用户对微信公众平台的熟悉度有所提高。久而久之，微信公众平台就可以以一个朋友的形象存在于用户的联系人中。有研究发现，当用户有购物需求时，更倾向于购买那些自己有过参与的企业的商品。因此，利用微信公众平台提高用户的参与感，是巩固用户基础的一个重要环节。下面来看一个不太成熟的微信公众平台是如何一步一步地将用户的参与感提高到理想效果的。

案例背景：L公司是一家运营状态良好的葡萄酒公司，该公司的微信公众平台刚运营了3个月的时间，并不算是一个十分成熟的微信公众平台。但是该微信公众平台目前已经积累了6000左右的用户。现在，微信公众平台想多举办一些小活动，让用户积极地参与进来，增加用户对微信公众平台的黏性。该公司的微信公众平台由于发展得并不成熟，因此并不能一开始就成功激活用户的参与感，而是在活动实施的过程中不断分析数据，发现问题，进行改进，最后才达到了理想的效果。

1. 初始活动策划与效果

L公司的微信公众平台最开始的活动策划是这样的：设计读文章找答案有奖问答活动，并且每天会从答对的用户中抽取10%的用户来赠送神秘小礼物。如图7-16所示是该公司在微信公众平台中的活动介绍部分，而图7-17则是活动的问题设置部分。该活动还有一个特点，那就是回答问题前需要阅读的文章都是与公司相关的，微信公众平台的运营人员就是想借这样的一个机会，在增加用户参与感的同时增加用户对公司的了解。

图 7-16　有奖问答活动介绍

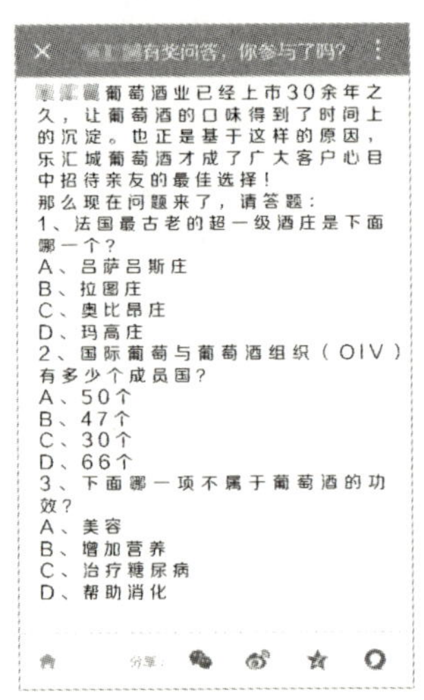

图 7-17　有奖问答活动问题设置

活动进行一周后，微信公众平台的运营人员查看了微信后台数据，进行了效果分析。首先查看“消息分析”下“日报”数据页面中的“昨日关键指标”数据，如图7-18所示。从图中的数据可以看到，“昨日”的所有关键指标都呈上升状态，是个不错的趋势。但是仔细一看，各指标与7天前相比、与30天前相比都增加得不多，例如“消息发送人数”与7天前相比仅增加了54.8%。按照一般情况，该活动开展一周后，增幅应该比下面的数据要大才对。

接着再看该微信公众平台最近14天的“消息发送人数”趋势图，如图7-19所示。从图中可以看到，在最近14天内发送消息的用户数确实呈增长状态，并且增长趋势主要是从活动开始的这一天，即6月28日开始的。

再看看具体的数据，在7月6日这天，发送消息的用户数大约是320人，已经是最近10天的最高值。该微信公众平台的总用户数大约有6000人，而7月6日，积极参

加有奖问答活动的用户只占到了5.3%左右。这样一计算就知道该微信公众平台策划的这个活动虽然有效果，但是效果并不理想，没有充分调动用户的参与积极性。

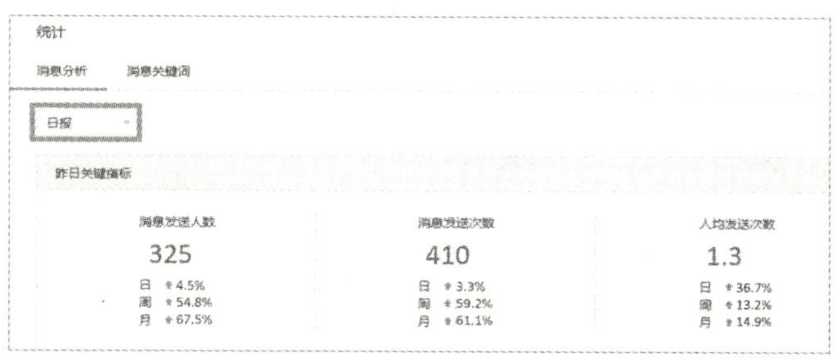

图 7-18　“昨日关键指标”分析

图 7-19　“消息发送人数”趋势图

为了弄明白有奖问答活动没有充分调动用户参与积极性的原因，L公司的微信公众平台运营人员特意分析了有奖问答活动做得很成功的案例，如图7-20和图7-21所示。从这两个案例中可以发现，它们的有奖问答都写明了奖品是什么，而不是用“神秘大礼”一笔带过。这样做的好处就是能最大限度地刺激用户参与。

图 7-20　微信有奖问题成功案例（一）

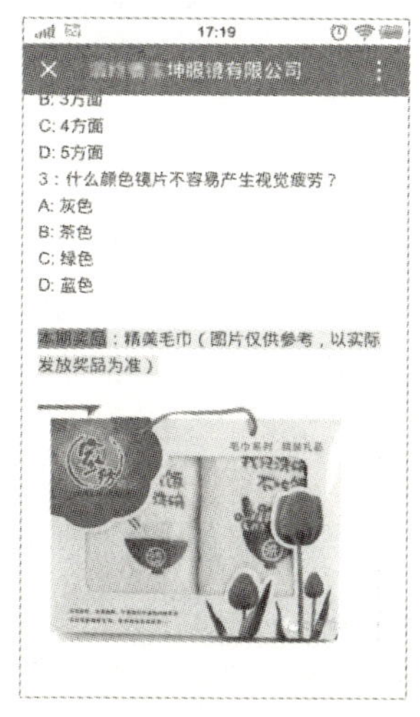

图 7-21　微信有奖问答成功案例（二）

2. 改进活动方案后的效果

经过前面的分析，L公司微信公众平台的运营人员将此次有奖问答的活动进行了修改，改动增加的内容为“神秘礼物什么的都弱爆了！答题有奖，送真正的现金红包，价值50元哦。”

方案改进后，微信公众平台的运营人员又查看了运营一周后的效果。

“日报”中的“昨日关键指标”数据如图7-22所示。从图中可以看到，在改进有奖问题活动方案后，发送消息的用户数量明显增加了，其中“昨日”发送消息的用户比起7天前增加了86.6%，比起30天前增加了259.1%。这是很不错的进步，但是消息发送次数和人均发送次数的增长幅度却不那么理想。

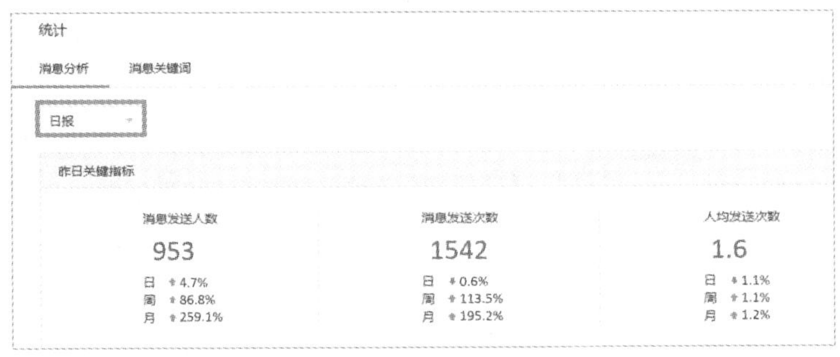

图 7-22　“昨日关键指标”数据

为了进一步分析方案改进后的效果，接着再查看了“消息发送人数”趋势图，如图7-23所示。在上一步中，微信公众平台的运营人员在活动进行一周后，也就是在7月7日这天改进了方案并实施。从图中也可以看出，从7月7日这天起，发送消息的用户数比之前有了较大的增长，在7月13日这天大约达到了900人。

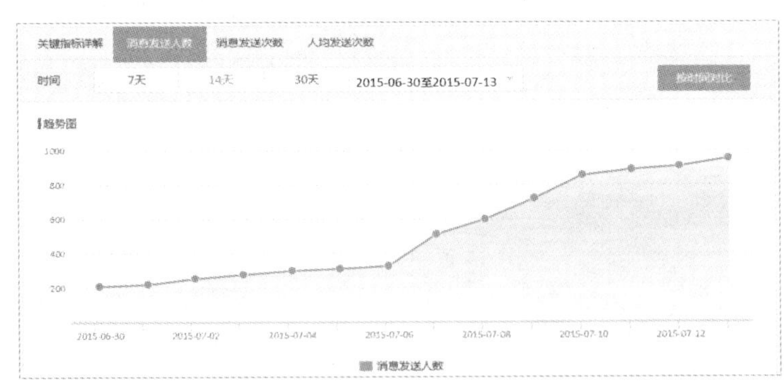

图 7-23　“消息发送人数”数据

可见，微信公众平台的运营人员认为活动的缺点是没有说明答对题目有什么奖励的这个思路是正确的。因为将这个缺点改进后，发送消息的用户数确实有大幅度的提高。

从图7-22的“昨日关键指标”中可以看到，“消息发送次数”和“人均发送次数”的指标增长不是特别理想。虽然大多数的有奖问题活动都会限定用户每天只能参加一次，但本活动中却没有这样的限制，并且在一天中会有5道问答题供用户选择回答，用户也可以回答完所有的5道题目。因此按照道理，用户的参与度应该更高才对。

如图7-24所示是“消息发送次数”趋势图，从中可以看到，虽然它是呈上升趋势的，但是上升的幅度却没有图7-23所示的消息发送人数大。

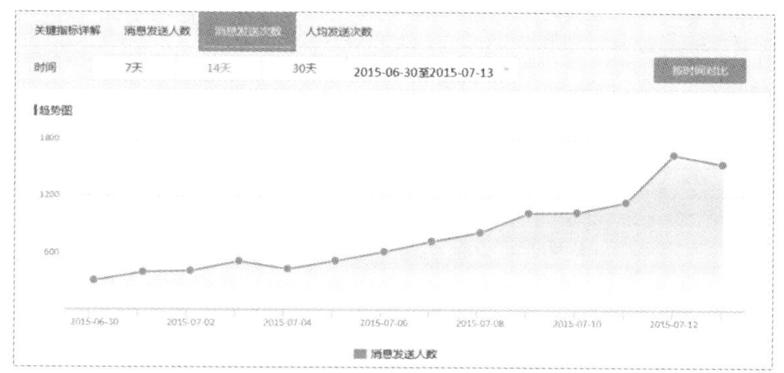

图 7-24　“消息发送次数”数据

再看看如图7-25所示的“人均发送次数”趋势图，可以看到，该数据指标并没有明显的增长趋势，指标保持在1～2之间。

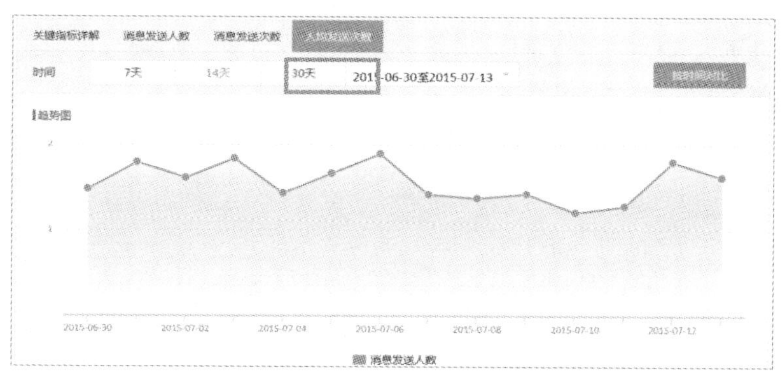

图 7-25　“人均发送次数”数据

方案改进后，经过对比其他微信公众平台的有奖问题活动设置，L公司微信公众平台的运营人员又发现大多数有奖活动都会限制用户的参与次数，这是因为次数限制可以加强用户对参与机会的珍惜度，从而更加积极地参加活动。并且L公司的微信公众平台有奖问答活动还有一个缺陷，那就是奖品的量不够大。因为奖品是50元的现金红包，出于成本的考虑，就不可能在答题正确的用户中抽取太大比例来领取红包，这就造成大多数用户感觉这个活动根本就没有机会获奖。这样一来，就不利于用户长期通过发送消息的方式与微信平台进行互动。

综合以上两点因素，再次对活动方案改进。改进的地方为：将用户参加活动的次数由不限制调整为每天3次；将50元现金红包改为5元、15元、30元，以此来增加中奖的用户比例。

3. 再次改进活动方案后的效果

每一次发现方案的问题并进行改进后，同样要看新方案实施后的效果。如图7-26所示是新方案实施一周后监控到的最近14天的数据。新方案是7月14日开始实施的，新方案的实施并没有减小发送消息的用户数，用户数呈增长趋势，说明新方案有利于增加参与活动的用户数量。

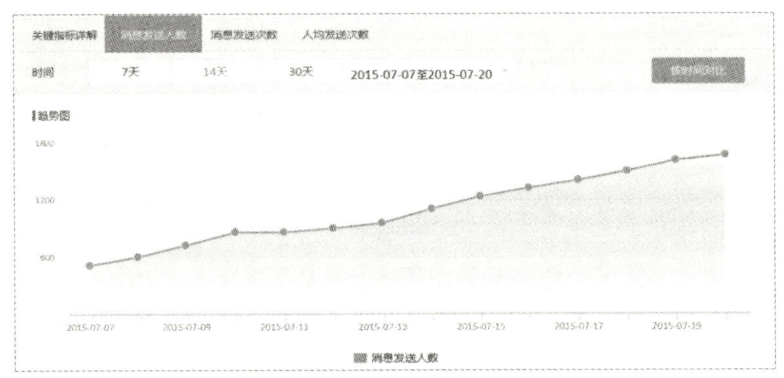

图 7-26　“消息发送人数”趋势图

那么，新方案能不能提高用户的参与频率呢？再来看如图7-27所示的“人均发送次数”趋势图。从图中可以看到，从7月14日这天开始，用户的参与频率确实有所提高，并且在7月19日这天达到了4次。

图 7-27　“人均发送次数”趋势图

由此可见，每个用户限制参加3次有奖问题的规则确实激发了用户“将这3次宝贵的机会用完”这样的想法，并且用户与平台的互动增加了，用户不仅会在参加有

奖问答活动时发送消息，还会因为其他原因向平台发送消息进行互动。

至此，该活动方案也就改进得比较不错了，因为用户参与的数量和质量都有了很大的提高。通过这样的方式，相信用户很快就会融入到L公司的各种营销活动中去。

7.2　看看用户究竟发送了什么消息

合理地利用微信公众平台的消息回复功能，可以达到与用户即时互动的效果，让用户有一个良好的途径来获取自己所需的信息。如果微信公众平台的运营人员时间和精力允许，还可以时时监控用户的消息回复，做到有问必答。总之，微信公众平台的消息回复功能，真正实现了与用户的互动，让用户不再觉得微信公众平台是冰冷的机器，而是有血有肉的个体。

在用户与微信公众平台的互动中，用户每一次发送消息都会被记录下来，并且通过数据的形式表现，这就大大地方便了微信公众平台的运营人员对用户的消息进行分析。分析用户回复消息的关键词数据，可以知道企业的什么产品比较好卖，知道用户想要表达什么，知道用户的喜好。

7.2.1　理解微信消息自动回复机制

首先，微信公众平台的运营人员可以在微信公众平台中设置消息的自动回复。方法是切换到“自动回复”功能模块中，然后根据需要选择“被添加自动回复”“消息自动回复”“关键词自动回复”来进行设置。

其中，“被添加自动回复”设置的是用户关注微信公众平台后自动向用户发送的消息。这样的消息通常表示感谢用户的关注，常常包含“欢迎关注×××”等字样，如图7-28所示。

而“消息自动回复”设置的是用户发送其自定义的消息给微信公众平台后自动发送的回复消息。这样的回复作用在于不让用户的消息得不到回应，提高微信平台的服务质量。如图7-29所示，用户发送了自定义消息后，系统进行了回复，告诉用户一些相关信息。

比较重要的就是“关键词自动回复”，微信公众平台与用户的很多互动都会通过这样的消息回复设置来实现。如图7-30所示，切换到“关键词自动回复”选项卡页面下，单击“添加规则”按钮可以创建一条关键词自动回复规则。如图中的第12

条规则，它的关键词是“四川”，回复内容有1条文字、1条图片。设置成功后，用户向该微信公众平台发送关键词“四川”时就可以得到相应的1条文字和1条图片的回复。

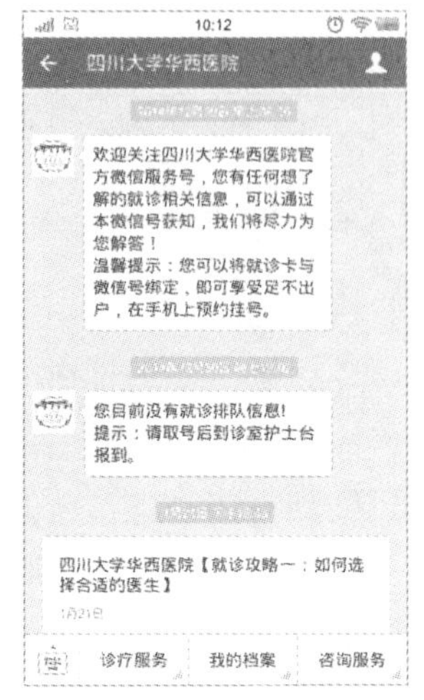

图 7-28　被添加的自动回复

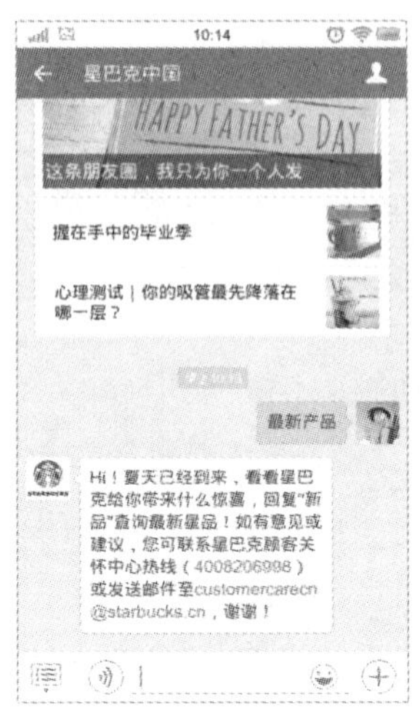

图 7-29　用户自定义消息的自动回复

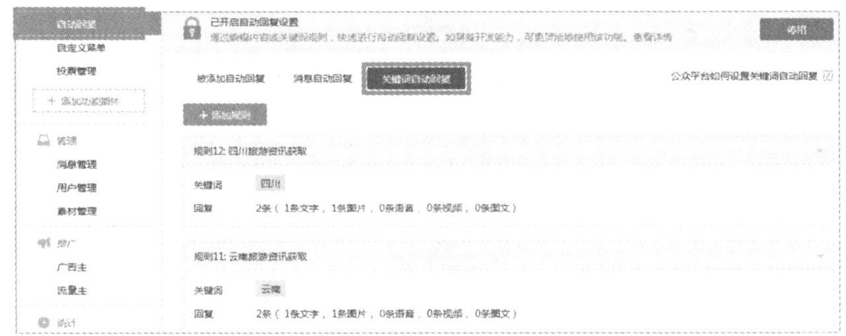

图 7-30　“关键词自动回复”设置

7.2.2　找到用户消息回复所对应的数据

上一小节中讲解了微信公众平台的消息自动回复机制。在这3种消息自动回复设置中，除了“被添加自动回复”外，“消息自动回复”及“关键词自动回复”都有对应的数据可以分析。这两个类型的用户消息回复对应的数据分别是“非自定义关键词”数据和“自定义关键词”数据。

微信公众平台的运营人员可以切换到微信后台数据“消息分析”功能模块的“消息关键词”选项卡下进行分析。如图7-31所示是Y餐饮企业的微信公众平台中的“全部”消息数据展示。从图中可以看到，用户发送数量最多的前6个消息关键

词，分别是“订餐”“外卖”等。从这些关键词的发送数量可以分析出微信公众平台用户的需求情况是这样的：用户最需要通过微信公众平台来订餐，其次是订外卖，然后是订小吃和付款，等等。

统计

消息分析 消息关键词　　数据由 腾讯云分析 提供

消息关键词 TOP200 全部 自定义关键词 非自定义关键词

时间 7天 14天 30天 2015-05-30 至 2015-06-28 输入关键词查询排行

详细数据　　导出CSV

排行	消息关键词	出现次数	占比
1	订餐	440	
2	外卖	430	
3	小吃	350	
4	付款	340	
5	新菜品	140	
6	厨师选择	120	

图 7-31　“消息关键词”数据下的“全部”数据

通过设置关键词自动回复，用户只需要发送对应的关键词，就能获取到对应的资讯和服务。想要查看系统设置的自动回复关键词，哪些词的发送频率比较高，就需要在“自定义关键词”下面进行查看。

如图7-32所示是Y餐饮企业的“自定义关键词”数据。将该数据与图7-31中的数据进行对比可以发现，该微信公众平台设置的自动回复消息收效比较大。因为图7-31中显示的用户回复的所有消息中，前5位都是微信系统自定义的关键词，说明用户明白怎样选取关键词来获取自己需要的资讯及服务。

统计

消息分析 消息关键词　　数据由 腾讯云分析 提供

消息关键词 TOP200 全部 自定义关键词 非自定义关键词

时间 7天 14天 30天 2015-05-30 至 2015-06-28 输入关键词查询排行

详细数据　　导出CSV

排行	消息关键词	出现次数	占比
1	订餐	440	
2	外卖	430	
3	小吃	350	
4	付款	340	
5	新菜品	140	
6	赠品	80	

图 7-32　“消息关键词”数据下的“自定义关键词”数据

而排名第6的关键词“赠品”没有在“全部”榜单中获得一个较好的排名，那么该餐饮企业想要通过赠品的方式来促进销售的目的就很难达到了。那么用户为什么没有大量地发送“赠品”关键词呢？难道是用户不关心赠品？

很有可能是用户根本不知道在店铺中用餐后可以通过发送关键词“赠品”的方式获得奖励，如果是这样，就要去追究店铺线上及线下的宣传工作做得是否到位了。

还有可能是用户觉得用餐后店铺所赠送的东西不值得带走。如果是这种情况，就更需要深究了。因为店铺送给客户的赠品从某种程度来说代表了店铺的产品、服务质量，如果赠品质量太差，差到白送给用户他们都不想要，这样的赠品还是不送为妙。

微信本身就是一个即时通信工具，因此很多用户会向微信公众平台发送与自己需求、想法相关的关键词，而这些关键词很可能就不属于微信平台已经定义过的关键词范畴。分析这种类型的关键词数据，就需要切换到“非自定义关键词”选项卡页面下。

如图7-33所示是Y餐饮企业中的“非自定义关键词”数据。从图中可以发现，排行第一的关键词是“厨师选择”。从图7-31中可以看到，该关键词在“全部”数据榜单中排名第六，说明用户自定义发送的这个关键词数量确实比较大。这就说明，有不少用户有选择厨师的需求，他们希望能在该餐饮企业的微信公众平台上满足这个需求。那么Y餐饮企业的微信公众平台运营人员可以考虑在微信端口加入“厨师选择”这项功能。

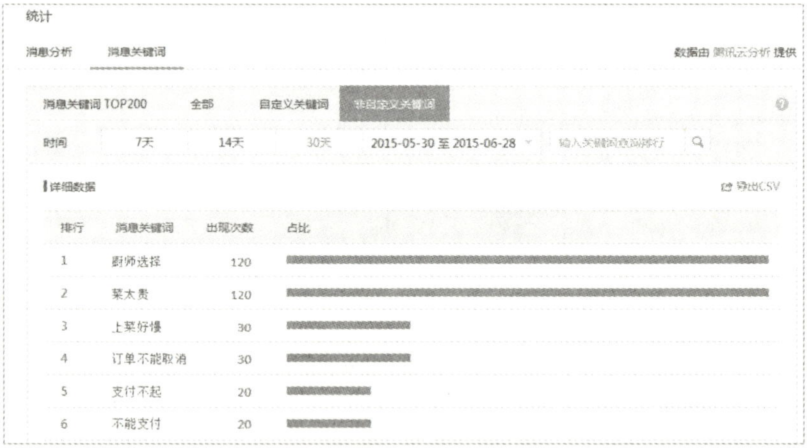

统计

消息分析　消息关键词　数据由 腾讯云分析 提供

消息关键词 TOP200　全部　自定义关键词　非自定义关键词

时间　7天　14天　30天　2015-05-30 至 2015-06-28　输入关键词查询排行

详细数据　导出CSV

排行	消息关键词	出现次数	占比
1	厨师选择	120	
2	菜太贵	120	
3	上菜好慢	30	
4	订单不能取消	30	
5	支付不起	20	
6	不能支付	20	

图 7-33　“消息关键词”数据下的“非自定义关键词”数据

另外，还可以从“非自定义关键词”中看到用户的一些意见，例如“菜太贵”“上菜好慢”，企业应该重视用户的这些意见，从而有所改进，争取最大限度地挽留顾客。Y企业采取的做法是这样的：让微信公众平台的运营人员有针对性地回复用户的意见，如“尊敬的客户您好！您之前觉得本店上菜速度比较慢的意见我

们已经收到。经过对员工的培训整顿，上菜速度已经有所提高。希望在您下次用餐时能更好地服务您。期待您的下次光临！”

再看第4～6条非自定义的关键词消息，都是针对微信平台功能的建议，说明有一部分用户在利用微信公众平台订餐时会遇到这些问题。这些地方都是需要改进的地方。

7.2.3　不会设置关键词，自动回复就会适得其反

微信公众平台的自动回复功能就好像是一台听话的机器人，只要微信平台的运营人员设置好程序，它就会按照程序一天24小时不停地运转，节省了不少人力。

但是，在微信公众平台中设置关键词的自动回复，从表面上看是一项比较简单的操作，只需要制定好相应的规则即可，实际上，设置怎样的关键词、不同的关键词会有什么样的回复等规则都是值得推敲的事情。不同的设置方式，收到的用户反响也是不同的。

下面看看如何通过数据反馈合理地设置关键词自动回复。

案例背景：某微信公众平台是一家专门服务大众的旅游住宿预订平台，通过该平台，用户可以以较低的价格订购到目的地不同档次的住宿酒店。同时，该平台还提供了不同目的地的旅游、天气资讯，方便大众出游。

为了更好地服务大众，了解大众的需求，该微信公众平台设置了关键词自动回复功能。每当有用户发送自定义消息，该微信公众平台首先就会推送如图7-34所示的消息。用户收到这个消息后，就可以根据消息中的目的地代码再次发送相应的关键词，获取到更精准的目的地信息，如图7-35所示。

图 7-34　微信平台推送的消息

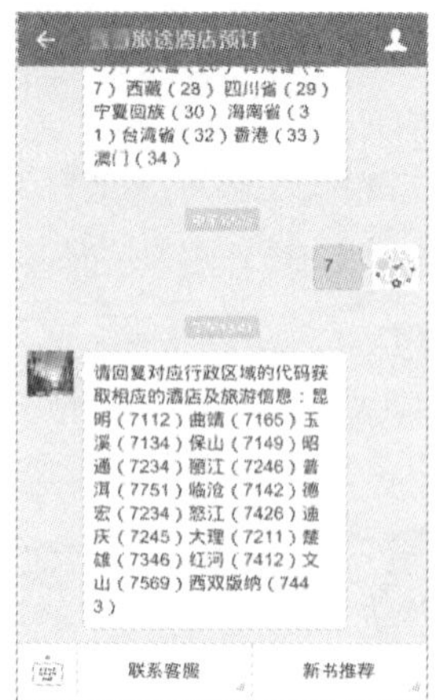

图 7-35　回复关键词后收到的消息

该企业的微信公众平台之所以这样设置关键词的自动回复，是因为企业在长期运营的过程中，根据不同的目的地已经建立了完善的酒店、旅游等信息系统。不同的目的地在企业内部有相应的代码。因此，在设置微信公众平台的关键词自动回复时，该企业设置的回复关键词正是各个目的地对应的内部代码。

该企业的微信公众平台关键词自动回复设置完成后，14天的反馈数据分析如下。

1. "全部"关键词的数据分析

"全部"关键词的数据显示如图7-36所示。

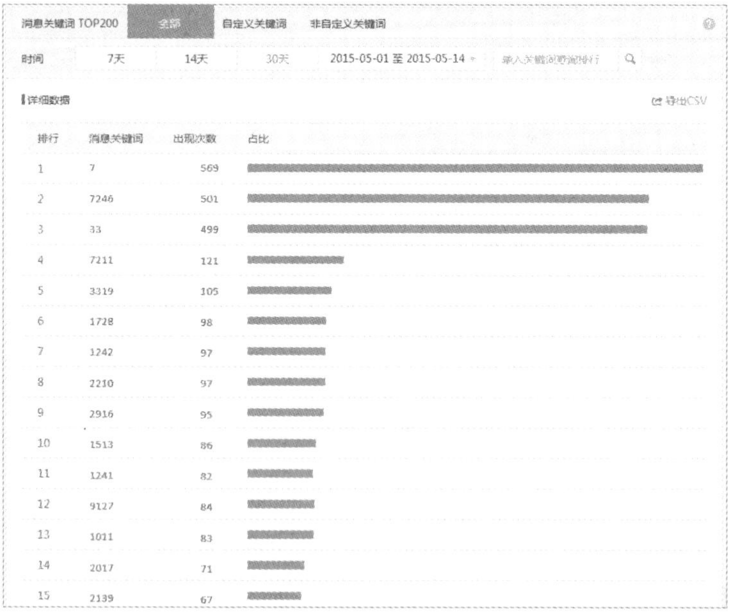

消息关键词 TOP200　全部　自定义关键词　非自定义关键词

时间　7天　14天　30天　2015-05-01 至 2015-05-14

详细数据　导出CSV

排行	消息关键词	出现次数	占比
1	7	569	
2	7246	501	
3	33	499	
4	7211	121	
5	3319	105	
6	1728	98	
7	1242	97	
8	2210	97	
9	2916	95	
10	1513	86	
11	1241	82	
12	9127	84	
13	1011	83	
14	2017	71	
15	2139	67	

图 7-36　设置关键词自动回复后的效果

首先，从图7-36的“全部”数据中可以看到，在回复的关键词中，“7”是最多的，而代码7代表的是云南地区，其次是“7246”这个关键词回复数量最多，而代码7246代表的是丽江地区。可见，微信公众平台的用户对云南地区的旅游需求比较大，尤其是云南地区的丽江地区。除此之外，还有代表香港地区的代码33。

了解用户这样的需求后，微信公众平台就可以针对云南或者是云南的丽江地区以及香港地区的酒店提供更大的优惠或举行更多的活动，从而刺激用户消费。

但是，纵览平台的“全部”关键词回复数据，在排名前15位的这些关键词中，除了云南、云南的丽江地区、香港地区外，似乎就找不出用户特别关注的地区了。例如，排名第4的关键词出现次数比排名第3的关键词出现次数少了378。该微信公众平台的用户数量有30000人左右，按理来说，用户的参与度不应该这么低才对。究竟是什么地方出了问题呢？下面继续分析“自定义关键词”和“非自定义关键词”的数据。

2. “自定义关键词”的数据分析

如图7-37所示是该微信公众平台同一时期的“自定义关键词”数据，其中显示了排名前15位的关键词数据。将此数据与图7-36的“全部”数据进行对比可以发现，这些排名前15位的关键词完全一致，这就说明用户回复得最多的前15个关键词都是微信公众平台进行了定义的关键词，也就是说每一个关键词都对应了一个有效的目的地。但是回复关键词的用户太少了，远远没有达到预期效果。

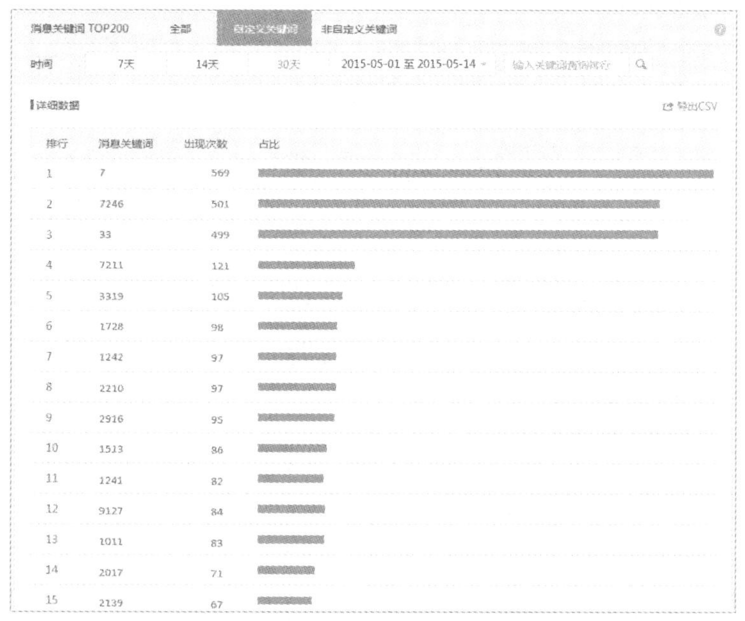

消息关键词 TOP200　全部　自定义关键词　非自定义关键词

时间　7天　14天　30天　2015-05-01 至 2015-05-14

详细数据　导出CSV

排行	消息关键词	出现次数	占比
1	7	569	
2	7246	501	
3	33	499	
4	7211	121	
5	3319	105	
6	1728	98	
7	1242	97	
8	2210	97	
9	2916	95	
10	1513	86	
11	1241	82	
12	9127	84	
13	1011	83	
14	2017	71	
15	2139	67	

图7-37　“自定义关键词”数据

3. “非自定义关键词”的数据分析

再切换到“非自定义关键词”数据显示页面下，如图7-38所示。从图中可以看到，发送“？”“什么都没有”“回复？”这3个关键词数据是最多的。这3个关键词似乎表示的意思都是用户发送了某个关键词后却没有收到回复。再看排名第5的关键词“错误”，表达的意思似乎是用户收到了错误的回复。

为了进一步验证以上推断，要打开“消息管理”选项卡，查看用户是在什么情况下发送“？”等关键词的，部分结果如图7-39和图7-40所示。

图7-39显示，该用户先发送了“3”这个关键词，接着他又发送了一个微信公众平台没有定义过的关键词“3186”，由于没有收到回复，该用户又发送一个“什么都没有”这样的关键词消息，而该消息同样是平台没有定义过的，所以用户还是没有收到回复。最后用户再发送“？”到平台，表示自己很疑惑。

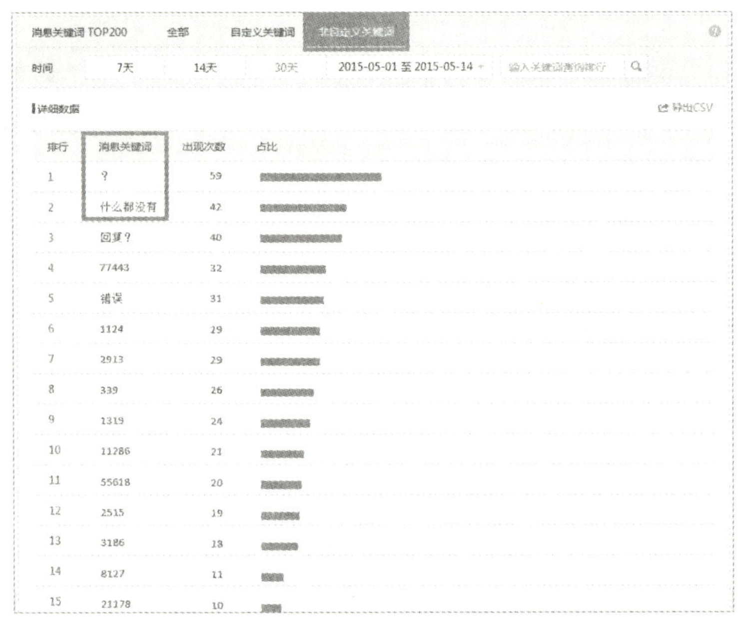
消息关键词 TOP200　全部　自定义关键词　非自定义关键词

时间　7天　14天　30天　2015-05-01 至 2015-05-14

详细数据　导出CSV

排行	消息关键词	出现次数	占比
1	？	59	
2	什么都没有	42	
3	回复？	40	
4	77443	32	
5	错误	31	
6	1124	29	
7	2913	29	
8	339	26	
9	1319	24	
10	11286	21	
11	55618	20	
12	2515	19	
13	3186	18	
14	8127	11	
15	21178	10	

图 7-38　“非自定义关键词”数据

图 7-39　查看用户发送的消息（一）

由此可以分析，用户之所以发送这一系列关键词，都是因为他发送了一个系统没有定义过的关键词“3186”，而且没有收到回复。

再看图7-40，用户发送了关键词“7”后收到了回复，接着他又发送了“7211”后再次收到了回复，但是接下来用户却发送了“错误”这样的关键词到微信公众平台中。这个关键词很有可能是用户在表达他收到了错误的回复。基于此，微信公众平台的运营人员检查了关键词自动回复的设置，并没有出现错误。但是却发现，昆明地区的代码是7112，而大理地区的代码是7211，是两个十分容易混淆的代码，说明用户可能是想获取昆明地区的资讯，结果误输成了大理地区的代码，自己却没有发现，导致收到了大理地区的资讯。

继续检查用户的消息回复，发现类似的情况数不胜数。可以做出总结：微信公众平台设置关键词自动回复后，用户常常会输入错误或者是不存在的地区代码，这十分不利于用户的资讯获取。

图 7-40　查看用户发送的消息（二）

要想快速计算出关键词的回复次数，就需要将关键词的“详细数据”表导出。如图7-41所示就是导出的“非自定义关键词”数据表。将光标放在表中“出现次数”列的最后一个单元格内，然后单击“公式”选项卡下的“自动求和”按钮，就能利用求和公式快速计算出“出现次数”列所有数据的和了。

插入公式后，需要将表拖动到最上方，查看公式是否包括了“出现次数”列的第一行数据，如图7-42所示。

确定后按下回车键，公式就会自动计算出“出现次数”列的数据之和了，如图7-43所示。

通过上面的计算可以发现，该微信公众平台“非自定义关键词”类型下的各关键词出现总次数为1880次。

那么1880次究竟是一个什么概念呢？对于关键词回复总次数动辄几万、几十万的微信公众平台来说，这当然不算是严重的事，但具体严重与否还需要和同一个微信公众平台的自定义关键词回复次数总和进行对比。

图 7-41 选择求和公式　　图 7-42 确定公式包括的数据范围　　图 7-43 完成计算

如图7-44所示是在完成该微信公众平台的“自定义关键词”数据计算后，制作出来的两种类型的关键词回复总次数占比对比图。从图中可以发现，在所有的关键词回复中，“非自定义关键词”占到了25.01%。这说明每100个用户关键词回复中就会出现大约25个非自定义的关键词。根据前面对用户消息的具体分析可以得知，这25个关键词出现的原因很有可能是代码设置太复杂，让用户混淆或者用户不清楚如何回复。

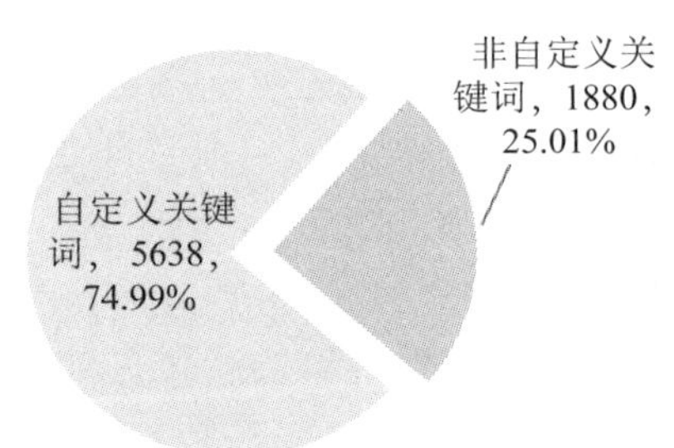

图 7-44 两种类型的关键词出现次数对比

可见，该微信公众平台的自动关键词回复设置得不够理想，让一部分用户被这复杂的资讯获取流程吓跑，而一部分用户又回复了错误的代码关键词。

该微信公众平台的运营人员最后研究发现，对于用户来说，在关键词自动回复设置时，关键词最好不要选用数字，否则会降低用户的回复率和回复准确率。最后，经过改动，该微信公众平台放弃了使用地区代码的方式来让用户获取相应的资讯，而是采取直接回复地区名称就能获得资讯的方式。如图7-45所示就是丽江地区的资讯获取关键词设置。其中，关键词设置有“丽江，丽江市，云南丽江，云南省丽江市”，并且注意状态是“未全匹配”状态。设置成功后，不论用户回复的是“丽江”还是“丽江市”，或者是“云南丽江”及“云南省丽江市”，都能得到正确的回复，最大限度地保证了用户资讯的获取效率。

图 7-45　改进后的关键词自动回复规则设置

而且，这样设置关键词自动回复，还免去用户去查找目的地代码的麻烦，用户可以不假思索地输入目的地名称进行查询，快速而准确。

该微信公众平台关键词自动回复改进后一周，再次监控数据，发现，关于丽江地区的消息回复次数达到了3957次，而香港地区则达到了3419次，接着是大理地区有3277次、安徽省黄山市3045次。由此可见，便捷的关键词自动回复设置，大大提高了用户的参与积极性。

7.2.4　通过消息数据分析什么产品好卖

随着微信对人们生活的渗透，很多企业都会在销售产品的同时要求客户关注企业的微信公众平台。在很多时候，企业会赠送赠品给顾客，前提是顾客要先关注企业的微信公众平台，并且常常是购买不同的商品得到不同的赠品。如果顾客是通过发送消息的方式领取赠品的，那就很容易从消息中分析出不同商品的销售程度。

这样分析的目的和意义不仅在于能够判断当下企业的商品销量情况，从而调整商品的库存、销售计划，以便迎合市场需求，让企业最大限度地盈利。下面来看一个案例。

案例背景：某企业是一家图书出版企业，最近新上市了一批图书，由于想要跟上微信时代的脚步，每一本书配套的赠送资料不再以光盘的形式附赠于书中，而是让读者购买书后，根据书中的提示信息关注企业的微信公众平台，再发送相应的关键词到企业的微信公众平台，从而获取所需的资料。

对于图书出版这样的企业来说，每本书的印刷量比较大，印刷好后又分散到各个不同的地方进行销售，所以很难精确统计每本书在不同时期的销量。但是企业又十分需要知道每一本书的销售情况，以便决定是否加印，所以公司决定通过微信公众平台的用户发送消息关键词来分析不同图书的销售情况。

该图书出版企业的这批新书是在2015年的4月开始上市销售的，4月份过后，企业微信公众平台的运营人员统计了“自定义关键词”的数据，如图7-46所示。从图中可以快速地分析出来自于哪一本书的关键词出现的次数比较多，例如，排名第一的是“图形图像”关键词，这就说明与这个关键词挂钩的那本书销量比较好；其次是“Excel表格”关键词和“PPT制作”关键词。如此一来，判断哪一本书具有更大的市场潜力就容易多了。

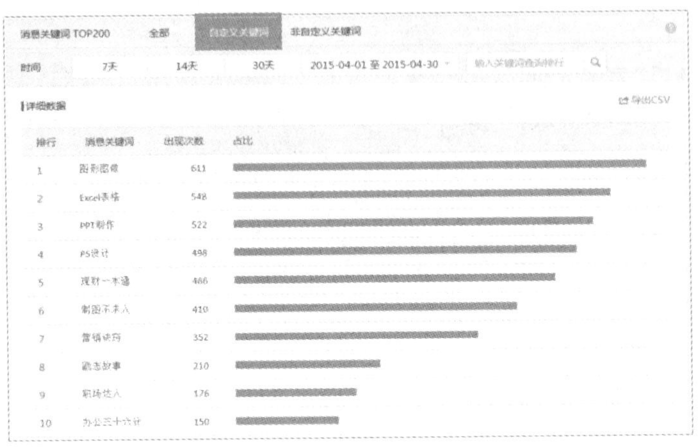

图 7-46　“自定义关键词”数据

虽然关键词的出现次数并不一定代表对应图书的销量，例如“图形图像”关键词出现了611次，并不代表这本书就销售了611本，但是从这些关键词回复统计数据中估计出不同图书的销量情况及其市场潜力，依然具有很大的可行性。

第 8 章

微信数据化运营拓展提高篇

在微信运营中，所用到的数据除了前面章节中讲到的用户分析数据、图文分析数据、消息分析数据这三大模块下的数据外，还有一些其他方面的数据也十分有用，例如功能插件中的数据。

本章将讲解功能插件中的数据，让微信数据更加完善。完成微信数据的讲解后，本章还将讲解微信数据分析的综合案例，使读者可以将前面学习的知识进行融合，更合理地运用到微信数据化运营中。

8.1 认识微信后台的其他数据

在微信后台的数据中，用户分析、图文分析、消息分析这三大部分的数据与微信运营结合得最为紧密。除此之外，还有一些其他数据，虽然和运营没有那么紧密的联系，但是同样需要进行了解，以完善微信数据知识体系。

如图8-1所示是接口分析数据，其中仅显示了基础消息的接口数据。详细内容将在8.1.1小节进行介绍。

如图8-2所示是微信其他的一些插件，从这些插件中同样可以进行数据分析。下面将详细介绍多客服、投票管理、卡券这3个插件的数据分析。需要注意的是，要使用这3个功能，需要先进行添加。添加完成后，会在对应插件的后面显示“已添加”3个字。

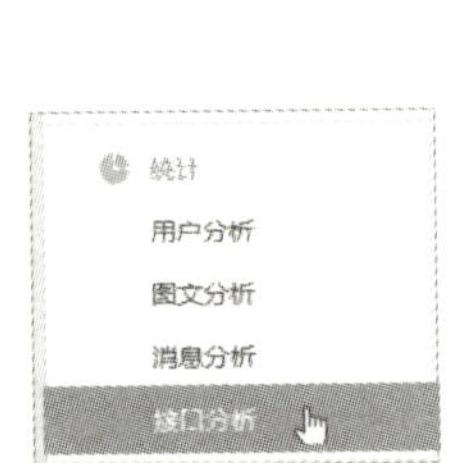

图 8-1 “接口分析”选项

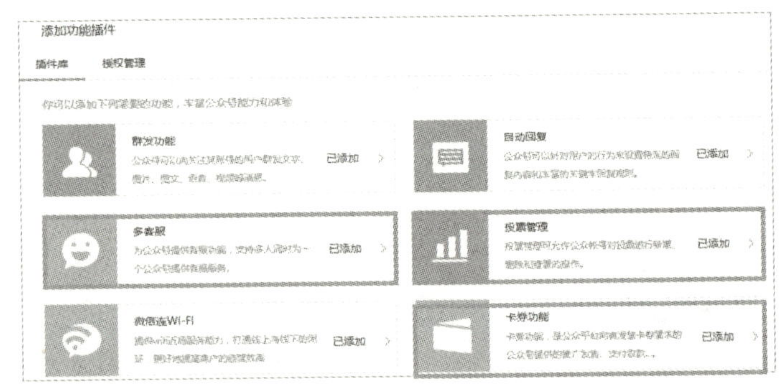

图 8-2 “插件库”中的功能

8.1.1 接口分析中的数据

使用微信公众平台的应用程序编程接口，可以实现通过程序设计来扩展微信功能的目的，进而提高微信公众平台的服务水平和工作效率。

微信后台的“接口分析”选项卡页面中的数据仅显示了基础消息的接口数据，而消息接口的开发可以让微信公众平台实现与用户的新型互动，从而摆脱类似于关键词自动回复的机械式互动。

当消息接口开发完成后，要检验消息接口是否理想，就需要分析“接口分析”中的数据了。

在“接口分析”功能页面下，可以选择以“日”和“小时”为单位查看数据。如图8-3所示是“接口分析”选项卡页面中的“日报-昨日关键指标”数据显示。通过数据可以得知“昨日”接口被调用的总次数、接口调用失败的概率、接口调用的

平均耗时、接口调用的最大耗时，以及各数据指标相对于1天、7天、30天前的变化情况。

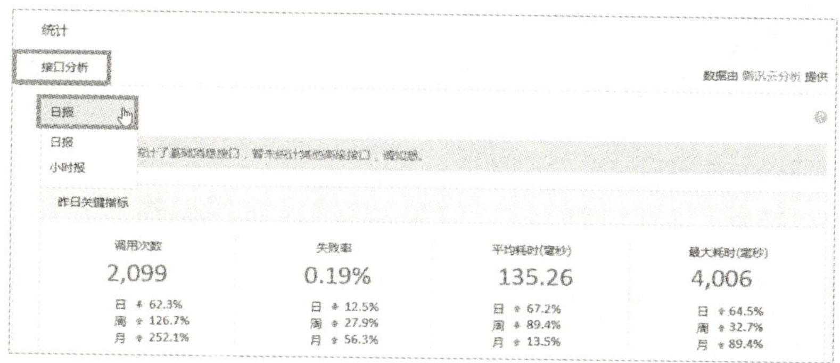

图 8-3　“接口分析 - 日报 - 昨日关键指标”数据

在“日报”数据显示页面下，还可以看到各项指标在不同时间段的趋势图。如图8-4所示就是“调用次数”趋势图。通过查看趋势图，可以知道接口开发功能的使用效率，判断其是否需要改进。

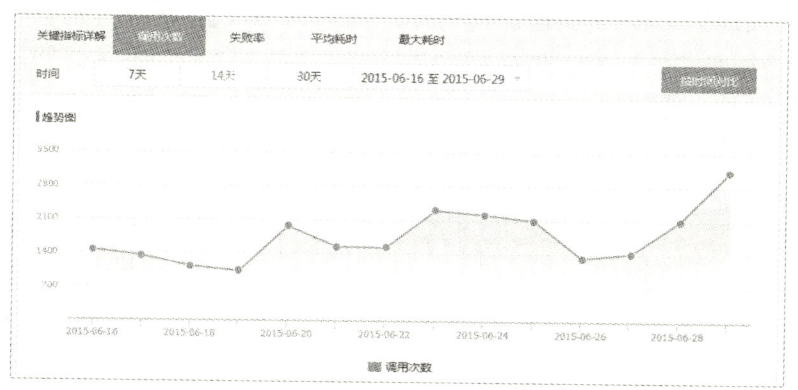

图 8-4　“接口分析 - 日报 - 调用次数”趋势图

在微信后台的“接口分析”数据功能下，除了图8-3和图8-4所示的“昨日关键指标”和指标变化趋势图外，还有“详细数据”表，它和用户分析、图文分析、消息分析的数据显示模式是一样的。

8.1.2　多客服功能中的数据

微信作为一个强大而优秀的交流工具，其交流方式肯定不能仅局限于一对一的模式，微信公众平台的运营人员可以添加“多客服”功能，实现多对多的交流模式。通过多个客服与多个用户的交流，不仅可以提高用户的服务体验，还能提高交流的效率，尤其是对于以销售商品为主的企业来说，通过多客服功能可以实现类似于淘宝旺旺的交流效果，达到与客户沟通、为客户答疑解惑、促使客户下单的目的。

微信多客服功能的添加和使用方法比较简单，只需要让微信公众号成功认证，然后添加“多客服”插件，接着在添加好的“多客服”功能中添加客服的工号、昵称、密码等信息，就能成功使用了。

多客服功能的使用很简单，但是使用过后，如何将其与数据挂钩并通过数据的手段来解决问题才是重中之重。下面来看几条多客服功能的数据分析思路。

1. 分析不同时段企业出现的问题

既然是多客服，那就需要将客服进行分类，不同类型的客服有不同的工作侧重点，这样既能提高工作效率，又能提高用户的满意度。在对客服进行分类时，可以根据用户咨询的目的将客服分为销售客服、退货客服、换货客服、其他问题咨询客服。

例如，某企业的微信销售客服有10人，退货客服1人，换货客服1人。如图8-5所示是该企业统计的4月客服接待人数变化趋势图，从图中可以看到不同类型的客服在4月份的接待人数增减趋势。

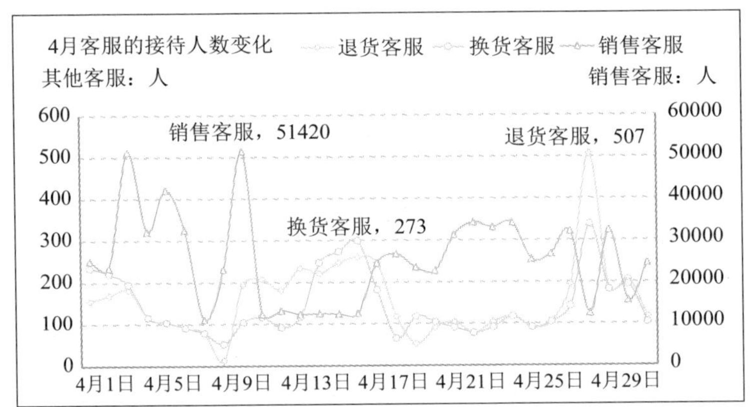

图 8-5　客服接待人数变化趋势图

图中显示，在4月9日之后，销售客服接待的客户量呈下降趋势，这就需要引起注意——为什么前来咨询的客户数减少了呢？是企业名声问题还是产品宣传不到位？

又如4月27日这天，退货客服的咨询量陡然上升，那就要思考为什么会有这么多的客户前来退货，是不是商品出现了什么问题。再看这一天，前来咨询换货客服的人数也陡然上升，而前来咨询销售客服的人数却下降了，这就说明商品出现了问题，导致客户出现了退换货的需求，并且暂时不再考虑购买企业的其他商品。此时企业就应该着手去查看商品出现了什么问题。

2. 分析用户咨询客服的原因

用户常常会在有某种需求的前提下才前来咨询客服，那么分析用户咨询客服的原因，就能了解微信公众平台用户的需求，从而判断企业运营在什么方面出了问题。

统计用户咨询原因数据的方式比较灵活，不同的微信公众平台可以选择适合自己的方式进行统计。如图8-6所示是某公司的微信公众平台运营人员统计的两位客服的用户咨询原因表。该表统计得比较详细，记录了每位客服在每一天接待的用户微信昵称、咨询原因、咨询次数。需要注意的是，咨询原因是公司根据自身情况进行归类的，也就是说不同类型的企业会出现不同的用户咨询原因。因为该公司是一家服装公司，所以用户咨询的问题中会有“退货：颜色偏差”这样的原因。

用户咨询原因记录表（4月6日-4月12日）

客服工号：A-001					客服工号：A-002			
日期	用户微信昵称	咨询原因	咨询次数		日期	用户微信昵称	咨询原因	咨询次数
4月6日	浅夏^^初凉	新产品	1		4月6日	凉城如梦	新产品	2
4月6日	泡泡龙	支付问题	2		4月6日	你的微笑	预订新品	2
4月6日	梦梦	退货：货物损坏	1		4月6日	张小禾	预订产品	1
4月6日	小可爱	换货：发错了	1		4月6日	王敏	购物问题	1
4月6日	刘林	购物问题	2		4月6日	张向东	购物问题	2
4月6日	为爱放弃	购物问题	1		4月6日	李子玉	换货：发错了	1
4月6日	李华	退货：买错了	1		4月6日	沈墨玉	新产品	1
4月6日	花菲	新产品	3		4月6日	张小暖	支付问题	1
4月6日	张仿	换货：大小不对	1		4月6日	李天天	退货：货物损坏	1
4月6日	可儿	购物问题	1		4月6日	小狗儿	换货：发错了	1
4月6日	小牛牛	不会下单	1		4月6日	咪咪呀	购物问题	1
4月6日	志平	退货：颜色偏差	2		4月6日	月牙儿	购物问题	1
4月6日	天天做梦	退货：货物损坏	1		4月6日	蓝色的天	退货：买错了	1
4月6日	非想	新产品	2		4月6日	%&*你	新产品	2
4月6日	一定会好	预订新品	2		4月6日	问题	换货：大小不对	1
4月6日	生命一旅程	预订产品	1		4月6日	清淅	购物问题	1
4月6日	坚持下去	购物问题	1		4月6日	~~~诉说	退货：货物损坏	1
4月6日	杰克	购物问题	2		4月6日	没有未来	新产品	2
4月6日	王毅	换货：发错了	1		4月6日	找不到出路	预订新品	2
4月6日	A n	新产品	1		4月6日	tiantian	预订产品	1

图 8-6　用户咨询表样本

将用户的咨询原因整理到表格中后，还需要将数据可视化来进行数据分析。针对图8-6所示的表，可以将其创建成数据透视表。单击“插入”选项卡下“表格”组中的“数据透视表”，图标如图8-7所示。然后就会弹出如图8-8所示的“创建数据透视表”对话框。这里以分析工号A-001的客服数据为例，在对话框的“表/区域”中选择了A-001客服所有咨询记录的数据区域，然后单击“确定”按钮，就能成功地将A-001客服在4月6日到12日的咨询记录创建到数据透视表中。

图 8-7　创建数据透视表

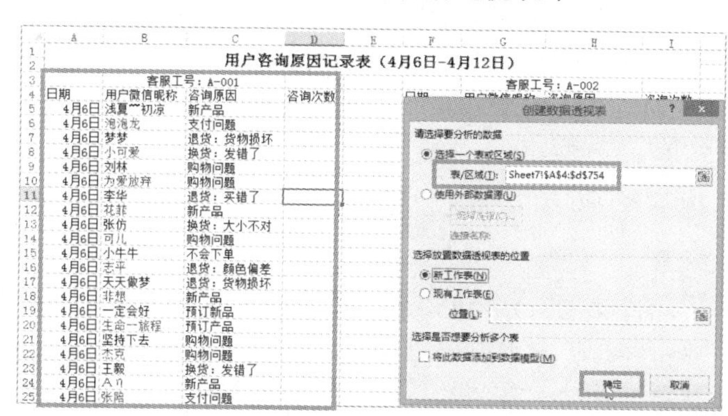

图 8-8　选择数据透视表区域

将数据创建成数据透视表后，就可以根据自己的需要选择数据字段并进行数据分析了。例如，现在需要分析数据透视表中所有用户咨询客服的原因，那需要的数据就是“咨询原因”和“咨询次数”。勾选这两个字段，并注意调整其在“在以下区域间拖动字段”位置，如图8-9所示。

这时就会出现这两个字段的透视表。为了更好地分析客户不同咨询原因出现的次数占比，可以将表中的数据做成二维饼图，如图8-10所示。

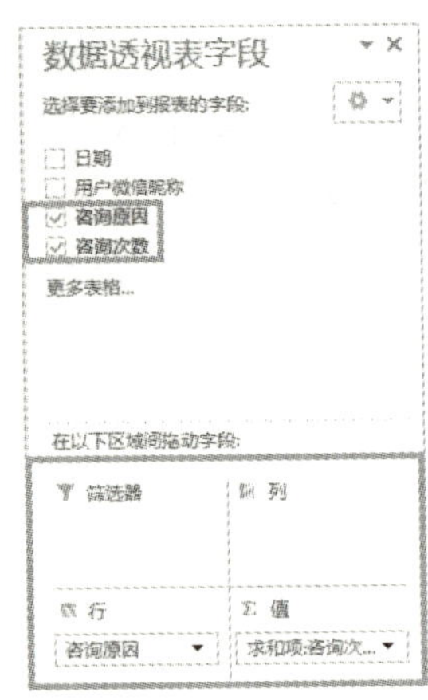

图 8-9　选择字段

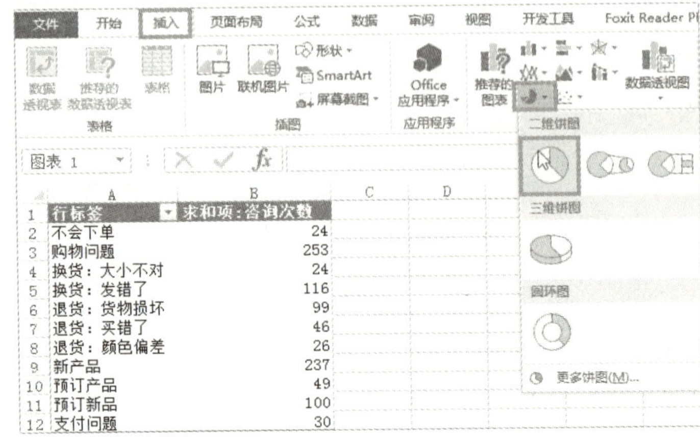

	A	B
1	行标签	求和项：咨询次数
2	不会下单	24
3	购物问题	253
4	换货：大小不对	24
5	换货：发错了	116
6	退货：货物损坏	99
7	退货：买错了	46
8	退货：颜色偏差	26
9	新产品	237
10	预订产品	49
11	预订新品	100
12	支付问题	30

图 8-10　创建饼图

二维饼图创建完成后，稍微调整一下饼图的表现形式，如图8-11所示。从图中可以看到，在4月6日到12日这段时间内，咨询客服A-001的客户有25%是因为购物问题，也就是说这些用户在购物过程中有疑问，需要客服进行解答。

除此之外，有24%的客户是因为想要了解新产品，并且还有10%的客户是想要预订新产品，也就是说有34%的客户是对新产品感兴趣，可见新产品的推广做得十分成功。这时可以将这批客户的微信昵称记录下来，在新产品正式上市时再次进行通知。这批客户也很有可能发展为公司的忠实客户，如果加以培养，那么在今后公司的新品推广中，这批客户可以成为重点推荐客户。

其次还可以看到，有11%的客户是因为想要换货，因为货物发错了。这种问题是非常不应该出现的，而且还占比11%，这就提示此公司需要对货物配送人员进行审核及培训。

此外有10%的原因是“退货：货物损坏”，公司应该第一时间去审查商品质量是否过关。

其他咨询原因分析同上。

利用微信公众平台的多客服功能统计到的用户咨询原因数据用处比较多，微信公众平台的运营人员一定要学会用开放的思维来进行数据分析。例如，还可以将日

期数据加入到分析中，看看在不同的时间点里哪类用户咨询原因最多，从而找出该时间点存在的问题及解决方案。

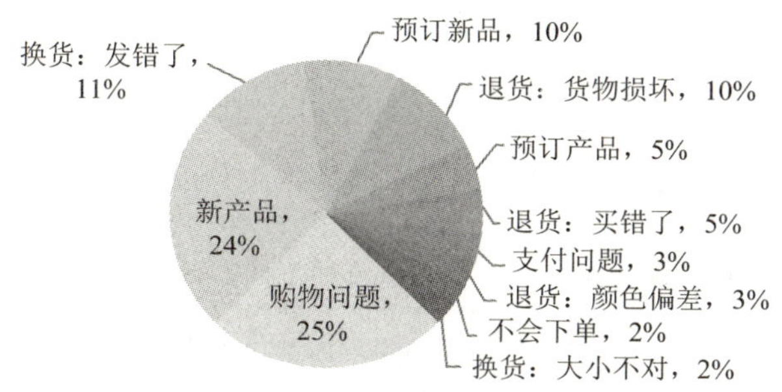

图 8-11 用户咨询原因分布统计图

如图8-12所示，加入“日期”字段的选择，并调整好各个字段的位置，然后数据透视表中的数据就会加入时间维度进行显示了。

通过前面的知识可以知道，连续时间段内的数据可以考虑用折线图来表现其波动趋势，因此，可利用数据透视表中的数据创建“二维折线图”，如图8-13所示。

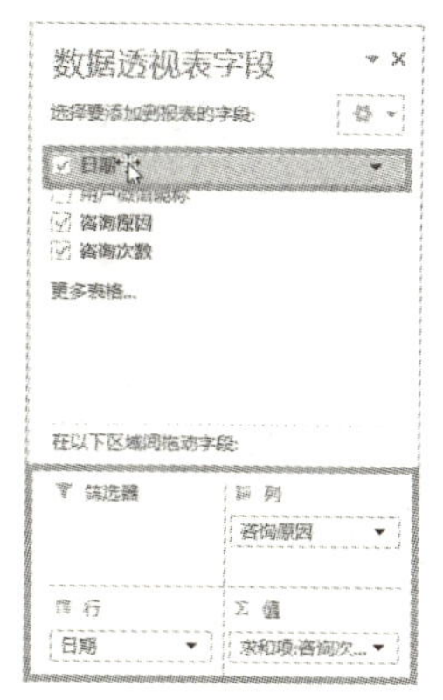

图 8-12 选择字段

求和项:咨询次数	列标签			
行标签	不会下单	购物问题	换货：大小不对	
4月6日	4	39	4	
4月7日	2	20	2	
4月8日	3	24	3	
4月9日	2	25	2	
4月10日	1	16	1	
4月11日	1	10	1	
4月12日	2	13	2	7
4月13日		12		7
4月14日	2	15	2	7
4月15日	3	29	3	15

图 8-13 创建折线图

创建好折线图后，调整其显示格式，结果如图8-14所示（由于版面限制，仅仅标注了其中4条折线）。

从图中可以看到，在4月6日这天，用户咨询最多的问题是购物问题，也就是说很多客户需要客服引导他们购物，说明这一天的咨询情况比较正常。但是在7日到9日，由于购物原因前来咨询的客户却呈下降趋势，这可能是因为很多客户转而进行新产品咨询，因为“新产品”这条趋势线在这段时间内呈上升状态；也有可能是客户利益受到了损害，因为“换货：发错了”和“退货：货物损坏”这两条趋势线都呈上升状态。

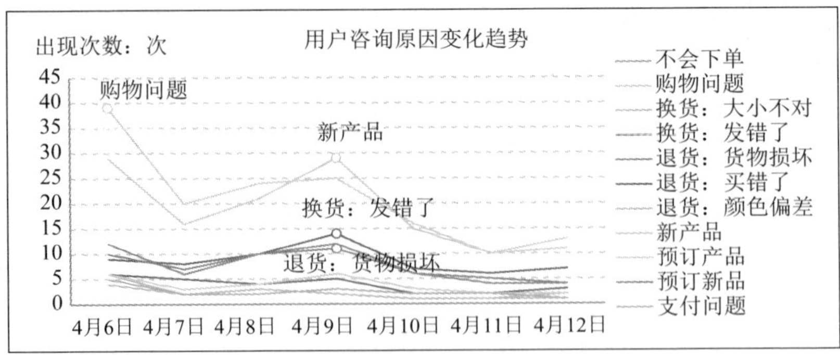

图 8-14　用户咨询原因变化趋势

8.1.3　投票管理功能中的数据

微信插件还有一项功能就是投票管理功能，当用户参加投票后，投票的结果本身就是一项可以进行数据分析的数据。而在微信公众平台中，投票结果已经用类似于图表中的条形图的形式进行了显示，非常方便分析。

通常情况下，微信公众平台发起投票会有这样一些目的：利用新鲜话题引起用户关注、激发用户的参与度、了解用户的需求、了解产品/企业的不足之处。

例如，如图8-15所示就是一个以传播新闻实事为定位的微信公众平台发起的投票，投票的内容与当下的热门话题“同性婚姻”息息相关。用户完成投票后，就能查看投票结果，如图8-16所示。从投票结果数据中不仅能分析出不同观点的用户支持数，还能统计出所有投票的人数，根据投票人数的多少可以判断该投票活动是否引起了用户的关注。如果投票结束时的投票人数还比较少，就很有可能说明这种类型的投票选题并不是该微信公众平台的用户所关注的。

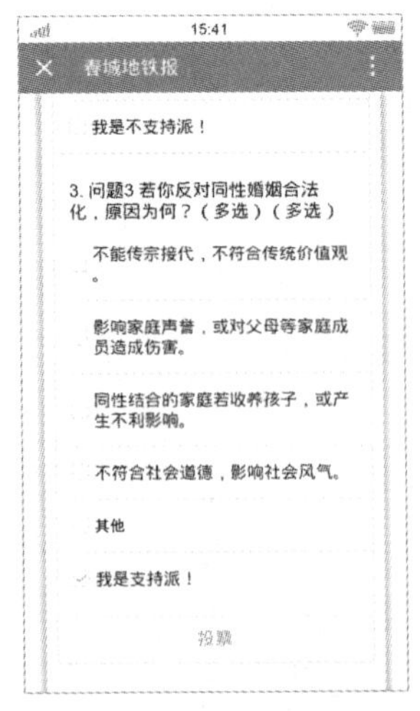

图 8-15　在微信公众平台进行投票

图 8-16　投票后的结果显示

当然，有更多的微信公众平台不仅仅是为了信息的传播，更是为了背后企业的盈利，所以了解用户需求、掌握用户的心态，就显得至关重要了。

某食品公司在长期的食品销售过程中收到了一些来自客户的意见，但是公司并不能估计这些意见的普遍程度，于是想利用已经运营得比较成熟的公司微信公众平台来发起投票，让用户参与，从而了解用户的需求及建议。

为了最大限度地调动用户的参与积极性，公司将这条投票图文消息的标题设置为“吃货的福利来啦——投票就有奖！”，并注明凡是参与投票的用户，凭投票记录可以在当地的商场卖点领取牛肉棒一条。投票的方式是多选，即一个用户可以投多个选项。

投票结束后，该食品公司微信平台的运营人员查看了投票概况，如图8-17所示。从图中可以看到，本次投票的总人数为3865人。这样的投票基数得出来的投票结果是具有参考性的。

图 8-17　投票概况

再看看具体的投票结果，如图8-18所示。这些问题都不是公司的运营人员自己想出来的，而是在之前收到过的客户反馈中表现出来的比较典型的问题。

首先，从投票结果可以分析出公司的新型商品。因为有高达28%的用户选择了“期待原味鱼干上市！”，说明公司如果研制出了这个口味的商品，就很可能受到用户的欢迎。该投票数据可以作为新品是否研发的参考依据。

其次，还可以分析出商品存在的问题。有20%的用户选择了“怎么没有送亲友的华丽包装呢？”说明用户会考虑将公司商品作为礼物进行赠送，但是苦于包装不上档次，那么公司可以试着推出一批豪华包装的礼包，在下一个节日来临前上市。

除此之外，用户还希望有更大的五香肉干包装、希望鱼片味道再浓一点、希望有甜咸味的肉干上市、希望香酥小黄鱼少一点腥味，这些都是公司需要考虑改进的地方。

1. 说说你对[illegible]食品最大的意见！

牛肉棒肉质不够紧！ 91票 2%

辣味牛肉棒根本就不够辣！ 60票 2%

怎么没有甜咸味的肉干？ 419票 11%

鱼片的味道可以再浓一点吗？ 459票 12%

香酥小黄鱼有一点点腥味！ 421票 11%

期待原味鱼干上市！ 1092票 28%

怎么没有送亲友的华丽包装呢？ 762票 20%

要是五香肉干有更大的包装就好了！ 561票 15%

图 8-18 具体投票结果

8.1.4 卡券功能中的数据

为了实现微信线上和线下的营销效率，提高用户的消费力度，微信公众平台在插件中增加了“卡券”功能。这个功能可以将商家与消费者联系起来，用一种新型渠道促进消费者消费。利用“卡券”功能，企业在微信公众平台可以向用户发放代金券、折扣券、礼品券、团购券、优惠券，让用户使用微信公众平台中发放的券到实体店铺或线上店铺进行消费。

用户领取了微信公众平台中的优惠券后，可以将这张券保存到自己的“卡包”中。如图8-19所示就是用户“卡包”中的一张优惠券，并且这张优惠券还向用户提供了实体店铺的位置信息，方便用户到最近的店面进行消费。

如图8-20所示是用户使用微信的“摇一摇”功能摇到的优惠券，这张优惠券可以让用户在这家网上店铺购物时使用。单击“立即使用”按钮，页面就会立即跳转到商家的购物页面，实现了微信与购物的无缝连接。

对于用户来说，如果有某种购物需要，面对不同的两家店铺，向用户发放了优惠券的店铺更可能获得用户的青睐。但是向用户发送面额为多大的优惠券才会使用户心动，并且商家又不会吃亏呢？下面来看看微信公众平台发送优惠券需要进行哪些方面的计算。

图 8-19　领取后放入卡包的优惠券

图 8-20　摇到的优惠券

1. 优惠券发送的时间频率计算

有很多商家在微信公众平台上发送优惠券，从来都不去想究竟选择什么时间发送、多久发送一次比较好。有的商家一个季度或者是半年才发送一次，这样的结果很可能让用户在领取到优惠券时集中来店铺进行消费，而在其余时间则不消费，店铺的营业额自然就会在优惠券过期后直线下降。但是，如果商家在微信公众平台中频繁地发送优惠券，两三天就发送一次，就会让用户感觉不到“优惠”，从而不珍惜可以利用优惠券的机会。

因此，合理、巧妙地安排优惠券的发放时间，是优惠券设置的第一要素。建议商家将微信公众平台上发放的优惠券分为两种，一种面额比较大，一种面额比较小。面额较大的优惠券，可以在节假日或者是店铺大促活动期间向用户发送，而小面额优惠券则合理地分月发送给用户，让用户在每个月都有机会领取到优惠券，从而定期到店铺消费，实现店铺营业额的稳定、均匀增长，同时也提高了用户对商家的忠诚度和黏性。

例如，某家餐饮连锁企业做过这样的一个实验，以此来检测优惠券发送频率为多少时店铺的收益会最大。该企业选择了旗下的3家分店为实验对象，这3家分店的地理优势、人流量均比较接近，在实验前，3家分店每个月的营业额也不相上下。

如图8-21所示是3家分店在实验一年后的营业额波动趋势图。首先，分析图表的整体数据，优惠券分月发送的店铺平均营业额最高，是29.19万元；其次是优惠券频繁发送的店铺，平均营业额为14.49万元；最差的是优惠券低频发送的店铺，平均营业额仅为10.75万元。

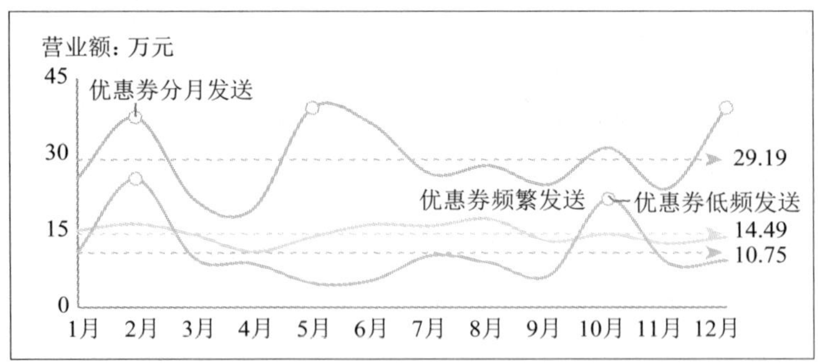

图 8-21　公司不同分店在优惠券不同发送频率下的营业额

对于优惠券分月发送的这家店铺来说，它的营业额趋势有这样的特点：在发送面额较大的优惠券后，营业额会有大幅度提高，随后又降低，接着店铺再发送小面额优惠券，又提升了一点营业额。如此循环往复，让店铺整体营业额不至于下降太多。

对于优惠券频繁发送的店铺来说，营业起伏不大，因为用户已经对唾手可得的优惠券失去了兴趣。

对于优惠券低频发送的店铺来说，营业额会在优惠券发送期间大幅上升，随后就下降了。

2. 优惠券的面额计算

优惠券的面额大小直接关乎商家的利润，因此商家需要在有利可图的前提下设置优惠券的面额。那么优惠券的面额为多少才能让商家有利有图呢？这就要根据商家的产品成本价及售价来进行计算了。

例如，H店铺的商品分为中、高、低3类。其中低端商品的成本区间是10～20元，正常售价是20～45元，那么利润就在10～25元。让利10%～20%比较合理，因此优惠券面额可以是1～5元。

中端商品的成本区间是40～70元，正常售价是90～160元。让利10%～20%，则优惠券面额可以是9～32元。

高端商品的成本区间是90～120元，正常售价是200～270元。让利10%～20%，则优惠券面额可以是20～54元。

按照上面的计算，优惠券的面额范围已经确定好，根据这个面额值，将其化为整数即可，例如9元化为10元，54元化为50元。但此时还不能发送优惠券，因为消费者可能会领取10元优惠券进店消费20元的商品，那么商家就无利润可言了。所以接下来就需要设置优惠券的使用门槛，规定用户在微信上领取不同面额的优惠券后达到相应的消费额度才能使用。

3. 计算优惠券的使用门槛

计算优惠券的使用门槛时，需要对店铺最近一段时期内消费者的消费额大小分布进行统计。例如，上面的步骤中H店铺已经计算出了优惠券的面额范围，现在需要计算消费门槛。

该店铺统计了最近3个月消费者的消费额分布，结果如图8-22所示。从分布图中可以看到，有44%的消费者消费额度为80～110元，有20%的消费者消费额度为50～80元，有15%的消费者消费额度为110～140元，有6%的消费者消费额度为140～170元，还有6%的消费者消费额度为20～50元。将这几个消费额度下的消费者比例相加，达到了91%，可见消费门槛只要在20～170元之间，就几乎能让这家店铺中所有消费水平的消费者享受到相应的优惠，并且最高消费为170元也在消费者可以接受的范围内。

基于优惠券设置尽量取整数的原则，可以将优惠券分为以下几种：2元优惠券，门槛20元；5元优惠券，门槛50元；15元优惠券，门槛100元；25元优惠券，门槛150元。

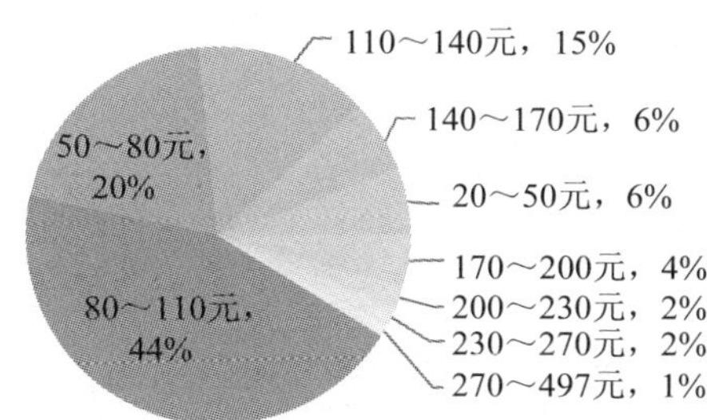

图8-22 店铺最近3个月内消费者消费额分布

8.2 手机端管理公众号技术详解

微信公众平台过去只能在PC端进行登录管理，因此当微信公众平台的运营人员离开计算机时，突然想要查看一下此时此刻的微信号用户数增加到了多少，或想要向用户群发一条消息都成了难以实现的事情。而现在，微信公众平台增加了手机端口，微信公众平台运营人员利用手机端也能管理账号了。

要想在手机端查看和管理微信公众号，方法十分简单，首先需要关注微信号“mphelper”，然后进入该公众号，如图8-23所示。进入后，单击右下角的“首页”菜单，如图8-24所示，就可以进入到微信公众号的登录界面了。

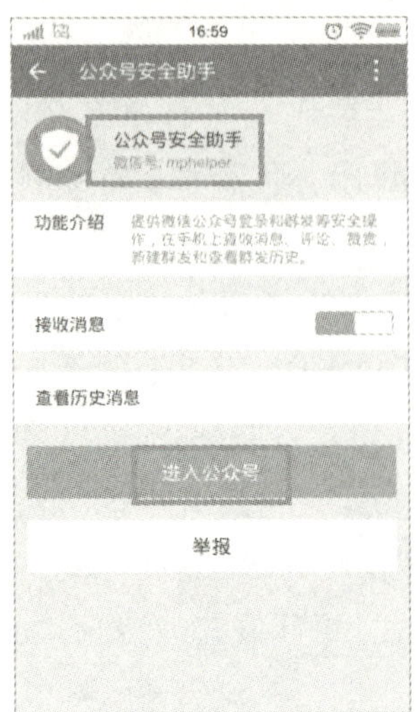

图 8-23　进入公众号

图 8-24　单击“首页”菜单

输入账号和密码，单击“登录”按钮就能进入微信公众平台了。如图8-25所示是登录中的界面显示。

用手机端的微信公众号可以查看的内容如图8-26所示，有新增用户数、总用户数等简单的数据和信息。

图 8-25　登录微信公众号

图 8-26　用手机端查看微信公众号

只要在手机端成功登录微信公众号，就可以随时随地向用户发送消息，及时地查看用户发送的消息。在微信公众号已经成功登录的情况下，单击“公众号安全助手”界面的菜单，如单击“新建群发”选项，如图8-27所示，就会进入到新建群发消息的界面，如图8-28所示。微信公众平台的运营人员可以在这个界面中编辑消息

并进行发送。

如果想要及时查看用户发送的消息，则单击“消息”菜单，如图8-29所示就是查看到的消息界面。

图 8-27　单击菜单选择所需操作

图 8-28　在手机端创建群发消息

图 8-29　在手机端查看消息

8.3　数据运营拯救即将衰败的微信公众号

微信营销已经成了当下顺应时势的营销手法，不少微信公众号如雨后春笋般纷纷冒出。但是，这些新增的微信公众号中又有几家兴盛几家衰败呢？微信公众号衰败的主要原因是不会分析数据，只会凭经验、凭感觉行事，从而做出了错误的判断。

下面就来看一个典型的例子，通过数据分析拯救即将衰败的微信公众号。

8.3.1　分析微信公众号现状

某微信公众平台起步比较早，粉丝数最多时接近10万。这里为了保护隐私，且用代号“R”来表示该微信公众号。

R微信号的运营人员所遵循的一个原则就是——涨粉丝！不论是用什么方式，也不论粉丝是什么样的人，只要涨粉就行。所以这个微信号的用户十分混杂，没有特别突出的特点。更加严重的是，在微信后台查看该微信号最近半年的用户积累人数趋势，结果如图8-30所示，用户数从接近8万减少到了不到4万。如果按照这样的趋势发展，该微信号做的任何营销都将起不到传播作用。

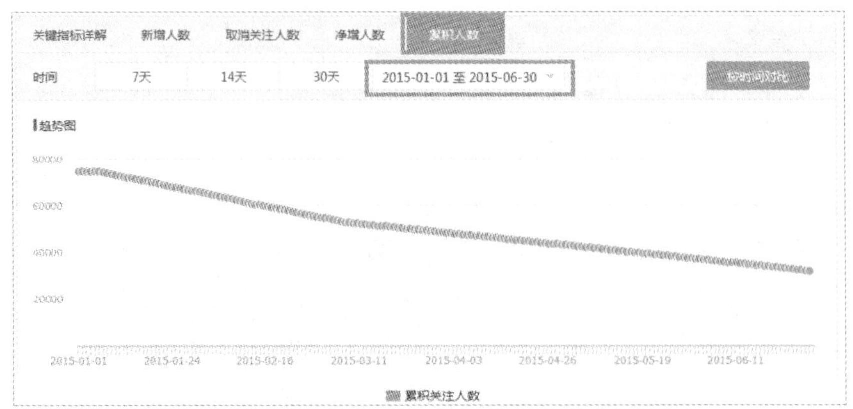

图 8-30　R 微信平台连续半年内的累积用户数趋势图

R微信公众平台的用户数为什么会呈直线下降趋势？回想微信后台中各项数据的意义可以得知，图文消息的数据是检验图文内容是否符合用户口味的最佳利器。一旦微信号中的图文消息让用户觉得毫无价值，用户很快就会取消关注。

那么接下来就查看R微信号最近半年所发送的大量图文消息，分析这些消息的阅读量、转发+收藏量以及图文消息的类型。

首先，分析阅读量较低的一些图文消息。部分结果如下：

如图8-31所示是一篇幽默类图文消息，它的阅读量、转发+收藏量均比较低。

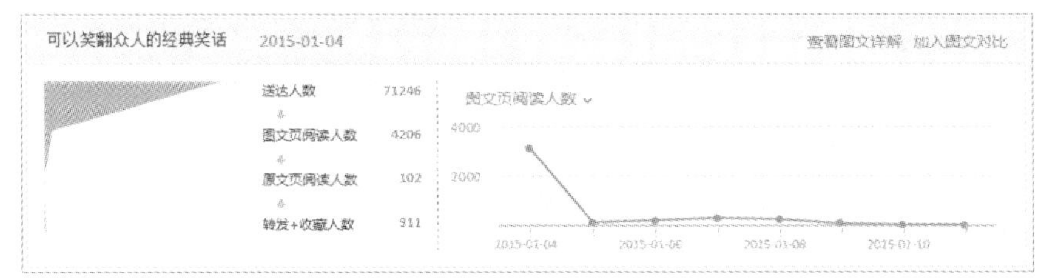

图 8-31　阅读量较低的图文消息（一）

如图8-32所示是一篇时事新闻类的图文消息，各项数据指标也比较低。

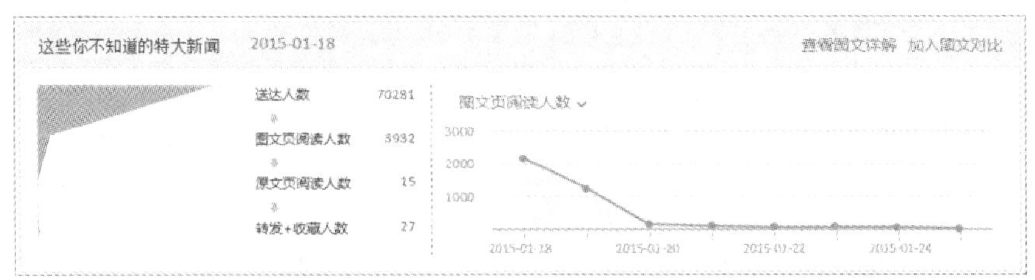

图 8-32　阅读量较低的图文消息（二）

如图8-33所示是一篇财务经济类的图文消息，各项数据指标也比较低。

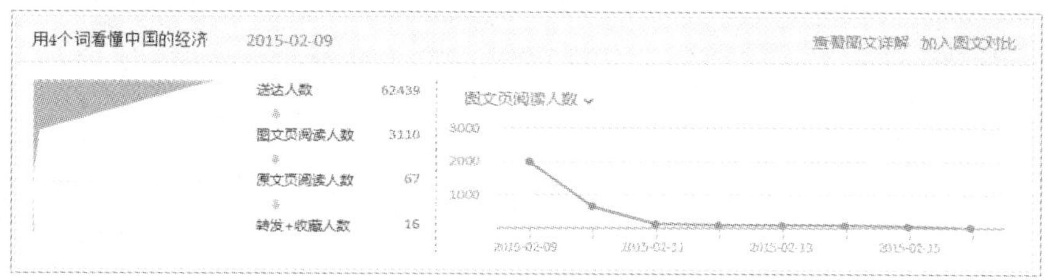

图 8-33　阅读量较低的图文消息（三）

如图8-34所示是一篇情感类图文消息，各项数据指标也比较低。

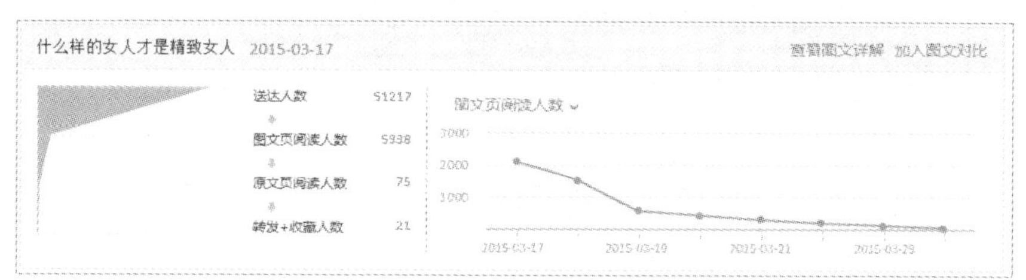

图 8-34　阅读量较低的图文消息（四）

除此之外，R微信公众平台发布的图文消息中，各项数据指标都比较低的图文消息类型还有军事类文章、科技类文章、保险类文章、农业类文章等。

造成该微信公众平台用户离开的原因十分明显：R微信公众平台的用户十分混杂，并没有个性可言，微信公众平台本身更是缺乏定位，什么类型的图文消息都进行推送，并且这些图文消息又都不够精致，让用户觉得没有可读性，所以不会转发和收藏。

再来研究阅读量比较高的图文消息，发现这类图文都属于情感类文章，如图8-35和图8-36所示。这就说明，R微信公众平台的忠实用户群体很可能是一群喜欢阅读情感类图文消息的用户，性别也很可能是女性。

但是看看前面的图8-34，这篇图文消息同样属于情感类文章，阅读和转发+收藏量都比较低，这样的数据结果十分值得研究。于是微信公众平台的运营人员将所有类似于图8-34这样的阅读量和转发+收藏量都比较低的情感类图文消息原文找出来进行仔细阅读，并将其与图8-35和图8-36这样阅读量和转发+收藏量都比较高的情感类图文消息的原文进行对比。最后发现，数据指标不理想的情感类图文消息内容都是一些类似于心灵鸡汤的没有太多营养的话，而数据指标理想的情感类图文消息内容都是一些文采比较好、鼓励女性独立自主、可读性很强的内容。那么忠实用户群体可能是受过良好的教育、有追求、有自己的工作、独立而上进的女性。

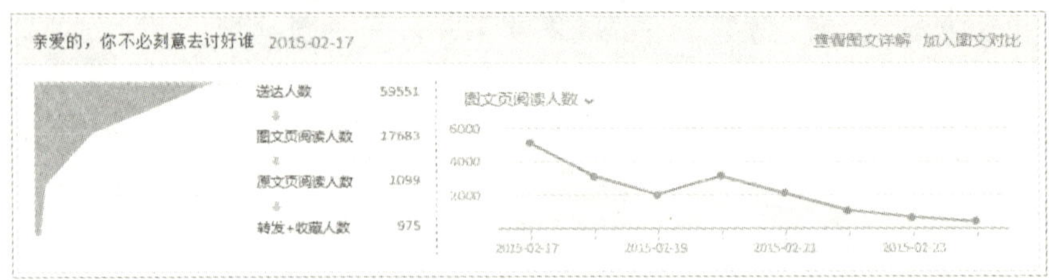

图 8-35 阅读量较高的图文消息（一）

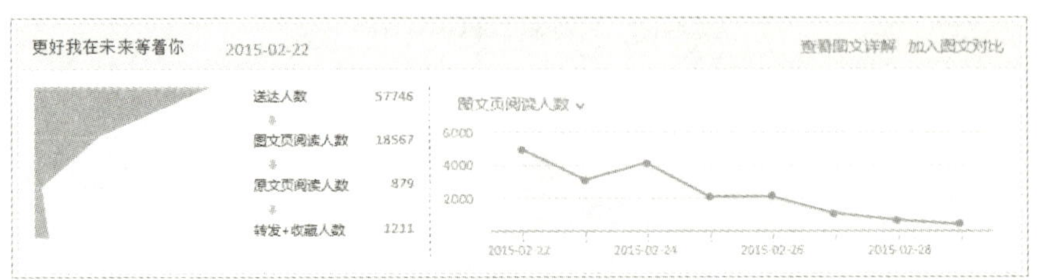

图 8-36 阅读量较高的图文消息（二）

分析到这里，可以得出这样一个推断：R公众平台的忠实用户群体比较倾向于具有现代女性意识的情感类文章。该公众号的用户数在过去半年中直线下降，所留下来的用户很可能都是符合推断的这类用户，也就是说，用户数减少不一定是坏事，减少的可能只是“不够忠实”的用户，而留下的用户个性特点更集中。如果好好利用这剩余的3万多用户，相信R微信公众平台是可以做好微信营销的。

为了验证“R微信号留下来的用户很有可能是女性”这样的猜想，于是进行了“读者性别分布”数据的查看，结果如图8-37所示。从图中可以发现，在3万多用户中，女性用户竟然高达27000多。也就是说，目前R微信号所积累的用户是一个特性十分鲜明的用户群体。

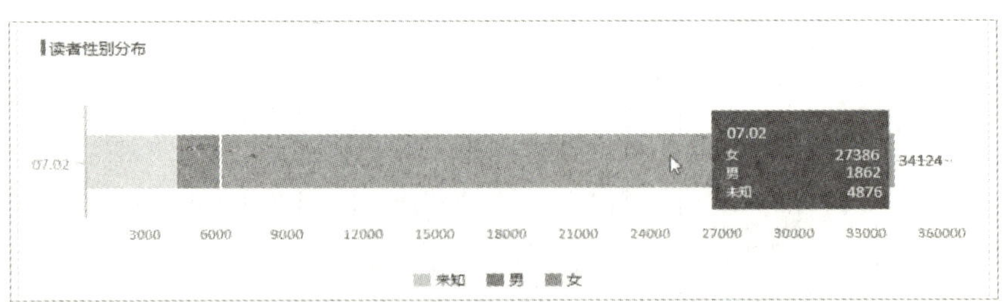

图 8-37 R 微信公众平台用户的性别分布

8.3.2　对症下药，拯救微信公众号

经过前面的分析，我们已经知道当下R微信公众平台的用户群体现状了，那么接下来就需要巩固这些用户群体，增强他们对微信公众平台的黏性。但是要达到这个目标，还应该对用户群体进行更多的分析，才能掌握他们的喜好。

分析方法同样是数据统计。R微信公众平台的运营人员将平台推送的所有较受欢迎的情感类图文消息进行了整理，找出核心关键词，并根据各关键词出现的次数制作了一张关键词统计图，如图8-38所示。气泡越大，表示关键词出现的频率越高。

图 8-38　受欢迎的情感类图文消息关键词

观察这张关键词统计表，可以发现这些关键词的女性色彩十分浓郁，并且带有很强的心理类读物的特点，于是R微信公众平台判断，目前留存的用户群体是一群想要在工作和生活中都活得精彩、出色的女性。她们迫切地想要管理好自己的情绪，处理好与先生、孩子的关系，她们希望可以得到与此相关的一些中肯建议。

分析到这里，R微信公众平台决定对微信号进行明确的定位，将其定位为以女性用户群体为主、以传播正能量为目的的情感资讯类微信平台。

有了这样的定位后，再对微信号的文案人员进行整顿，招聘了一批女性文案人员，具备的素质是：心理学专业毕业，文笔不错，具备现代女性独立意识，有想法。运营人员定期推送高质量的情感类图文消息，帮助女性用户群体了解心理学方面的知识，并将其应用到自己的工作和生活中。

采取了这些改进措施后，到底有没有效果还得用数据来说话。R微信公众平台的运营人员查看了采取改进措施前到开始改进这一过渡时期的数据，结果如图8-39所示。在7月份微信公众平台运营还没有采取新的措施前，取消关注的用户数呈增长状态，但是在7月份之后，取消关注的人数明显下降，说明根据前面的分析做出了正确的决策，才能及时地挽留住用户。

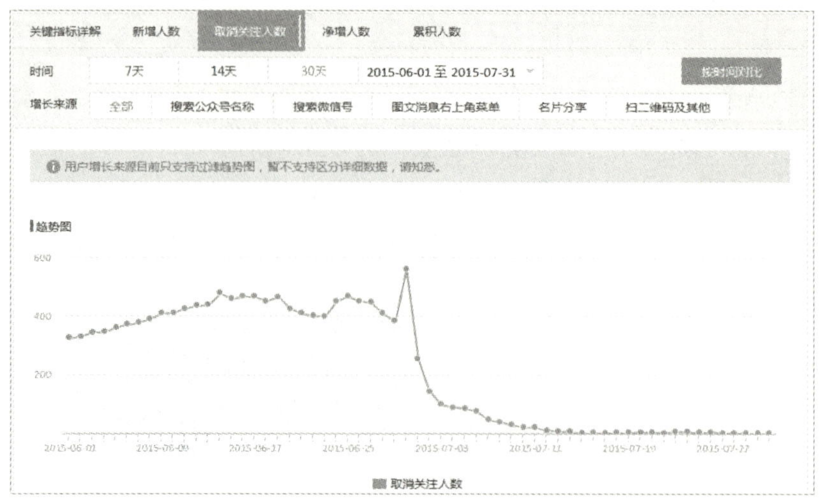

图 8-39　取消关注的用户数变化趋势

8.3.3　趁热打铁，增加用户黏性

挽留住用户后，R微信公众平台的运营就走向正轨了吗？就可以高枕无忧了吗？答案是否定的。挽留住用户只是一个基础步骤，增加用户对微信公众平台的黏性才是微信营销的核心所在。

R微信公众平台的运营人员回想了微信这个即时通信工具的本质——可以与用户进行即时的沟通。运营人员就打算用微信的即时沟通功能来增强用户的黏性。

具体实施方法同样要回归到用户群体的本质上来，只有真正对用户有帮助的沟通，才是用户想要的沟通，否则，只能是骚扰。

R微信公众平台的运营人员是这样分析的：目前积累的用户以女性用户为主，她们大多受过良好的教育，有独立自主的意识。她们在生活中扮演的角色可能是母亲、妻子、女朋友、上班族。她们之所以会对平台所推送的心理咨询的情感类图文消息感兴趣，很可能是因为她们在工作、生活中感受到了压力。她们正在积极地寻找与朋友、恋人、孩子建立亲密关系的方法；她们希望这些可读性强的图文消息能给她们一些启发；她们想要管理好自己的情绪，成为一个高情商的人，更好地扮演生活中的各种角色；同时，她们也很需要一个释放压力的空间，但是迫于现实，她们又不能随意地宣泄。

分析完成后，运营人员拟定了这样的一条计划书。

（1）从8月1日开始，在微信公众平台上开展为期一个月的“倾听您的心声”活动。用户参加这个活动的方式是以语音或者是文字的形式将自己的所思所想发送到微信公众平台中。考虑到机械化的自动回复并不能满足这类用户的需求。所以微信公众平台安排了多位人工客服进行一一回复。

（2）收集整理音频类型的心理FM及文字类型的情感文章，然后进行归类，贴上心情标签，包括快乐、犹豫、孤独、失恋、压力、工作、愤怒、恐惧、焦虑等。

（3）让客服在与用户对话时，将对话主要内容用一句话进行概括，然后记录在用户档案中。每一位用户的档案中都包括微信名称、性别推断、年龄推断、角色推断、需求推断5项内容。这些内容都需要客服在与用户对话的过程中进行完善，所以客服的工作显得至关重要。值得庆幸的是，R微信公众平台的客服都十分尽责，将这项任务繁重的工作完成得很出色。

如图8-40所示就是R微信公众平台众多客服中的一位编号为“0013”的客服所完成的用户档案登记表中的部分用户信息。虽然用户的微信名称可能会改变，但是大多数用户在短时间内是不会改变微信名称的，所以此表对微信平台接下来的营销工作起到了至关重要的参考作用。从表中可以看到这位客服所回复的用户的大体情况及她们在情感上的需求。

用户档案登记表（客服：0013）

微信名称	性别推断	年龄推断	角色推断	需求推断
依米花	女	21	即将毕业的学生	就业需求
义乌米洛饰品有限公司	女	35	母亲、职场人士	更好地扮演母亲角色、解决工作上的烦恼
落花生	女	26	妻子、职场人士	更好地扮演妻子角色、解决工作上的烦恼
范荣	女	24	女朋友、职场人士	婚恋危机需要处理
一路花开	女	20	学生、女朋友	恋人相片问题需要处理
凉透了心	女	21	学生、女朋友	就业问题、恋人相处问题需要处理
高天天	女	28	妻子、职场人士	夫妻关系问题、工作问题需要处理
小小青青	女	27	妻子、母亲、职场人士	夫妻关系、亲子关系需要处理
顾一若	女	25	女朋友、职场人士	职场关系需要处理
刘小胖	女	24	女朋友	需要择偶方面的建议

图8-40 用户档案登记表

（4）当结束与某一位用户的交流后，客服会根据用户的心情状态，向用户推送恰当标签的心理FM和文章。例如，某位用户感到很有压力，于是客服向其推送了贴有“压力”标签的文件夹中的内容，其中的心理FM和文章都十分中肯、客观、理智地告诉用户如何排解压力，如何在压力中找到自我。

果然，如此贴心的服务收到了不错的反响，用户与微信公众平台的互动越来越频繁。有不少用户向R微信公众平台发送自己情感上的问题。R微信公众平台的运营人员在“倾听您的心声”活动结束后，导出了8月份的“消息分析”数据，并对“消息发送人数”进行了求和计算，结果如图8-41所示。当月发送消息的用户数达到了14103人，也就是说客服可以统计到上万用户的档案，这份档案数据库将对后面的微信营销起到重要的作用。

	A	B	C	D	E	F
1	消息发送（2015-08-1至2015-08-31）					
2 3	时间	消息发送人数	消息发送次数	人均发送次数		
4	2015/8/1	56	112	2		
5	2015/8/2	75	75	1		
6	2015/8/3	79	158	2		
23	2015/8/20	561	7293	13		
24	2015/8/21	425	6375	15		
25	2015/8/22	641	10256	16		
32	2015/8/29	1023	14322	14		
33	2015/8/30	978	11736	12		
34	2015/8/31	845	13520	16		
35	合计	14103				

图 8-41　将微信“消息分析”数据导出后进行求和计算

再看看活动期间其他的数据情况。如图8-42所示是活动期间的“消息发送人数”趋势图，可以看到趋势图随着活动的进行呈现出上升的趋势，说明活动调动了用户的参与积极性。并且，从“消息发送次数分布图”数据中也可以看到，发送消息在6～10次和10次以上的用户大有人在。这样的情况在该微信公众平台之前的运营中是没有出现过的。

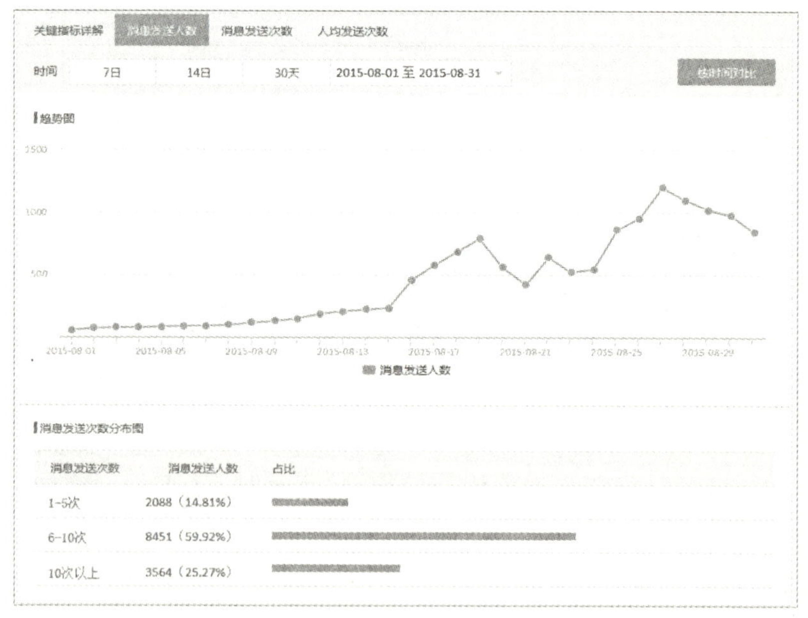

图 8-42　活动期间的“消息发送人数”趋势图

如图8-43所示是活动期间的“人均发送次数”趋势图，可以看到随着活动的进行，用户向平台发送消息的频率越来越高，说明确实是因为活动开展影响了用户的消息回复数量。由此可见，这样的活动确实受到了用户的欢迎。

图 8-43　活动期间的“人均发送次数”趋势图

8.3.4　一切的一切，都是为了营销

当R微信公众平台做了这么多的措施阻止了微信公众平台的用户数量下降，又成功找到了用户群体的特点和需求后，就可以开始进入到终极营销步骤了。

由于R微信公众平台背后的企业并不是一个以销售具体商品为主的企业，所以这时也不可能在微信号中向用户推送各种商品的广告，但是微信公众平台完全可以根据用户的需求进行营销。下面就来看看R微信公众平台是怎样进行微信营销并且从中盈利的。

由于平台中有大量用户在各种各样的情感中都存在困惑需要解决，于是R微信公众平台就与心理机构进行了合作，开通了多个心理诊疗室。

首先是“让爱回家”诊疗室，目标用户是已婚女性，她们在夫妻关系中遇到了问题。

然后是“找回你的孩子”诊疗室，目标用户是已婚且有孩子的女性，她们在亲子关系上存在问题，不能与孩子很好地沟通和亲近。

接着是“恋爱应该这样谈”诊疗室，目标用户是单身或者是恋爱中的女性，她们在择偶方面存在问题。

最后是“职场情商百分百”诊疗室，目标用户是进入职场或者是即将进入职场的女性，她们在职场关系及应对问题能力上存在问题。

至于向什么人推荐什么诊疗室，就得力于之前客服整理的用户档案数据库了。运营人员根据数据库向不同需求的用户推荐了不同的诊疗室，又盛情邀请用户免费体验，结果该合作心理机构的生意十分火爆！

看到这里，大家可能会觉得这个案例的成功似乎来得太简单了，R微信公众平台凭什么可以将营销做得这么成功？答案是——数据分析。

首先根据数据分析找到了用户群体的特点，接着又用数据分析整理了用户的需求，最后再根据用户的需求向其推荐相符合的产品。在营销的世界里，知道用户的需求，营销的成功也就变得理所当然了。

R微信公众平台的后续营销可不只与心理机构进行合作这一项，该微信公众平台还与旅游公司进行了合作，向已婚女性推荐了“结1次婚，度2次蜜月”旅游套餐；向已婚且有孩子的女性推荐了“陪孩子来一场说走就走的旅行吧”旅游套餐；向咨询过恋爱问题的可能要步入婚姻殿堂的女性推荐了“好妻子，从蜜月旅行的打点开始”旅游套餐。当然，这样“对症下药”的营销方法同样取得了巨大的成功。

附录　神级微信软文精华要素

1. 紧抓住读者眼球不放的标题

微信用户不只关注一个公众号，而每一个公众号都会向用户推送不同的文章。那么对于微信公众平台的运营人员来说，你凭什么让用户在多个微信号推送的文章中选择你的文章进行点击？答案就是——凭标题！标题是让用户决定是否点击一条图文消息的第一要素。

下面将对微信标题写作大法进行总结。

（1）陈述式标题

陈述式标题就是标题直截了当地将内容中主要的客观事实呈现给读者用户，平铺直叙地将文章内容用简单的语言表达出来，没有过多的修饰和突出的话语。

这类标题是微信软文营销中较普通也是较常见的，其优点在于标题简明扼要，能让用户迅速抓住要点，明白这篇文章要表达的事物，例如曼秀雷敦的软文标题"曼秀雷敦男士产品打造清爽随行夏日"。该标题告诉用户几个关键要素，"营销品牌——曼秀雷敦""目标人群——男士""内容——夏日清爽系列"，用户可通过标题快速了解到这篇软文主要讲的是曼秀雷敦男士护肤品。

陈述式标题的缺点是比较生硬，"曼秀雷敦"的标题并没有过多的渲染和感情色彩，用户看到这一类的标题便能迅速知道这篇文章的内容是否为他想要的，有意愿消费或想了解此系列产品的用户会继续浏览正文，没有意愿的便会绕道而行。

（2）数据式标题

用数据、数字概括出文章的主要内容、中心思想并表达出来，或直接使用数字作为标题的表现形式，称为数据式标题。

数据式标题的优点在于深化突出主题，起总结提示作用。例如，某装修公司的软文标题"30万装修130平美式三居"，从标题中我们可以得出这几个信息：软文的内容——装修，装修的价格——30万，装修的面积——130平。简短的数字便把消费者在装修上关注的问题呈现出来了，这就是数字的魅力。

（3）提问式标题

标题使用问句形式，留下问题，通过提问引起用户的好奇心，引发思考，让用户自己在软文内容里面寻找答案，从而达到营销的目的。

提问式标题注重消费者的需求和感受。例如，标题“为什么要选择有机护肤品？”，现在市场大力提倡有机物品，不管是吃的还是用的，但是为什么要选择有机的呢？有机的护肤品就一定是好的吗？想必这是每个护肤品使用者迫切想要知道的，于是文章以此展开话题，并通过提问的方式吸引用户加入讨论，通过讨论加深消费者对软文中营销产品的印象。

提问式标题的优点是更能引发共鸣，提问是作者与读者之间、读者与读者之间的相互交流，而不是单方面的接受和给予。其次，提问式标题比较容易被搜索引擎收录到，更容易被用户搜索到，也更有利于内容营销。用户想要了解某一个品牌和产品时，会在搜索引擎中输入的搜索词一般是“××怎么样”“××贵不贵”等。

（4）悬念式标题

悬念式标题是在标题中留下谜团，给出一些提示，却又欲言又止，给用户留下思考的空间，让用户有深入了解的想法，从而阅读正文。

悬念式标题的优点在于抓住了用户的猎奇心理，即用户在不明白的情况下迫切想要知道答案的心理，有的用户阅读标题以后心中已经有了自己的答案，他可能会更加想要知道自己的答案是否正确，从而在文中寻找正确答案。

例如，一篇网友参与度达两万余次的软文《脑白金撒了17年弥天大谎 史玉柱：骗你是小狗》的标题，不知这样的标题是否能勾起你一探究竟的兴趣。想必大家都耳熟能详脑白金这个品牌，甚至购买过系列产品，看到标题后，用户肯定会想它究竟撒了怎样的弥天大谎，还长达17年之久，难道是脑白金的产品出现了什么问题？还有史玉柱说的这句话“骗你是小狗”究竟是什么意思？只看标题给不了我们答案，要想看得明白，那只能点开文章，尤其是使用过此产品的用户想必更为关心，只要用户点击进去，这篇文章的目的也就达到了。

（5）颂扬式标题

这类标题是以事实为依据从正面宣扬要营销的事物或是物品，突出事物和物品的特点特性并以予赞扬。

颂扬式标题的优点是能直观地将事物的优点呈现在用户眼前，例如标题“永恒的经典，拿铁咖啡”，标题给予拿铁咖啡“永恒的经典”这样高度的评价，将所要营销的产品放在一个无人企及的高度，让消费者有一种买了很值的消费心理。但这类标题有着“王婆卖瓜自卖自夸”的嫌疑，在软文写作中相对于其他类型的标题来说使用较少。

（6）对比式标题

将同一事物的不同阶段、不同方面或是不同类型的事物放在一起比较，通过对比突出所营销的物品或是事物的优点和特点，以此给人留下深刻印象。

对比式标题的优点在于通过对比能强调出某一方或某一物品的特性，能加深用户对所营销产品的认识。例如，标题“昆百大家电元旦销售同比翻番”是同一产品不同阶段的对比，用销售幅度大量增长吸引用户关注，通过与自身前期的比较告诉消费者我们比以前更好，以后的日子也会越来越好。作为一个消费者，你看见这样的标题，就会有“既然这品牌家电有这么大的销售额，那肯定有它的可取之处”的印象，为以后可能的消费打下基础。

2. 百分百打动读者的内容

当读者因为标题的吸引点击进入微信文章后，文章的内容能不能让读者耐心地读下去，就取决于内容是否具有感染力了。纵观微信界的神级微信，无一例外，都选取了一些能触动读者的题材作为立足点进行内容展开。

下面总结4条常见的微信软文内容的立足点。

（1）立足于人情

赋予软文人情味会使品牌植入更自然，让品牌牢牢抓住消费者的消费心理，做到感情自然不造作，人情味越高的软文越能贴近受众。

一些消费者，尤其是年长的消费者，他们更愿意消费一些长久使用的品牌或是老牌子，因为消费者都是讲感情的。突出人情味最主要的是软文立意的时候不能只想着介绍硬生生的产品和品牌，要从细节突出营销产品的人情味，如在软文中提及周到的服务、产品配套的实用工具等。

在进行软文写作时，字里行间如果流露出真挚的情感，充满了感人至深的话语，那就很容易触动消费者的心。

（2）立足于诱惑

让消费者感受到诱惑，是营销成功的一大法则，尤其是对于宣传某种商品、店铺的微信软文来说，更需要向读者抛出“诱惑”，告诉他们为什么这件商品值得购买、为什么这家店铺值得进入。

例如，图腾宝佳营销软文中有一段话："图腾宝佳公司的全体员工，私下决定于3月12日，在消费者节日到来之时，让北京地区失去部分重力，让厨房先飞起来！在这次大型促销活动中，有各种精彩超低价套餐提前供您选择，许多产品打五折以上！去看看吧，物价飞涨如重力一样只是假象。不是物价涨得太快，而是你没有找到图腾宝佳。来可劲地秒杀吧！你根本用不着让自己的装修缩水，失了品位。"

文中突出了这一品牌在3月12日有一次大型促销活动，大多数产品打五折以上，还有很多超低价套餐，以此来吸引消费者的目光，让消费者花最少的钱做最好的装修。如此好的事，消费者何乐而不为呢？这篇软文的"折扣"就是对读者最大的诱惑。

（3）立足于故事情节

有的微信软文读起来很像是一个故事，正是因为故事容易引人入胜，让读者产生读下去的念头，所以选择将微信软文立足于好的故事情节上，也是不错的方法。

故事叙述是通过一个完整的故事带出产品。以故事叙述为主的软文在构思时，首先要构思一个故事情节，明白讲故事只是为了营销的产品做铺垫，并巧妙地将营销的事物植入故事中。

例如，某个故事性软文营销的结构：妻子因为丈夫的异常行为对丈夫起了疑心，几次三番妻子忍无可忍，与丈夫对峙才知道丈夫买的钻戒是结婚纪念日的礼物，本来到这里，妻子原谅了丈夫，这个故事也就圆满结束了，但是妻子反而怒了，质问丈夫哪来的钱，文章写到这里才引出营销的事物"手机积分可以免费兑换好彩头彩票"。整个故事顺理成章，并以妻子收到礼物反而发怒吸引读者，给整篇故事添加了趣味性。

（4）立足于热门事件/人物

不同时期的热门事件/人物都有一个共同点，那就是对其进行关注的用户基数庞大。一旦微信软文利用当下的热门事件/人物进行内容延伸，很多用户都会产生读一读的想法。

例如，《来自星星的你》这部电视剧自开播以来迅速风靡亚洲，并很长一段时间为人们津津乐道，于是很多手机企业也借势推出《来自星星的你》的同款机型，并以此作为立足点，创作微信营销软文，以此来吸引更多明星粉丝和这部剧的追随者。

3. 真实的神级软文营销案例

成功的软文是一把利器，可以在商海中赢得机会。这里以优士圈的成功建立为案例，看看优士圈的创办人是如何利用软文赢得众多投资人的。

优士圈是一个有态度的线下网络营销圈子，汇聚了刘克亚、王通、王紫杰、胡应邦、流浪者、稀里糊涂、宋斌武、善斋等50多位网络精英。

要知道，做互联网的低调牛人都是成交界的高手，所以想让他们投资是一件不容易的事情，它的难度无异于把包子卖给做包子的人。

但是经过6个小时的用心感悟，数次删减，优士圈的创办人终于写出了一篇让每一位大咖都无法抗拒的软文，几乎所有人都在看到这封信后一小时之内用微信转了一万元钱。文章分4段。

第一段

经过两次实地考察，一个半月的斟酌商讨，我确定在婺源仙境弄一个“青山私密俱乐部”，让我们最好的兄弟有团聚的地方，让互联网人每年抽出几次时间，在无电、无网、无信号的地方排除杂念，洗涤心灵，登高望远，锻炼身体，修行修心，篝火晚会，头脑风暴……

我在那里已经盖好了十几间木屋，并且和当地村委会商量好了，管理山林的人也是好兄弟的父亲……

现启动内部众筹，请人完善木屋，保证我们吃到的所有食材都是纯天然圣水供养的！

第二段

众筹金额：一人一万。

参与众筹：拥有青山私密俱乐部1%股份、土特产行业网站1%的股份、青山木屋10年免费使用权（前九位核心发起人及其直系家属终身免费）。

俱乐部具体操作细节等核心成员确定后一块商议！

第三段

经过仔细权衡，我选出了多年来混迹互联网最靠谱的13个兄弟提前阅读我的信息，按照意愿成为我们的九位核心发起人，编号101-109（1-100号未来用来拍卖）。

我想第一个必须把你“忽悠”进来，成为前九位核心发起人之一。

第四段

确认参与请于晚上八点前用微信完成支付！

无论如何，你克服种种困难，都要进来！我将当晚截图公布核心发起人及其编号（按支付顺序优先选号）。

最后一段是写给你的——只许成功，不许失败！哈哈，未来优士圈会想方设法通过各种途径将本金“返还”。

结语

也就是这样一篇400来字的文案，100%征服了第一批参与众筹的大咖。到现在，青山私密俱乐部的核心成员已经达到50位，并且他们每一个人都有自己的绝活。